AF390711

MANUEL

DE

DROIT CIVIL ET COMMERCIAL ANGLAIS

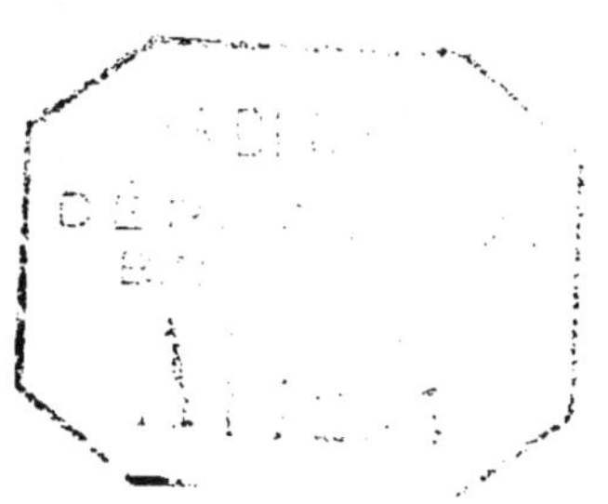

ARTHUR CURTI

DOCTEUR EN DROIT, AVOCAT-AVOUÉ

MANUEL DE
DROIT CIVIL ET COMMERCIAL
ANGLAIS

★

DROIT CIVIL

PAYOT, PARIS

106, BOULEVARD ST-GERMAIN

1928

Tous droits réservés

PRÉFACE

Né des besoins de la pratique, ce livre se propose d'être un guide utile pour tous ceux qui, hors de l'Angleterre, désireraient se renseigner sur son droit difficilement accessible, déroutant pour l'étranger, mais extrêmement intéressant et original.

Le tome premier traite le droit des personnes, des choses et des successions, tandis que le tome second présente le droit commercial et le droit des obligations.

Enfin, un troisième volume contiendra un précis de l'organisation juridique anglaise et de la procédure civile en en présentant une vue d'ensemble.

Je crois que ces ouvrages fournissent une image exacte de la vie juridique anglaise contemporaine. Ils ont paru déjà en allemand, et ont reçu l'accueil le plus favorable parmi les juristes et dans le monde des affaires se trouvant en relations avec l'Angleterre.

Ce serait pour moi une joie particulièrement grande que de voir cette esquisse du droit anglais trouver également un bon accueil en France, dans un pays dont les relations avec le grand peuple d'outre Manche sont si étroites.

Zurich, 1ᵉʳ novembre 1928.

ARTHUR CURTI,
docteur en droit, avocat-avoué au barreau de Zurich.

MANUEL DE DROIT CIVIL ET COMMERCIAL ANGLAIS
DROIT CIVIL

AVANT-PROPOS

Le droit anglais est l'image fidèle de l'esprit qui l'a créé. Grâce à sa situation insulaire, l'Angleterre a moins subi que tout autre pays l'influence des droits étrangers. N'étant pas lié par un droit écrit, le juge anglais a pu créer, conformément à son inspiration personnelle et tout en respectant la jurisprudence antérieure, un droit conforme au génie de son pays. C'est une idée profondément ancrée dans le caractère anglais que de croire que la jurisprudence, basée uniquement sur des précédents, soit la meilleure et la plus saine méthode de création juridique. L'Anglais est fier de ne pas avoir, à ce jour, de codification générale. Il est à tel point épris de cette libre évolution juridique, que ne vient pas entraver l'appareil législatif, qu'il assimile toute codification moderne à un lit de Procuste, à un chevalet de torture, auquel le juge adapte de force tout problème juridique bloquant ainsi l'évolution du droit. Un éminent juriste anglais s'exprime ainsi à cet égard :

« Nous pouvons nous réjouir sincèrement de ce que le droit anglais ait échappé aux méthodes à la Procuste des codifications modernes et ait pu se développer si harmonieusement sous l'influence d'une science qui, basée sur la conscience, la raison et l'expérience, résout le grand problème du Droit et de la Justice civile »[1].

Cette affirmation méconnaît certainement la haute valeur d'une codification, qui, par ses bases parfaitement déterminées, sa clarté, et son cadre fermement charpenté, permet seule, une étude et un développement approfondis et scientifiques du droit. Le juge pourra, malgré la

---

[1]. Phillimore : International Law, Vol. 4, p. 11 „It is a matter for rejoicing that it has escaped the Procrustean treatment of modern legislation and has been allowed to grow to its fair proportions under the influence of that science which works out of conscience, reason and experience the great problem of Law or Civil Justice."

codification, créer un droit nouveau s'il lui est possible (à défaut de prescription légale et conformément à la belle expression de l'article 1 du Code Civil Suisse) de prononcer « selon le droit coutumier et, à défaut d'une coutume, selon les règles qu'il établirait s'il avait à faire acte de législateur ».

Le grand inconvénient du droit non écrit, tel qu'il est constitué par la jurisprudence anglaise, consiste dans le fait que le sujet de droit doit, plus que partout ailleurs, rechercher le droit applicable en s'inspirant de son seul sentiment juridique, très développé, il est vrai, chez l'Anglais. En outre, faute de codification, il est plus fréquemment obligé que le citoyen d'un autre pays de recourir aux conseils coûteux d'un avocat qui lui-même ne pourra souvent pas prévoir avec sûreté la décision du juge. Cette insécurité amène précisément pour sauvegarder les droits à employer des formes anciennes, qui ont fait leur preuve, disent les Anglais, mais incompréhensibles et archaïques comme par exemple dans les Droits Réels et les Obligations.

Si l'Etat veut juger celui qui viole un droit, en partant de la fiction que nul n'est censé ignorer la loi, il doit alors par la création d'une codification générale et populaire, rendre cette reconnaissance préalable possible à tous.

L'insécurité et l'ignorance juridiques sont forcément plus grandes dans un pays qui n'a pas de lois et dont le droit n'est fixé que par des décisions judiciaires que dans un pays à droit codifié; pour la même raison, dans un pays de droit non écrit l'impulsion populaire au développement du droit sera moins grande que dans un pays de droit écrit.

La différence des conceptions juridiques relatives à la valeur comparée du droit coutumier et du droit codifié est symptomatique de l'abîme qui sépare l'esprit du droit anglais des conceptions continentales et de la difficulté qu'il y a d'arriver à un accord, particulièrement lorsqu'il s'agit d'écarter les conflits de lois par des ententes internationales, c'est-à-dire de codifier le droit international privé. Les juristes continentaux qui considèrent la méthode anglaise de recherche du droit comme un obstacle à un libre développement juridique, ne peuvent comprendre les objections que les Anglais soulèvent contre la législation et la jurisprudence du Continent. Si le juge anglais n'est pas lié par une codification, il est pourtant attaché, en vertu d'une tradition étroite, au droit que des juges anciens ont fixé dans leurs arrêts, des siècles auparavant peut-être. Le droit se cristallise souvent dans des formules vétustes et l'obligation traditionnelle d'appliquer l'ancien droit à des faits nouveaux, s'oppose au développement du droit. Les expressions classiques : « Possession vaut droit » et « Les lois et les droits se transmettent comme une maladie éternelle »(«Es erben sich Gesetz und Rechte, wie eine ew'ge Krankheit fort »), s'appliquent plus au droit anglais qu'au droit continental.

Cette constatation découle sans plus de l'exposé des institutions juridiques qui va suivre. Quelles difficultés éprouve le juriste anglais à se délivrer des formes d'un droit immobilier d'origine féodale, qui certes ne correspondent pas aux nécessités du temps présent! Malgré la codification récente de ce droit, — codification réalisée après de longues luttes — on a manqué l'occasion qui se présentait, de supprimer la procédure longue, compliquée et coûteuse du Conveyancing par l'introduction d'un registre foncier avec inscription obligatoire dans tout le pays. Aujourd'hui encore, le vendeur doit, à l'occasion d'une vente immobilière, dresser une longue liste de tous les droits et servitudes afférents à cet immeuble et présenter, en original et pour les trente années antérieures à la vente, tous les titres de propriété, title deeds, pour prouver un droit qui certainement s'affirmerait avec plus d'autorité à la simple consultation d'un registre foncier.

Combien moyenâgeux jusqu'à ces tout derniers temps — l'amélioration date de 1927 — le traitement des enfants illégitimes n'était-il pas resté! Combien curieuses pour l'étranger ces dispositions concernant le divorce, — qui ne peut être prononcé que pour adultère — prévoyant que le mari trompé a le devoir en particulier d'assigner le tiers coupable et de lui réclamer des dommages-intérêts, alors que ce droit est refusé à l'épouse.

Il convient pourtant de reconnaître que l'évolution juridique particulière et indépendante de l'Angleterre a créé des institutions juridiques caractéristiques, de la plus haute valeur, que ne connaissent pas les autres droits, et qui, comme le Trust, ont été développées jusqu'à une grande perfection. La procédure d'exécution testamentaire présente aussi des caractères partiellement recommandables pour d'autres législations depuis que l'Angleterre a tout récemment supprimé la différence entre les successions immobilières et les successions mobilières. La liberté illimitée de disposer du testateur, liberté qui permet à ce dernier de déshériter femme et enfants dans son testament, offense par contre la mentalité juridique continentale. Ici, comme d'ailleurs dans tous les autres domaines du droit, l'Etat est trop exclusivement le défenseur de la possession au dépens des non-possédants. Il en est ainsi parce que le droit est resté sur beaucoup de points ce qu'il était anciennement, quoique les conditions de vie et les idées sur l'égalité de tous les citoyens d'un Etat, se soient modifiées. Mais il ne faut pas oublier que la grandeur de l'Angleterre repose sur la protection des intérêts des possédants et que dans aucun autre pays, l'indigent, s'il est capable, n'a les mêmes possibilités de s'élever dans une classe supérieure.

« La vie juridique anglaise se développe encore aujourd'hui à l'intérieur de formes anciennes, non point seulement lorsqu'il s'agit de particularités extérieures, comme les perruques des juges et l'antique jargon parsemé de beaucoup de vieilles formules françaises, mais aussi lorsque l'on considère le sentiment juridique, lui-même suranné. La science juridique anglaise travaille de ce fait avec d'anciennes notions juridiques, germaines et normandes, et cherche, souvent spécieusement, à insérer des faits perpétuellement nouveaux dans des formes anciennes [1] ».

L'esprit conservateur de l'Anglais ne se marque nulle part aussi clairement que dans le domaine du droit. Cela provient de ce qu'il juge bonnes par principe les institutions existantes qui méritent en conséquence de se perpétuer aussi immuablement que possible. Le présent est, pour lui bien plus que pour tous les autres peuples, sacro-saint. A l'intérieur de ses limitations, l'Anglais possède un sens juridique très aiguisé. L'homme doit vivre aussi librement que possible, tout en ne violant pas les droits égaux de son prochain. C'est ainsi qu'il n'est en aucune façon limité dans le choix et le changement indéfini de son nom de famille. Un Anglais n'engagerait pas une contestation à la légère. Il a l'habitude d'observer avec la dernière minutie des contrats, même oraux; le respect du droit non écrit se réflétant dans le respect du contrat oral.

C'est le juge, personnage estimé, qui est le gardien du droit non écrit, transmis à travers les âges par la tradition populaire; il prononce habituellement seul, mais est souvent assisté par un jury qui l'éclaire sur le sentiment juridique de ses concitoyens. Sa haute position sociale, ses revenus considérables, sa nomination par la Couronne, et surtout un bon sens très répandu, en font le dépositaire du droit, universellement reconnu capable et impartial. C'est cette magistrature d'élite qui a seule permis de combler aussi longtemps l'absence de lois et de codification. Sa tâche était du reste facilitée par le développement social avancé du peuple.

« Le droit anglais est au fond un ancien droit germanique, profondément influencé par le droit administratif normand. L'influence du droit romain est beaucoup plus faible que sur le continent. Quelques princes de l'Eglise et plus particulièrement les Rois depuis le XIIe siècle, ont bien essayé de transplanter en Angleterre le droit romain, parce qu'il

---

1. Cf. l'exposé de Wilhelm Dibelius dans son excellent ouvrage *England* 4e Ed. t. 1, p. 348 ss. Stuttgart : Deutsche Verlagsbuchhandlung 1925.

pouvait seconder leurs ambitions absolutistes, mais la Common Law enracinée de longue date, protégée par la conscience nationale et par les tendances égoïstement monopolisantes des puissantes corporations de juristes, a toujours su se défendre contre cette influence. Dès le xvıe siècle elle est considérée comme la sauvegarde de la liberté anglaise contre les conceptions absolutistes des romanistes. Elle est devenue avec le temps le droit spécifiquement anglais (et irlandais) également en vigueur dans toutes les colonies, et la base, pour le moins, du droit américain. L'Ecosse par contre ne réussit pas à développer un droit aussi évolué et tomba ainsi plus facilement sous l'emprise du droit romain. Le droit anglais et le droit écossais sont encore aujourd'hui entièrement différents tant en ce qui concerne les bases que les formules et la jurisprudence. Le droit romain a influencé la Common Law dans un nombre considérable de constructions juridiques isolées, puis postérieurement par sa transformation subséquente en droit canonique. Ce dernier est à la base des dispositions concernant les testaments, le mariage et les successions. Les conceptions du droit romain ont également eu une influence prédominante sur le droit des gens. Des cours isolées, la Court of Requests (jusqu'à 1642), et la Cour de l'Amirauté ont longtemps et principalement prononcé selon le droit romain. Mais les juristes anglais se sont toujours défendus avec succès contre une extension plus grande de ses principes. Au moment où les universités d'Oxford et de Cambridge parurent s'y soumettre, les écoles de juristes de Londres, les Inns of Court, fondées par les représentants de la Common Law devinrent la sauvegarde du droit national » [1].

Quoique le Gouvernement, le peuple et la majorité des juristes ne veuillent encore aujourd'hui rien savoir d'une codification générale du droit, la nécessité de codifier d'une part maint droit d'origine très ancienne (par exemple la Property Law), et d'édicter d'autre part des prescriptions légales pour des conditions juridiques tout à fait nouvelles qui doivent leur existence au progrès du commerce et du trafic, est devenue, même pour l'Angleterre, impérieuse. C'est ainsi que le droit commercial a été en grande partie réglementé (Bills of Exchange Act, 1882; Partnership Act. 1890; Sales of Goods Act, 1893). Mais il manque encore une réglementation sérieuse dans des domaines importants, la théorie générale des obligations (contracts) et des délits et quasi-délits (torts) par exemple. On peut dire cependant que les nombreuses lois de l'époque contemporaine préparent et rendent toujours plus indispensable une codification générale du droit civil.

1. Dibelius, *loc. cit.*

La connaissance du droit anglais a une importance capitale; elle mérite une étude approfondie de la part de tous ceux qui s'intéressent à la vie intellectuelle anglaise aussi bien que de la part des juristes. Il faut connaître le droit anglais, pour comprendre véritablement les autres manifestations de la vie anglaise, la société, la politique, le commerce, et même la littérature.

Constatons à tout prendre que si le droit anglais, — et spécialement l'esprit du droit anglais, — est différent de celui d'autres pays et peut n'y être pas compris, le peuple anglais s'en accommode cependant fort bien; il est du reste fort satisfait de sa constitution, qui est en grande partie de droit non écrit, et a amené l'Angleterre au comble de la puissance.

INTRODUCTION

LES SOURCES DU DROIT ANGLAIS

Jenks, E. : Short History of English Law. 2. Edit. London 1912. — Pollock, F. and Maitland, F. W. : A History of English Law. 2. Edit. Cambridge 1898. — Holdsworth, W. S. : History of English Law. 2. Edit. 1915.

I. **Généralités.** Le droit anglais a trois sources : Common Law, Equity et Statute Law, la coutume, l'équité et les lois. La coutume a primitivement seule force légale. Ce que l'ensemble du peuple a coutume de faire est considéré comme juste et équitable. C'est son droit qui vit, non écrit, dans sa conscience, droit commun à tous, d'où le nom de droit commun « Common Law ». La coutume généralisée trouve son expression dans la jurisprudence, dans l'arrêt. Les jugements répandent la connaissance du droit; ils le fixent d'espèce en espèce et constituent la jurisprudence ou « Case law ». Les décisions postérieures reposeront autant que possible sur des arrêts antérieurs, « précédents ».

Le droit peut également être édicté sous la forme de lois applicables à tous. Les lois dites « statutes », sont également des sources du droit anglais.

Une source opposée à celle de la Common Law, est celle de l'Equity, de l'équité. Si le droit de juger est enlevé au peuple pour être confié à des juges de métier, — vivant en dehors des contingences journalières et ne prononçant que d'après les décisions de leurs prédécesseurs, — le danger est grand de rencontrer de nombreux jugements ne correspondant plus aux besoins et au sentiment de la masse et même parfois considérés comme iniques. C'était le cas dans l'ancienne Rome; cette situation devait se représenter en Angleterre. Comme à Rome il fut nécessaire de chercher à prévenir ce mal. En Angleterre on y parvint en remplaçant et complétant la Common Law pour autant qu'elle paraissait surannée et imparfaite, par l'Equity.

II. **Common Law (droit coutumier).** L'expression « Common Law »

revêt pour l'Anglais deux significations. C'est, au sens étroit et pour le juriste, le droit issu au moyen âge de la jurisprudence des cours de droit
coutumier, opposé à l'équité d'origine postérieure. Au sens large et pour
le profane, « Common Law » signifie toute la jurisprudence, que ce soit
la Common Law au sens étroit du terme ou l'Equity, en opposition à la
législation.

L'évolution juridique unitaire débute à la fin du xie siècle. C'est à cette
époque que fut créée à Londres une cour suprême centrale dont les
juges, ambulants par roulement régulier, dirigeaient dans le pays les
jurys. Ceux-ci jugeaient à côté des causes pénales les conflits de droit
civil; aujourd'hui même encore, des jurés peuvent être appelés dans un
procès civil. La création de juges ambulants, siégeant officiellement à
Londres, amena dans un temps relativement court la disparition des
différences régionales et la création d'un droit unitaire, la « Common
Law ». Celle-ci se ressentait cependant de la lourdeur de sa procédure qui
prescrivait de présenter toute demande selon une formule stricte (writ).
Si la demande ne pouvait s'exprimer dans une des formules existantes,
toute protection juridique lui était régulièrement refusée; l'action devenait impossible. C'est ainsi que la Common Law se restreignit à un domaine strictement délimité et défini. Il en résulta d'une part, l'impossibilité de sanctionner mainte revendication légitime, et fréquemment,
d'autre part, la protection juridique de l'iniquité et un obstacle au développement du droit. Beaucoup de jugements ne pouvaient plus correspondre aux besoins nouveaux d'une époque postérieure. Bornons-nous
à citer le droit de vente inique appartenant au créancier hypothécaire
qui pouvait à son gré, en cas de non paiement des intérêts ou du capital
au jour de l'échéance, ou vendre l'immeuble hypothéqué ou en prendre
possession. Ce fut la tâche de l'équité de combler les lacunes de l'ancienne
jurisprudence.

III. **Equity (droit d'équité).** Le lord Chancelier refusait l'exécution
des jugements iniques rendus par les cours de droit coutumier. Si une
de ces cours s'était refusée à discuter une demande par suite de l'absence
de formule (writ), le demandeur pouvait adresser une requête au Roi.
Le Roi la transmettait au chancelier qui protégeait des catégories données d'actions semblables; son activité dans ce domaine devint bientôt
tellement importante qu'elle provoqua la création d'un tribunal spécial
du Lord Chancelier, la « Court of Chancery » appelé aussi « Court of
Equity ». Ce tribunal avait une triple juridiction :

1° *Compétence unique :* dans tous les cas qui ne pouvaient être portés
en justice d'après la « Common Law », par exemple en matière de « trust ».

L'Equity protégeait, contrairement à la Common Law, par exemple la cession de droit.

2º *Compétence concurrente :* lorsque les cours de droit coutumier appliquaient le droit sans que celui-ci donnât une solution satisfaisante. En cas de rupture de contrat, par exemple, la Common Law ne permettait que la demande de dommages intérêts, tandis que par l'Equity on obtenait en outre l'exécution du contrat (specific performance).

3º *Compétence complémentaire :* Lorsque les cours de droit coutumier protégeaient des actions contraires à la bonne foi, par exemple lorsque les Law Courts maintenaient de façon non équitable le principe que des contrats conclus par dol avaient force légale sans aucune réserve, et que la partie induite en erreur ne pouvait demander que des dommages-intérêts, la Court of Chancery remédiait à cette situation en refusant au demandeur qui avait introduit une action basée sur le dol l'appel ou l'exécution du jugement.

Le droit coutumier ne reconnaissant pas le transfert de créances, ses tribunaux n'admettaient pas la compensation opposée au moyen d'une créance contraire acquise par cession, mais condamnaient le défendeur au paiement de la créance entière à l'égard du demandeur. L'Equité y remédia en n'accordant l'exécution que pour la différence entre la somme portée au jugement et le montant de la cession.

Ces exemples montrent que l'Equité stimulait le développement de la science juridique en écartant les rigueurs de l'ancien droit et en comblant ses lacunes. Elle l'emporta bientôt de ce fait sur le droit coutumier. C'est ainsi que la loi de procédure anglaise, le Supreme Court of Judicature (Consolidation) Act, 1925, s. 44, pose qu'en cas de désaccord les principes de l'équité l'emporteront sur ceux de Common Law.

Les deux systèmes juridiques — Common Law et Equity — demeurèrent indépendants jusqu'au delà de la moitié du xixe siècle. Chacun avait son tribunal propre, qui ne pouvait appliquer que l'un des droits à l'exclusion de l'autre. Ce n'est que le Judicature Act, 1873 (actuellement Supreme Court of Judicature (Consolidation) Act, 1925), qui introduisit une organisation judiciaire unique par la suppression des jurisprudences concurrentes de tribunaux distincts; tous les tribunaux purent appliquer dès lors la Common Law aussi bien que l'Equity. La doctrine et la jurisprudence maintiennent pourtant encore aujourd'hui la séparation entre les deux systèmes juridiques. C'est ainsi qu'il y a des ouvrages traitant uniquement de Common Law ou de l'Equity.

Si toutes les sections de la High Court sont en principe et en tant que première instance, compétentes pour juger de toutes les espèces, c'est pourtant régulièrement la Chancery Division qui, en vertu du Judicature (Consolidation) Act, 1925, s. 56 est chargée des espèces relevant de l'Equité. Elle est de ce fait compétente en matière de droit hypothécaire, trust, tutelle, etc. C'est par contre la King's Bench Division qui juge les cas relevant de la Common Law, et principalement les demandes de dommages intérêts pour inexécution de contrat ou acte illicite.

IV. **Case law (Jurisprudence).** L'Angleterre ne connaît pas une codification du droit comparable aux codes civils ou codes de commerce des états continentaux européens, codifications réglementant limitativement tout le droit. C'est toujours encore le droit non écrit tel qu'il est appliqué par le juge qui est à la base du droit; la législation ne traitant que des domaines spéciaux et isolés. Le juge prononce librement pour autant qu'il n'existe pas des dispositions légales. Mais l'usage régulier l'oblige, sauf circonstances particulières, à appliquer une décision judiciaire antérieure à des espèces semblables postérieures. Le premier arrêt, créateur de droit, est un « precedent ». Le droit ainsi créé est appelé « Case law ».

Le besoin de sécurité dans les relations juridiques, dans un pays qui n'a pas de codification, réclame qu'un arrêt une fois rendu soit appliqué comme une norme, « rule », à tout ensemble de faits identiques. Les juges, aussi bien que les autorités et les avocats, doivent en être assurés. La décision d'un tribunal inférieur de première instance ne lie pas une cour supérieure, mais elle peut acquérir avec le temps une autorité que le tribunal supérieur ne pourra pas négliger. Les décisions d'un tribunal inférieur à la Court of Appeal ont force obligatoire pour tous les tribunaux de même rang, à l'exception des cas où la décision de première instance semblera visiblement illogique ou inconciliable avec des principes de droit proclamés antérieurement. Le tribunal suprême anglais — à savoir une section de la Chambre des Lords — s'est imposée l'obligation de ne jamais revenir sur un de ses arrêts. Quant aux autres tribunaux inférieurs à la Chambre des Lords, ils sont liés à la jurisprudence de cette dernière.

V. **Statute Law (Législation).** Le Parlement a le droit de légiférer. Il ne s'en est servi que récemment pour codifier certains domaines étendus du droit privé en vigueur, le droit de propriété par exemple. Mais, comme les lois n'épuisent jamais un domaine du droit, les décisions judiciaires n'ont pas perdu leur grande importance. Elles n'interviennent pas seulement pour interpréter certains articles, mais aussi pour compléter la loi; elles concourent avec la loi à la création du droit.

La législation (Statute Law) l'emporte sur les décisions judiciaires pour autant naturellement que celles-ci sont expressément abrogées ou nettement en contradiction avec elle (Cf. par exemple la Law of Property act, 1925, s. 131. qui abroge expressément la règle posée par le Shelley's Case (1581) I Coke's Reports 219).

Le juge doit appliquer la loi, et subsidiairement seulement le droit non écrit. Les lois parlementaires sont indiquées de diverses façons. Lorsquelles ne portent pas un nom spécial, on les cite d'après l'année du règne du monarque et le numéro d'ordre des lois promulguées dans la même session du parlement. On considère alors toutes les lois promulguées au cours d'une même session comme les différents chapitres d'un même « statute ». C'est ainsi qu'on désigne la loi sur l'organisation judiciaire de 1925 par l'expression 15 and 16 Geo. 5, c. 49 (fifteenth and sixteenth George the fifth, chapter fortynine) signifiant la quarante-neuvième loi de la session du Parlement tenue dans la 14e et 15e année du règne du roi Georges. Si le Parlement s'est réuni en deux sessions dans la même année, l'ensemble des lois votées au cours de la même session forme un « statute » spécial et il faut ajouter à la citation primitive l'indication « St. 1 » ou « St. 2 » (sess. 1 » ou « sess. 2 »). Le célèbre Bill of Rights de 1689 est donc ainsi cité : I W. and M., St. 2 (ou sess. 2) c. 2, ce qui s'énonce « First William and Mary, statute two (ou session two) chapter two ».

Cet énoncé, récemment encore officiel, étant peu clair, on prit l'habitude dès 1845 d'introduire des « short titles » ou titres abrégés et de les citer dans un paragraphe spécial de la loi. Les Short Title Acts de 1892 et 1896 ajoutèrent à toutes les lois importantes un titre abrégé. C'est ainsi que le « Bill of Rights » précédemment officiellement nommé « An Act declaring the Rights and Liberties of the Subject and settling the Succession of the Crown » n'a reçu qu'à la promulgation des lois ci-dessus citées son titre abrégé, depuis longtemps déjà usité par les avocats.

Les lois se subdivisent en articles, « sections » (abréviation « s. », pluriel « ss. ») ceux-ci en « subsections » (subs. ») S. 44 » signifie « section 44 », et « subs. 1 » « subsection 1 ».

Les Parlements anglais ont promulgué plus de 20.000 lois depuis les premières lois parlementaires de 1235. Sur ce nombre, 2500 sont actuellement encore, partiellement ou entièrement, en vigueur. Le nombre des principes juridiques (enactments) édictés par les lois parlementaires est négligeable à côté des innombrables normes posées par les décisions judiciaires de la « unwritten or case-law ».

VI. **Law Reports (Recueils de jurisprudence).** Les arrêts du juge anglais étant prononcés et motivés oralement seulement, il devint rapidement nécessaire d'en prendre copie. C'est ainsi que les étudiants en droit, les officiers judiciaires et les avocats notaient des plaidoiries et des arrêts intéressants. Des commerçants entreprenants réunirent ces notes privées et les répandirent, dès avant l'invention de l'imprimerie, sous la forme des « Year Books ». On cite les « Year Books » comme les lois, selon l'année du règne du roi, la session judiciaire et le numéro de l'espèce ou la page de l'ouvrage; par ex. « Y. B. 12. Edw. IV. Mich. pl. 25 » signifie : Annuaire de la 12e année du règne du roi Edouard IV, session de la Saint-Michel (Noël), espèce 25. Postérieurement, des avocats célèbres ont relevé leurs propres espèces et celles d'amis dans des ouvrages publiés sous leur nom, les Coke's Reports par exemple. Ces collections sont citées sous l'indication de l'abréviation usuelle du nom de l'auteur et des chiffres de l'année et de la page : « (1816) I. Mer. 572 », signifie par exemple Tome I, des J. H. Merivale's reports, page 572, à laquelle on trouve le célèbre Clayton's Case. Occasionnellement on laisse tomber l'indication de l'année. Depuis 1864, l'Incorporated Council of Law Reporting publie mensuellement des « Law Reports » qui ont éliminé toutes les collections privées à l'exception de quelques revues. Jusqu'à 1890, on les cite par volume et section de la High Court, par exemple « (1879) 13 Ch. D. 696 » signifie « Vol. 13 des Law Reports de la Chancery Division ». Depuis 1890 on ajoute toujours l'indication de l'année et celle du volume de l'année correspondante, par exemple « (1897) I Q. B. 396 » signifie : année 1897, volume 1, de la collection des arrêts de la Queen's Bench Division .

Les dernières collections mentionnées jouissent d'une autorité presque officielle. Il existe encore d'autres publications, telle « The Law Journal » (abrév. L. J. avec indication abrégée de la section de la High Court en question), « The Law Times Reports » (abrév. L. T.), « The Times Law Reports ». (Abrév. T. L. R.).

VII. **Etude des sources du droit anglais.** Certains domaines du droit, comme par exemple le droit successoral, étant réglés fragmentairement par plusieurs lois, il est difficile de se retrouver dans la législation. C'est ainsi que les réformes les plus récentes du droit des successions sont traitées dans l'Administration of Estates Act, 1925; d'autres dispositions doivent être recherchées dans le Law of Property Act, 1925, alors que le juriste continental est habitué à trouver toutes les dispositions concernant les successions dans un code civil ou exclusivement dans des lois concernant le droit successoral. La situation est la même en ce qui concerne le droit matrimonial qui est réparti dans plusieurs lois; c'est ainsi que les causes de divorce sont énumérées dans la loi de procédure, Judicature (Consolidation) Act, 1925. En l'absence d'une codification générale, le juriste est non seulement obligé d'étudier les nombreuses lois spéciales, mais encore contraint de feuilleter les innombrables volumes de jurisprudence. Malgré une certaine harmonie créée dans toute la science juridique par la tradition et un sentiment juridique collectif, on ressent l'absence d'une cohésion intime des décisions judiciaires et des lois spéciales, cohésion à laquelle les pays de droit codifié sont habitués. Une codification générale crée en effet, en posant un certain nombre de principes juridiques généraux, une base pour toute législation ultérieure. L'absence d'un pareil lien en Angleterre a poussé le législateur à ajouter aux nouvelles lois un paragraphe dans lequel sont définis les termes techniques employés dans leur texte; cette procédure a malheureusement entraîné certaines contradictions inévitables entre les différentes définitions.

Ces lois sont souvent rédigées dans un jargon lourd et suranné, bien plus incompréhensible que le français ou l'allemand juridiques, pourtant si décriés. Les nouveaux Law of Property Acts seront de ce fait en grande partie incompréhensibles même à des Anglais cultivés. Certains paragraphes se composent de longues propositions dans lesquelles viennent encore s'emboîter plusieurs subordonnées. Les lois sont habituellement préparées sur la base de l'ancien droit par des juristes âgés, très au courant des questions juridiques; elles sont ensuite adoptées par le Parlement sur la proposition du gouvernement, le plus souvent sans longue délibération. Le législateur présume que le juge comblera les lacunes et éliminera les obscurités. Une nouvelle loi, au besoin, remédiera à ces inconvénients. Autant il subsiste encore une aversion marquée à l'égard d'une codification générale, autant on se décide plus rapidement que dans les pays de codification à promulguer ou à modifier des lois spéciales.

Une systématisation éprouvée telle qu'on y est accoutumé sur le continent fait défaut à la plupart des traités et manuels de droit anglais.

Cette situation oblige l'Anglais à recourir aux conseils d'un juriste plus que ce n'est le cas dans d'autres pays.

VIII. **Domaine du droit anglais.** Le droit anglais, tel qu'on le définit habituellement, régit l'ancienne Angleterre seulement et non pas la Grande-Bretagne et l'Irlande. Les lois ne sont régulièrement promulguées que pour l'Angleterre et le Pays de Galles. Le droit anglais est donc le droit d'un territoire qui s'étend depuis le Sud des Cheviots jusqu'à la base du triangle anglais.

L'Irlande et l'Ecosse — malgré l'extension à ce dernier pays d'un grand nombre de lois, — possèdent un droit spécial. Les îles de la Manche, Jersey, Guernesey, Sark et Alderney, ainsi que l'île de Man, dans lesquelles s'est conservé un ancien droit normand, ont un droit particulier.

Le droit des colonies et des Dominions diffère également du droit anglais proprement dit pour autant que les colons n'y introduisirent pas le droit anglais, ce qu'ils firent seulement s'il s'adaptait aux conditions locales de l'époque de la colonisation. Les lois anglaises postérieures ne sont étendues aux colonies ou Dominions que lorsque cette extension y est prévue expressément.

Quant aux Etats-Unis, les émigrants y apportèrent leur droit national. Les relations continues des deux pays firent que malgré, l'indépendance des Etats-Unis, le droit américain resta un droit dérivé, sous l'influence du droit anglais. Même après la guerre d'Indépendance de nombreuses lois anglaises y furent adoptées telles quelles. On peut en dire tout autant des arrêts des tribunaux anglais, qui aujourd'hui encore jouissent en Amérique d'une réputation considérable et exercent une influence importante sur la jurisprudence américaine.

Si le droit privé a suivi un développement différent en Amérique, l'esprit du droit anglais est identique des deux côtés de l'Atlantique. La similitude est particulièrement marquée dans le domaine de l'Equité. Les mêmes conceptions juridiques, les mêmes idées directrices du droit et de l'équité provoquent simultanément et en collaboration dans les deux pays la création d'institutions similaires. Il convient pourtant d'ajouter que chaque état fédéral américain a le droit de créer un droit autonome dans les limites imposées par le droit fédéral. C'est ainsi que la plupart des Etats ont promulgué des codifications qui traduisent souvent la forte influence des codes européens et spécialement du Code Napoléon. Celui qui s'intéresse à un détail du droit américain doit examiner le droit de l'état particulier en question. Cette obligation est spécialement impérieuse pour le droit successoral. Le Hubbell's Legal Directory (The Hubbell Publishing Company, New-York.) donne une vue d'ensemble, annuellement renouvelée, du droit des divers états américains.

IX. **Bibliographie.** Nous ne pouvons donner ici qu'un aperçu des ouvrages les plus usuels traitant du droit anglais. Le deuxième volume donnera la bibliographie du droit commercial et du droit des obligations.

Ouvrages généraux.

Stephen, S. : Commentaries on the Law of England, 18 th. Ed. 1925. Qui est certainement l'ouvrage le plus souvent consulté. — Odgers : On the Common Law of England, 3eme Edit., 1927. — Jenks E. : Digest of English Civil Law, 2nd Ed. 1921, un exposé du droit privé anglais conçu dans la forme d'une codification d'après l'exemple du droit civil allemand, traduit en français sous le titre de « Digeste de Droit civil Anglais », par D. Baumann et P. Goule, Librairie Générale de Droit et de Jurisprudence Paris, 1923; traduit et commenté en allemand sous le titre de « Das bürgerliche Recht Englands » par G. Schirrmeister et W. Prochownick, Edition C. Heymann Berlin, fascicules 1-6, 1905-1912, fascicule 7, 1926. — Halsbury, Earl of : The Laws of England, 31 volumes, 1. Ed. 1911, 2nd Ed. 1924 et seq. — Story J. . Commentaries on Equity Jurisprudence, 3rd Ed. 1921. — Snell E. H. T. : Principles of Equity, 19 th. Ed. 1925. — White F. T., and Tudor O. D. : Leading Cases in Equity, 8 th. Ed. 1912. — Crofts, Maud I. : Women under English Law, 1925. — Jenks : The Book of English Law, 1928.

Histoire du droit.

Jenks, E. : Short History of English Law, 2nd Ed. 1912. — Pollock F. and Maitland F. W. : History of English Law, 2nd Ed. 1898. — Holdsworth, W. S. : History of English Law, 3rd. Ed. 1925.

Droit des personnes.

Eversley W. P. : Law of Domestic Relations, 3rd Ed. 1906. — Simpson A. H. : The Law and Practice relating to Infants, 4 th. Ed. 1926. — Gibson H. and Weldon A. : Probate and Divorce, 9 th. Ed. 1925.

Droit des choses.

Williams J. : Principles of the Law of Real Property, 24 th. Ed. 1926. — Wolstenholme E. P. : Conveyancing and Settled Land Acts, 11 th. Ed. 1925. — Elphinstone H. W. : Introduction to Conveyancing and to Registration of Land, 7 th. Ed. — Deane H. C. and Spurling. C. : Elements of Conveyancing, 4 th. Ed. 1925. — Strahan H. : General Law of Mortgages, 3 rd. Ed. 1925. — Gray J. C. : The Rule against

Perpetuities, 3rd. Ed. 1925. — LEWIN Th. : A Pratical Treatise on the Law of Trusts, 13 th. Ed. 1926. — GODEFROI H.: On the Law of Trusts and Trustees, 5 th. Ed. 1926. — UNDERHILL, A. : Law of Trust and Trustees, 8 th. Ed. 1926. — WILLIAMS J. : Principles of the Law of Personal Property, 17 th. Ed. 1912. — WOODFALL W. : Law of Landlord and Tenant, 21st. Ed. 1924.

Droit des successions.

WILLIAMS R. V. : Treatise on the Law of Executors and Administrators 11 th. Ed. 1921. — JARMAN T. : Treatise on the Law of Wills, 6 th Ed. 1910. — SANGER Ch. P. : The Rules of Law and Administration relating to Wills and Intestacies, 2nd. Ed. 1925. — GIBSON H. and WELDON A. : Probate and Divorce, 9 th. Ed. 1925.

Droit international privé.

FOOTE A. : Concise Treatise on Private International Law, 5 th. Ed. 1926. — WESTLAKE J. : Treatise on Private International Law, 7 th Ed. 1925. — DICEY H. V.: Digest of the Law of England with reference to the Conflict of Laws, 3rd. Ed. 1922, 4 th. Ed. 1927.

Revues juridiques.

Les juristes anglais lisent principalement les revues suivantes : *The Law Times*, Windsor House,Breams Buildings, London E. C. 4. — *The Sollicitors' Journal*, 94, Fetter Lane, London E. C. 4.

X. **Nomenclature des lois**. Nous ne pouvons citer ici que les lois tout à fait usuelles. Une nomenclature des lois concernant le droit commercial sera donnée dans le second volume.

Droit des personnes.

Marriage Act, 1823. — Marriage Act, 1836. — Foreign Marriage Act 1892. — Judicature (Consolidation) Act, 1925. — Guardianship of Infants Act, 1886. — Guardianship of Infants Act, 1925. — Adoption of Children Act, 1926. — Married Women's Property Act, 1882. — Married Women's Property Act, 1893. — Bastardy Act, 1872. — Lunacy Act, 1890. — Custody of Children Act. 1891. — Legitimacy Act. 1926.

Droit des choses

Law of Property Act, 1925. — Land Registration Act, 1925. — Land Charges Act, 1925. — Trustee Act, 1925. — Settled Land Act, 1925. — Real Property Limitation Act, 1833. — Real Property Limitation Act, 1874. — Prescription Act, 1832. — Mortmain and Charitable Uses Act, 1888. — Fines and Recoveries Act, 1833.

Droit des successions.

Wills Act, 1837. — Wills Act, 1861. — Wills (Soldiers and Sailors) Act, 1918. — Administration of Estates Act, 1925.

LE DROIT DES PERSONNES

CHAPITRE PREMIER

LES PERSONNES, LA PERSONNALITÉ

I. Concept. L'individu capable d'avoir des droits (legal rights) et des obligations (legal duties) est une personne (person) " capable of rights and liable to duties ". Elle jouit de la " legal personality " et la capacité juridique (legal capacity) lui appartient (capacity for being the subject of rights).

Tels sont :

II. L'individu, a single human being. La capacité commence à la naissance. L'enfant conçu, " child en ventre sa mère ", peut également acquérir des droits, à la condition qu'il naisse viable; ces droits conditionnés par la naissance vivante, sont des " contingent rights ".

III. Les personnes morales, juristic ou legal persons ou artificial persons. Ce sont des groupes ou des séries de personnes (a group or a series of persons). Toutes les associations de personnes (associations) n'ont pas comme telles la personnalité. Ont seuls la personnalité morale les groupements de personnes, « corporations », qui l'ont reçue du Roi ou par l'effet d'une loi. A cette catégorie appartiennent principalement les " limited companies ".

La législation anglaise attribue encore une " entity " juridique à un certain nombre de corporations (la Partnership, par ex.) " unincorporated associations ", sans en faire cependant des personnes morales. Ces corporations peuvent avoir des droits spéciaux et des obligations, sans posséder cependant la personnalité complète. Leurs biens sont protégés par les lois pénales. Elles peuvent actionner leur direction pour obtenir une gestion convenable de leur avoir, de même qu'elles répondent sur l'ensemble de leurs biens pour les actes illicites de leur direction. Un individu peut former à lui seul une corporation; c'est la " corporation sole " (Public Trustee ou évêques, par exemple).

Le droit anglais ne connaît pas les « fondations » du droit continental en tant que personnes morales. On remédie à cette lacune par la remise de biens à un trustee. Pour consolider le droit de propriété foncière pour plusieurs générations on se sert de " land settlements " (cf. p. 216).

CHAPITRE II

LA CAPACITÉ JURIDIQUE

Jenks : ss. 1-3, 47-74A. — II. Stephen : p. 319-320; III. p. 36-40. —
Wills Act, 1837 (cit. W. A., 1837).—Infants Settlement Act, 1855 (I. S. A.
1855). — Infants Relief Act, 1874 (I. R. A., 1874). — Sale of Goods Act,
1893 (S. G. A., 1893). — Lunacy Acts, 1890-1922 (L. A.). — Mental
Deficiency Act, 1913 (M. D. A., 1913). — Law of Property Act, 1925
(L. P. A., 1925). — Judicature (Consolidation) Act, 1925 (J. A., 1925).
— Bankruptcy Act, 1914 (B. A., 1914). — Forfeiture Act, 1870 (F. A.,
1870). — Trading with the Enemy Act, 1914 (T. E. A., 1914). — Merchant Shipping Act, 1894 (M. S. A., 1894).

I. Concept. Capacité juridique se traduit en anglais par " the capacity
for performing legal acts ". A la capacité juridique celui qui peut personnellement acquérir et s'obliger. La capacité juridique présuppose le discernement, ou faculté d'agir raisonnablement. L'enfant est tenu pour
capable de discernement dès l'âge de 7 ans révolus. Il y a des personnes
qui ont la jouissance des droits civils sans posséder la capacité juridique
(les enfants et les personnes atteintes de maladie mentale).

La capacité juridique commence avec la majorité, c'est-à-dire avec
le début du dernier jour de la 21e année. A ce moment le sujet britannique devient majeur, " of age, " " a person of full age, " " he becomes
of age, " " he attains full age, " (ou majority). Le mineur peut être
émancipé par une loi spéciale.

II. La minorité. Sont mineures, " minors " ou " infants ", les personnes de moins de 21 ans. Le mineur a, dans la règle, la capacité juridique, mais cette règle souffre beaucoup d'exceptions. Le mineur de
14 ans et la mineure de 12 ans peuvent déjà contracter mariage. Un
mineur ne peut tester valablement; son testament ne devient valable
que s'il est expressément confirmé ou reconnu à la majorité (W. A.. 1837,
s. 7). Le testament militaire est valable si le testateur a 14 ans révolus
(cf. p. 247). Le mineur de 20 ans et la mineure de 17 ans peuvent, avec l'as-

sentiment du tribunal, conclure un contrat de mariage (settlement) (I.S.A., 1855, ss. 1, 4). Le mineur marié peut donner, aussi bien que s'il était majeur, valablement quittance de ses revenus (L. P. A., 1925, s. 21).

Une personne majeure pourra faire annuler dans les délais convenables une " conveyance, " c'est-à-dire un transfert de biens immobiliers par acte scellé (deed), qu'elle aura faite alors qu'elle était mineure.

Tous les autres contrats conclus par le mineur pourront être attaqués dans les mêmes conditions, pour autant qu'ils n'ont pas été exécutés même unilatéralement. Si cependant le mineur n'a pas touché de contreprestation en échange d'un versement d'argent, il pourra répéter ce qu'il a payé. Le mineur n'est pas obligé de rendre l'argent emprunté (I. R. A., 1874, s. 1). Le mineur est obligé lorsqu'il s'agit de contrats concernant les " necessaries ", c'est-à-dire l'acquisition des choses nécessaires à l'existence, pour autant que ces fournitures correspondent à sa situation sociale. Les contrats relatifs à l'instruction et à la domesticité rentrent, aux termes de la pratique, dans es "necessaries ". Ils obligent le mineur lorsqu'ils concernent le nécessaire à l'exclusion du luxe et du superflu; s'il est obligé, le mineur ne doit qu'un prix équitable (S. G. A., 1893, s. 2).

Le mineur, capable de discernement, qui a agi avec mauvaise foi est obligé co mme un majeur; tel est par exemple le cas qu'il s'est fait passer pour un majeur aux yeux du co-contractant.

Le mineur de moins de 7 ans n'est pas responsable pénalement. On présume (presumption) que le délinquant de 7 à 14 ans ne conçoit pas la portée de ses actes. La responsabilité par contre est entière si le mineur a plus de 16 ans; la minorité ne constitue plus alors une excuse légale, mais le juge en tient compte cependant. Toutes les peines sont applicables, même la peine de mort, à la réserve près qu'aux termes du Children's Act, 1908, ss. 102, 103, un mineur de moins de 16 ans ne peut être condamné ni à la peine capitale ni à une " penal servitude ".

II. **Maladie Mentale.** Celui qui souffre d'une maladie mentale (lunacy and mental deficiency, Cf. p. 105 ne peut pas s'obliger. Il en est de même d'une personne en état d'ivresse).

Est nul (void), le testament d'un aliéné (person of unsound mind) à moins qu'il n'ait été fait dans un moment de lucidité (lucid interval); lorsqu'il s'agit de contrats bilatéraux, il faut examiner si la maladie mentale a été constatée par une enquête judiciaire (inquisition), ou non (cf. p. 109).

1º Celui qui est atteint d'une maladie mentale sans que son état ait fait l'objet d'une constatation judiciaire peut valablement contracter, (à l'exception du mariage) sans pouvoir invoquer la nullité à moins que la mauvaise foi de l'autre partie ne soit prouvée. Cette dernière devait savoir que la partie contractante était atteinte de maladie mentale au point de ne pas comprendre ce qu'elle faisait. Une personne atteinte de maladie mentale est toujours obligée pour les " necessaries " qui lui ont été vendus et livrés. Elle en doit un prix équitable (S. G. A., 1893, s. 2). Tous les autres contrats conclus par un aliéné sont annulables, mais non nuls de plein droit. Il peut les confirmer postérieurement en cas de retour à l'état normal.

2° L'aliéné dont l'état a été judiciairement reconnu tel (so found) est incapable de disposer de son patrimoine par acte scellé (deed). Les " deeds " émanant d'une telle personne sont nuls et il n'importe pas que le co-contractant ait connu ou non la constatation judiciaire. Celui qui a été reconnu aliéné par une " inquisition " est incapable de disposer de son patrimoine, même pendant les intervalles de lucidité.

IV. **Les femmes mariées.** Le terme juridique pour « femme mariée » est " married woman " ou „ feme-covert ", par opposition à la veuve (widow), et à la femme divorcée (divorced woman), toutes deux appelées „ feme-discovert". Mariage se dit " marriage " ou " coverture ". On appelle " feme-sole " la femme non mariée, qu'elle soit célibataire, veuve ou divorcée; on appelle plus spécialement " spinster ", la femme célibataire. La femme mariée a la pleine capacité juridique. Elle ne s'engage pourtant que pour le montant de ses biens personnels (M. W. P. A., 1893, s. 1). Elle n'est pas soumise à la contrainte par corps encore appliquée en Angleterre. Elle ne peut faire banqueroute, à moins qu'elle n'exploite une industrie ou un commerce avec ou sans le concours de son mari (B. A., 1914, s. 125). Si elle reçoit une donation " under restraint of anticipation " (Cf. p. 85), la donataire n'est tenue ni sur le capital ni sur les revenus de la donation des dettes qu'elle a contractées précédemment. On entend par " restraint of anticipation " une condition qui interdit à la femme de toucher à son patrimoine ou de disposer de son revenu pendant la durée du mariage. Le Tribunal peut la délier de cette condition (B. A., 1914, s. 52; L. P. A., 1925, s. 169).

Ces privilèges et entraves prennent fin avec la mort du mari, avec le divorce ou dès que le Tribunal a autorisé la vie séparée des époux (Cf. J. A., 1925, s. 194).

V. **Les faillis non réhabilités (undischarged bankrupts).** La propriété des biens mobiliers ou immobiliers du failli passe lors de l'ouverture de la faillite (adjudication) (avec certaines exceptions) au syndic de la faillite ou à son défaut, à un administrateur officiel (official receiver) nommé par le Board of Trade. Le failli ne peut disposer de son patrimoine Il a par contre le droit de conserver les biens meubles (Cf. p. 115) " personal property ", qui lui échoient après l'ouverture de la faillite et d'en disposer aussi longtemps qu'ils ne sont pas revendiqués par l'administrateur de la faillite (B. A., 1914, s. 47). Les " personal earnings ", produits du travail et dommages intérêts obtenus pour lésion des droits exclusivement attachés à la personne, ne peuvent être revendiqués par l'administrateur de la faillite que s'ils ne sont pas indispensables à l'entretien du failli et de sa famille et s'ils n'ont pas été déjà consommés à ce titre (Cf. B. A., 1914, ss. 38, 50, 51).

VI. **Les Criminels (convicts)**. Les condamnés pour " treason " ou " felony " sont privés de la capacité juridique pendant la durée de la procédure et de la détention (F. A., 1870, ss. 6, 8).

VII. **Les Etrangers (aliens)**. L'étranger jouit en tous cas en temps de paix, — s'il est un " alien friend " —, de droits civils presque égaux à ceux des Anglais. Une des rares limitations de ce principe réserve la propriété d'un bateau anglais aux seuls sujets britanniques (M. S. A., 1894, s. 1).

En temps de guerre, l'étranger ennemi peut être actionné devant un tribunal anglais, sans qu'il ait le droit d'agir lui-même. Tous les contrats conclus avec l'ennemi sont nuls, aussi bien que les contrats conclus avant la déclaration de guerre, dans la mesure où ceux-ci n'ont pas encore été exécutés. Sont étrangers ennemis (alien enemy), tous les habitants d'un pays ennemi, ou dépendant d'un pays ennemi, sans distinction de nationalité, ainsi que tous les ressortissants de ce pays habitant l'empire britannique. Les personnes morales (sociétés) établies sur territoire britannique sont assimilées aux " alien enemies " si des étrangers ennemis y exercent une influence prépondérante (Cf. le chapitre concernant la Nationalité et la Naturalisation, p. 36).

CHAPITRE III

LA PARENTÉ

II. Stephen : p. 680-681.

I. Concept. La parenté comprend au sens large du terme parenté et alliance. La parenté au sens étroit ne comprend que la parenté consanguine et le lien entre les époux et leurs enfants légitimes.

II. La parenté. La parenté s'établit par la descendance directe ou par la descendance d'un auteur commun.

Les parents en ligne directe sont ceux qui descendent l'un de l'autre, arrière-grands-parents, grands-parents, parents, enfants, petits-enfants, arrière-petits-enfants. Les ascendants sont les parents plus âgés dont descendent les descendants ou les parents plus jeune. Les parents en ligne collatérale sont ceux qui sans descendre l'un de l'autre, descendent d'un auteur commun; frères et sœurs, oncles et neveux (nièces), tantes et nièces (neveux). Les frères et sœurs sont du même lit s'ils descendent de parents communs, de deux lits s'ils n'ont qu'un parent commun.

III. Le degré de parenté. La parenté se calcule par degrés. Le degré de parenté s'établit par le nombre de générations.

Chaque génération représente un degré. Sont donc parents au premier degré : les parents et les enfants (une génération); au deuxième degré, les grands-parents et les petits-enfants, les frères et sœurs (deux générations, la naissance du fils et du petit-fils; celle de l'enfant et d'un autre enfant) au troisième degré : arrière grands-parents et arrières petits-enfants, oncles et neveux, etc.

IV. Les Epoux. Les époux sont parents l'un de l'autre sans être liés ni par une parenté de sang, ni par l'alliance.

V. L'alliance. Les parents d'une personne sont dans la même ligne et au même degré les alliés de son conjoint. Le mariage crée l'alliance. Les

parents d'un époux sont au même degré les alliés de son conjoint. Le
mari est donc l'allié en ligne directe et au premier degré des enfants que
sa femme a eu d'un premier lit (de même que des parents de sa femme),
et l'allié collatéral au deuxième degré des frères de sa femme. L'alliance
ne joue un rôle que pour les prohibitions de mariage.

CHAPITRE IV

LA NATIONALITÉ (NATIONALITY)

Foote : p. 1-76. — Westlake : p. 377-386.
British Nationality and Status of Aliens Acts, 1914 to 1922 (B. N. A., 1914-1922).

I. Concept. La nationalité est le lien qui unit l'individu à l'état dont il est ressortissant. La patrie est l'état dont il est le sujet, " subject ".

L'Anglais, nomme l'étranger ,, alien " en opposition au sujet anglais, au " British subject ".

II. Acquisition. On acquiert la nationalité anglaise de différentes manières (B. N. A., 1914, s. 1) :

1º *Naissance sur le territoire britannique.* — Tout individu né sur le territoire britannique est sujet britannique s'il doit allégeance à l'Empire britannique (born within His Majesty's dominions and allegiance). Cette réserve permet d'exclure les enfants d'étrangers établis par la force en territoire britannique ou d'agents diplomatiques jouissant de l'exterritorialité.

2º *Filiation.* — Tout enfant né de père anglais est anglais à la condition que son père ait acquis sa nationalité britannique par la naissance sur territoire britannique, la naturalisation ou l'annexion, ou ait été au service de l'Angleterre au moment de la naissance de l'enfant. Si l'une de ces conditions manque, si par exemple le père n'a acquis sa nationalité anglaise que par sa naissance d'un père anglais sans être cependant né sur territoire britannique, l'enfant peut être admis au bénéfice d'un droit d'option; il suffira que sa naissance soit enregistrée dans l'année, ou, dans des conditions spéciales et avec l'autorisation du Secretary of State, dans les deux ans, auprès d'un Consulat britannique et dans un Registre spécial. Ce droit d'option devra être exercé dans l'année qui suit la majorité de 21 ans en indiquant la nationalité précédente, et pour autant naturellement que le pays intéressé admette la possibilité d'une renonciation valable.

3º *Naissance sur un navire anglais.* — Tout individu né sur un navire anglais est Anglais, même si le navire est à l'époque dans des eaux étrangères. Réciproquement, les navires étrangers mouillés dans des ports britanniques sont considérés comme faisant partie du territoire étranger.

4º *Mariage.* — L'étrangère acquiert la nationalité britannique par mariage avec un Anglais (B. N. A., 1914-1922, s. 10).

5º *Naturalisation.* — Il convient de distinguer la naturalisation d'un étranger de la réintégration dans la nationalité britannique d'un Anglais ou d'un individu qui a perdu pour une raison quelconque sa nationalité britannique pendant sa minorité.

La naturalisation d'un étranger est soumise aux conditions suivantes :

a) Le requérant doit avoir demeuré personnellement cinq ans, sur les huit qui précèdent sa demande, sur le territoire de l'Empire britannique; il doit de plus avoir demeuré (sur ces 5 années) pendant l'année qui précède sa requête dans le Royaume Uni. Cinq ans de résidence dans l'empire britannique suffisent pour la femme divorcée ou la veuve qui était anglaise avant son mariage.

b) Le requérant doit être de conduite irréprochable et posséder la langue anglaise.

c) Le requérant doit avoir l'intention de s'établir dans l'Empire britannique ou d'entrer au service de l'Etat.

La requête est adressée au ministre de l'Intérieur (Home Secretary) qui se prononce en toute liberté malgré la présence des conditions exigées. Si la réponse est favorable, la naturalisation ne devient toutefois effective que si le naturalisé a prêté le serment d'allegeance (oath of allegiance) devant notaire, et dans le mois qui suit l'autorisation de naturalisation. Le Home Secretary peut prolonger ce délai (B. N. A., 1914-1922, s. 2).

d) La naturalisation du mari entraîne normalement celle de sa femme. La naturalisation pourra être étendue aux enfants mineurs à la demande du requérant. Ces enfants pourront cependant renoncer à la nationalité britannique dans l'année qui suit la majorité de 21 ans (B. N. A., 1914-1922, s. 5).

e) Une Anglaise conserve par une simple déclaration (declaration of retention) sa nationalité britannique, au cas où son mari cesse, durant le mariage, d'être Anglais. Il est indifférent dans ce cas qu'elle ait acquis sa nationalité par le mariage ou par la naturalisation du mari. Si le mari d'une Anglaise de naissance est sujet d'un pays en guerre avec l'Empire britannique ou l'une de ses parties, l'épouse pourra facilement demander sa réintégration dans la nationalité anglaise si le Home Secretary juge celle-ci désirable. Il est cependant de nécessité absolue dans ce cas que la requérante soit Anglaise de naissance (B. N. A., 1914-1922, s. 10).

f) L'individu qui a perdu sa nationalité britannique pendant sa minorité peut demander sa réintégration par une simple déclaration (declaration of resumption) (B. N. A., 1914-1922, s. 12), à la condition que cette déclaration soit faite dans l'année qui suit sa majorité. S'il s'agit de ressortissants allemands, on exige en outre généralement une résidence de cinq ans en Angleterre.

g) Les ressortissants des Etats qui ont été les ennemis de l'Empire britannique durant la Guerre Mondiale sont exclus de la naturalisation jusqu'au 31 juillet 1931. Ne tombent pas sous le coup de cette défense les personnes de naissance anglaise, celles qui ont pris part à la Guerre Mondiale aux côté des Alliés, ainsi que celle qui appartiennent à des races ou groupements qui se sont dressés contre les gouvernements des anciens Etats ennemis (B. N. A., 1918, s. 3).

III. **Perte.** La nationalité britannique se perd dans les cas suivants :

1º *Révocation de la naturalisation.* — Le Home Secretary peut révoquer la naturalisation qu'il a accordée, si celle-ci a été obtenue par fraude ou si le naturalisé :

a) S'est livré en temps de guerre à un commerce interdit avec un ennemi, soit personnellement, soit par l'intermédiaire d'une maison dans laquelle il est intéressé;

b) A encouru dans les cinq années qui suivent la naturalisation une condamnation pénale;

c) Avait au moment de la naturalisation une " mauvaise réputation ";

d) S'est absenté pendant au moins sept ans de l'Empire britannique sans être au service d'un sujet ou d'une maison britannique, ou au service de l'Etat britannique.

e) S'il est resté le sujet d'un état en guerre avec la Grande-Bretagne en vertu de la législation de celui-là (B. N. A., 1914-1922, s. 7).

L'effet d'une semblable révocation remonte au jour fixé par l'acte de révocation. A défaut de mesures précises, la révocation n'atteint ni la femme, ni les enfants mineurs, qui restent sujets britanniques. Mais la femme a dans ce cas le droit de renoncer par simple déclaration (declaration of alienage) à sa nationalité britannique dans les six mois qui suivent l'acte de révocation (B. N. A., 1914-1922, s. 7 A.).

2º *Acquisition d'une autre nationalité.* — La nationalité britannique se perd par l'acquisition d'une autre nationalité. Mais les enfants mineurs ne perdent leur nationalité britannique que s'ils acquièrent en même temps que leurs parents une autre nationalité. Ces enfants mineurs ont le droit de déclarer, dans l'année qui suit leur majorité, qu'ils entendent conserver leur nationalité britannique (B. N. A., 1914-1922, ss. 12, 13).

3º *Mariage*. — La femme perd sa nationalité britannique en épousant un étranger (B. N. A., 1914-1922, s. 10). Il n'importe pas dans ce cas qu'aux termes de la législation d'origine du mari elle acquière sa nationalité ou non.

4º *Renonciation, en cas de double-nationalité*. — Tout sujet britannique qui a, par sa naissance ou pendant sa minorité acquis une autre nationalité, peut en tout temps renoncer à sa nationalité anglaise par une simple déclaration (declaration of alienage). Si un sujet britannique n'a acquis sa nationalité ni par naissance sur sol britannique, ni par naissance sur un navire britannique, il peut renoncer à sa nationalité de la même manière, même s'il n'avait pas une double nationalité, c'est-à-dire n'avait acquis d'autre nationalité ni de naissance, ni pendant sa minorité (B. N. A., 1914-1922, s. 14).

5º *Renonciation d'individus naturalisés alors qu'ils étaient mineurs*. — Tout sujet britannique, naturalisé au cours de sa minorité, peut renoncer à sa nationalité par simple déclaration (declaration of alienage) faite dans l'année qui suit sa majorité (B. N. A., 1914-1922, s. 5).

6º *Renonciation par réintégration dans l'ancienne nationalité*. — Une simple déclaration suffit également lorsqu'il s'agit d'un sujet anglais naturalisé qui, par sa renonciation, est réintégré dans la nationalité de son pays d'origine. La loi exige cependant dans ce cas l'existence entre la Grande Bretagne et le pays d'origine d'une clause de réciprocité réglée par un traité (B. N. A., 1914-1922, s. 15).

CHAPITRE V

LE DOMICILE (DOMICIL)

Foote : p. 77-97. — Westlake : p. 25-42, 355-376.

I. Concept. L'appartenance d'un individu à un certain domaine juridique détermine son domicile. La question essentielle est celle de savoir à quel pays l'individu en question est lié d'une manière assez étroite pour qu'il soit considéré comme un membre d'une communauté juridique au droit de laquelle il se soumet. La résidence à un endroit déterminé à l'intérieur des frontières du pays, accompagnée de l'intention de s'y établir, n'est pas essentielle, bien que cette relation à un lieu donné puisse être considérée comme un indice du domicile. L'expression " domicil " se rapporte moins à un lieu qu'à un pays.

Il s'en suit que les règles concernant l'acquisition et la perte du domicile sont très différentes en droit anglais de ce qu'elles sont en droit continental. La différence est d'autant plus marquée que les Anglais, dans de nombreux cas, font dépendre du domicile des conséquences juridiques que le droit continental rattache à la notion de nationalité.

Tout individu a un domicile; car il est lié étroitement, par le seul fait de sa naissance, à la communauté juridique d'un pays. On ne peut cependant avoir qu'un domicile. Même si un Anglais quitte son domicile pour se déplacer d'endroit en endroit en Angleterre sans se fixer à nouveau, il est réputé conserver son domicile primitif anglais. Tel est même le cas s'il quitte le territoire anglais, aussi longtemps qu'il ne se fixe pas ailleurs avec l'intention de fonder un nouveau domicile et de se soumettre ainsi à une nouvelle communauté juridique. Si un individu renonce à son domicile sans en choisir un nouveau, c'est l'ancien domicile ou en tout cas le domicile de la naissance qui fait loi.

L'Anglais qui émigre aux Colonies ne perd pas régulièrement son domicile anglais puisqu'aussi bien il aura toujours l'intention de retourner en Angleterre. Les tribunaux ont fréquemment prononcé que la résidence même prolongée à l'étranger ne comporte pas l'établissement d'un nouveau domicile si l'individu conserve l'intention de revenir ou, cette intention faisant défaut, si la résidence en un lieu précis ne marque pas clairement la volonté de changer de domicile.

Le droit du domicile intéresse plus particulièrement les questions de statuts, de compétence des tribunaux de droit matrimonial et successoral.

II. **Residence et home.** L'Anglais connaît encore à côté de la notion de " domicil ", celle de " residence " et celle de " home ". Il désigne sous le nom de " residence ", l'endroit d'un territoire déterminé où l'on réside habituellement sans avoir l'intention de s'y fixer. La " residence " est l'" habitual physical presence within the limits of a particular country ". Le " home " est par contre le lieu où l'on revient toujours avec l'intention d'y demeurer. La notion de " home " est étroitement apparentée à celle du domicile. Mais alors qu'un individu peut avoir différents homes, home d'été ou home d'hiver par exemple, il ne peut posséder qu'un domicile; et tandis qu'il peut renoncer sans conditions à un home, cette renonciation à un rapport avec un lieu donné n'entraînant aucune conséquence juridique, la renonciation à un domicile n'est possible que par l'acquisition d'un nouveau domicile.

III. **Différentes espèces de domicile.** 1º *Domicile volontaire.* — Tout individu majeur peut régulièrement se créer volontairement un domicile. Mais il y a des personnes qui dépendent d'autres personnes et partagent leur domicile sans avoir le droit d'acquérir un domicile personnel.

2º *Domicile légal.* — Ont un domicile légal :

a) La femme mariée.

Elle partage le domicile de son mari même lorsqu'elle vit en fait séparée de lui. Elle reprend le droit de se créer un domicile volontaire par la mort de son mari ou le divorce.

b) Les enfants.

Tout enfant mineur partage le domicile de son père, ou de sa mère en cas de prédécès du père. Les auteurs diffèrent d'opinion en ce qui concerne le domicile des orphelins. Les uns prétendent que les orphelins conservent pendant leur minorité le domicile du décès de leur père, d'autres laissent au tuteur le soin de fixer le domicile.

c) Les aliénés.

Tout aliéné doit conserver le domicile qu'il avait au début de son mal.

IV. **Domicil of origin (domicile d'origine).** Le domicile s'acquiert par la naissance, le domicile de l'enfant étant celui du père. L'enfant naturel acquiert le domicile de sa mère. L'enfant trouvé est domicilié à l'endroit où il a été découvert. Tout individu habitant l'Angleterre a un domicile; à défaut d'autres domiciles il est réputé domicilié au lieu de naissance.

V. Domicil of choice (Domicile élu). On peut renoncer au domicile de la naissance et acquérir en lieu et place un domicile élu (domicil of choice). Ce changement de domicile est réalisé par le changement proprement dit de résidence, la volonté d'abandonner l'ancien domicile et celle de s'établir durablement dans le nouveau. Ce changement ne devient effectif que par l'acquisition d'un nouveau domicile. Au cas où l'ancien est abandonné sans qu'un nouveau soit créé, c'est le domicile de la naissance qui reprend ses effets et cela jusqu'à l'acquisition d'un nouveau domicile.

L'abandon d'un domicile doit se manifester clairement. Si l'intention de changer de domicile, ou, à défaut d'intention, la réalisation pratique du changement font défaut, l'ancien domicile, ou, dans le cas donné, le domicile de la naissance, conserve son effet. Ce principe est strictement observé car son inobservation ouvrirait le champ à toutes espèces de violation de la loi. Qu'on pense aux successions qui, en Angleterre, sont régies par le droit du domicile! Il suffirait pour modifier l'ordre des succédants de changer de domicile et de faire un testament au nouveau domicile.

VI. Avantages du principe du domicile. Le juriste anglais, la jurisprudence et la législation anglaises jugent les " Law Conflicts ", c'est-à-dire les problèmes de droit international privé d'après le droit du domicile et non d'après la nationalité. Cette conception est spécialement avantageuse en droit successoral. Autant lorsqu'il s'agit de savoir quel droit est applicable, l'application d'autres règles peut provoquer de grandes difficultés (dans le cas par ex. de heimatlos ou de ressortissants de deux États), autant l'application du droit du domicile est facile pour peu que le domicile soit clairement fixé. Il n'y aura des conflits que pour autant que la notion même de domicile sera différemment conçue dans les divers pays.

CHAPITRE VI

DURÉE DE LA PERSONNALITÉ

Jenks : ss. 12, 13. — Law of Property Act, 1925 (L. P. A., 1925).

I. Concept. L'individu est la personne naturelle. La personnalité commence avec la naissance et finit avec la mort. La naissance doit être accomplie; l'enfant doit avoir vécu séparé de sa mère. Exceptionnellement, l'enfant peut acquérir des droits avant sa naissance; l'enfant conçu jouit de la personnalité à la condition qu'il naisse vivant; un enfant peut ainsi hériter d'un père prédécédé.

II. Présomption de mort. La personnalité prend fin avec la mort. Le décès d'une personne dont le corps n'a pas été retrouvé est considéré comme établi lorsque cette personne a disparu dans des circonstances telles que sa mort doit être tenue pour certaine.

Par exemple : Une maison dans laquelle un individu atteint de maladie grave reposait est complètement brûlée. On retrouve plusieurs corps carbonisés. Il n'est pas possible de les identifier. On n'entend par contre plus jamais parler de cet individu.

Un commerçant qui a disparu avait déclaré dans plusieurs lettres adressées à ses proches qu'il se suiciderait. Le même jour, on trouve sur le lac un bateau abandonné et dans ce bateau, le chapeau et la montre du disparu.

Il y a des cas dans lesquels il est impossible de rapporter la preuve du décès d'un individu alors même que sa mort est presque certaine.

Exemple : Un individu a quitté son domicile à l'âge de 30 ans; pendant cinquante ans on n'a reçu de lui aucune nouvelles.

Ces individus sans domicile connu, dont on ne sait s'ils vivent ou sont décédés, sont des absents; la langue anglaise ne connaît pas d'expression pour traduire la notion d'« absent ». Une telle personne est présumée être décédée si l'on est sans nouvelles d'elle depuis sept ans.

On ne présume par contre pas à quel moment précis l'absent est décédé. C'est une question de fait qui si elle intervient doit faire l'objet d'une preuve spéciale incombant à l'héritier du disparu.

La présomption de mort est inadmissible s'il résulte des faits que la survie de l'absent est probable. Celle-ci fut admise dans le cas d'une Anglaise qui s'étant convertie à l'étranger au catholicisme avait rompu avec ses proches au point de cesser toute correspondance avec eux.

Si après sept années, le décès est présumé, le Tribunal ordonne la dévolution de la succession à la condition que le disparu ne réapparaisse point. Celui-ci a, en cas de retour, un droit de revendication. Les tribunaux ont en conséquence le droit d'exiger des sûretés (security) des héritiers pour un montant correspondant aux paiements qui leur sont faits. Le conjoint d'une personne disparue peut se remarier après un délai de sept années; mais, en cas de retour du disparu, le deuxième mariage est nul.

Lorsque plusieurs personnes sont mortes dans un même accident (incendie, catastrophe ferroviaire, naufrage), les plus jeunes sont présumées avoir survécues aux plus âgées (L. P. A., 1925, s. 184).

III. **Preuve.** Celui qui pour exercer des droits prétend qu'une personne est née ou décédée, doit prouver le fait qu'il allègue. Les actes d'état civil (Registers of Births and Deaths) font la preuve de la naissance et de la mort. A défaut d'actes de l'état civil ou lorsqu'il est établi que ceux qui existent sont inexacts, la preuve peut se faire par d'autres moyens.

CHAPITRE VII

LE DROIT AU NOM

Alien Restriction (Amendment) Act, 1919 (A. R. A. A., 1919).

I. Choix du nom. Le droit anglais est, en ce qui concerne la création et le changement de nom de personnes, de nom de famille et de prénoms, le plus libéral des droits. Si par la naissance l'enfant acquiert le nom de son père, et par le mariage la femme celui de son mari, on peut pourtant adopter un autre nom; et la femme a la possibilité par exemple de garder son nom de jeune fille.

1º *Naissance.* — L'enfant légitime prend le nom de son père; l'enfant naturel en tant que " filius nullius " ne reçoit le nom de sa mère que pour simplifier l'état civil. La mère peut, par contre, choisir un autre nom de même que l'enfant, une fois majeur.

2º *Mariage.* — La femme prend normalement en se mariant le nom de son mari. Mais elle peut continuer à porter son nom de fille. Elle peut également changer de nom pendant le mariage ou après la mort du mari.

En cas de dissolution du mariage par suite de divorce ou de nullité, la femme a le droit de conserver le nom de son mari même si elle contracte une nouvelle union. Il en est de même du titre de noblesse du mari qu'elle conservera même si elle épouse par la suite un non-noble.

3º *Acquisition de nom par l'usage.* — Un nom peut également être acquis par l'usage habituel. Celui qui porte longtemps un nom et se fait connaître sous ce nom, perd son ancien nom et en acquiert un nouveau. Des femmes mariées et des enfants illégitimes peuvent ainsi adopter par ce moyen (by reputation) un nouveau nom.

Il peut également se faire que des commerçants qui portent dans la vie privée le nom acquis par la naissance, en adoptent un autre pour certaines activités; ce qui est sur le Continent le cas particulier des écrivains et des artistes qui produisent sous un pseudonyme est en Angleterre fréquent dans tous les milieux.

II. Changement de nom. On peut renoncer à porter un nom de famille ou un prénom, sans observer pour cela des formes spéciales. Il suffit d'adopter effectivement le nouveau nom. Ce n'est qu'à la suite de la Grande Guerre qu'il a été interdit aux étrangers de prendre un nom différent de celui qu'ils portaient avant le 4 août 1914 (A. R. A. A., 1919, s. 7), à moins que le ministre compétent n'estime pour des motifs spéciaux une exception désirable.

Le changement répété de nom est également autorisé.

On peut recourir à certaines formes pour assurer le choix d'un nouveau nom et en particulier pour garantir, dans le cas d'un transfert de patrimoine au décès par testament, l'exécution d'un changement de nom : le changement de nom par loi spéciale, par autorisation royale (Royal Licence) ou par déclaration unilatérale et scellée du porteur du nom (deed poll).

1º *Changement de nom par loi spéciale.* — Tout individu peut s'adresser au Parlement pour obtenir par l'effet d'une loi spéciale (Private Act of Parliament) le droit de porter un nouveau nom. Cette procédure, très coûteuse, est rarement employée. Elle n'entre en ligne de compte que lorsqu'un legs est accordé à la condition que le légataire change de nom par la voie légale.

2º *Changement de nom par autorisation royale* (Royal Licence). — Si le requérant a remis une requête motivée à l'Officer of Arms du College of Arms, l'autorisation de porter le nouveau nom lui sera donnée sous le sceau du Roi. L'autorisation royale elle-même ne provoque pas le changement de nom; elle l'autorise simplement. Elle peut également donner le droit de posséder des armoiries.

3º *Changement de nom par déclaration unilatérale* (deed poll). — Le plus souvent, on change de nom en rédigeant une déclaration unilatérale scellée. Cette déclaration (deed poll) est alors " enrolled ", c'est-à-dire présentée au Tribunal, qui l'enregistre, et la rend à l'intéressé avec un certificat d'enregistrement.

Le " deed poll " en changement de nom est ordinairement publié dans un journal du district dans lequel habite l'intéressé, sans toutefois que cette formalité soit prescrite. Le public est ainsi averti et sait que le changement de nom s'est effectué d'une manière entièrement respectable et pour des fins honnêtes.

CHAPITRE VIII

LES REGISTRES DE L'ÉTAT CIVIL

I. STEPHEN : p.650-655. — Births and Deaths Registration Act, 1836. — Marriage Act, 1836. — Births and Deaths Registration Act, 1874. — Merchant Shipping Act, 1894.

Tout changement dans l'état civil, toute naissance, tout mariage, divorce et décès doit être déclaré et inscrit. L'autorité suprême en matière d'Etat-civil a son siège au Somerset-House sur le Strand à Londres. C'est là que se trouve l'Office of the Registrar General, le bureau du directeur général de l'Etat civil.

Le Registrar General est nommé par le Lord Chancellor et revêt sa charge " during pleasure ", c'est-à-dire aussi longtemps qu'il n'est pas révoqué. Il nomme les fonctionnaires supérieurs de l'état-civil (Superintendent Registrars) auxquels sont subordonnés les fonctionnaires des districts (District Registrars). Toute cette organisation est liée à celle de la High Court et plus particulièrement à la Probate, Divorce and Admiralty Division.

Les officiers de l'Etat-Civil interviennent dans les contestations d'ordre successoral et les procès de divorce, pour préparer la procédure avant le délibéré; ils exercent en cette matière la même fonction que les Masters (greffiers) devant les autres sections de la High Court.

Tous les registres de l'état-civil du Royaume-Uni sont conservés au Somerset-House à Londres.

Les inscriptions faites dans les registres sont les suivantes :

a) Toute naissance doit être déclarée dans les quarante-deux jours à l'office de l'état-civil par le père ou la mère ou en cas d'empêchement par le logeur ou toute autre personne présente lors de la naissance (B. D. R. A., 1874, s. 1). La déclaration faite entre les 4e et 12e mois après la naissance doit l'être selon des formes solennelles spéciales (B. D. R. A., 1874, s. 4). Après le 12e mois, elle n'est plus possible qu'avec l'autorisation du directeur général de l'état civil.

b) Les décès doivent être déclarés dans les cinq jours (B. D. R. A., 1874, s. 10); sont légalement obligés de faire cette déclaration, les proches parents, les habitants de la maison mortuaire, les personnes qui ont soigné le défunt ainsi que celles qui ont assisté au décès.

c) Les mariages doivent être déclarés par les personnes devant lesquelles le mariage a été célébré. Il s'agit principalement, outre les officiers de l'état civil, des prêtres de l'Eglise Anglicane. Une copie de l'inscription de tous les mariages est envoyée au bureau central de Somerset House à Londres où l'on conserve un registre renseignant sur toutes les unions célébrées selon le rite de l'Eglise Anglicane ou de toute autre manière quelconque.

d) Les naissances et les décès survenus en haute mer sur un navire anglais ou sur des vaisseaux qui proviennent de ports anglais ou les gagnent doivent faire l'objet d'un procès-verbal de la part du capitaine, procès-verbal que celui-ci transmet dans le plus bref délai au Registrar General (M. S. A., 1894, s. 254).

LIVRE DEUXIÈME

———

LE DROIT DE LA FAMILLE

PREMIÈRE SECTION

LE MARIAGE

CHAPITRE PREMIER

LES FIANÇAILLES

I. Stephen : p. 431. — Jenks : s. 277.

I. Notions. Les fiançailles sont la promesse réciproque d'un homme
et d'une femme de contracter mariage. Les personnes qui se sont promis
le mariage sont les fiancés et leurs engagements constituent les fiançailles. Celles-ci ne sont pas soumises à l'observation d'une forme spéciale.
C'est ainsi qu'il n'est pas d'usage d'échanger des anneaux.

II. Rupture de fiançailles (breach of promise). La rupture sans
motifs des fiançailles donne droit à une action personnelle en dommages-
intérêts et en réparation. Ce droit ne passe pas aux héritiers. On ne peut
cependant exiger par la voie judiciaire l'accomplissement d'une promesse de mariage. Le défendeur paralysera la demande d'indemnité s'il
prouve le dol, la maladie ou l'immoralité du demandeur et le fait qu'il
ignorait ces circonstances au moment des fiançailles. L'action doit être
fondée sur la " corroborative evidence ", c'est-à-dire qu'un seul témoignage ne suffira pas (celui de la fiancée délaissée, par exemple). Le droit
à l'action tombe si le défendeur est encore mineur; il subsiste par contre
en faveur de la partie mineure et contre la partie majeure.

Le fiancé qui, à l'époque des fiançailles, était déjà marié, peut être
actionné par l'autre fiancé, si celui-ci ignorait l'existence de ce mariage.

La High Court est compétente pour connaître de ces actions à moins
que les parties soient d'accord de plaider devant la County Court.

Les procès pour rupture de fiançailles ont une importance considérable

en Angleterre. Des sommes souvent très fortes sont réclamées à titre de
dommages-intérêts et de réparation. Le fait que de très grosses indemnités peuvent être allouées et que les débats sont non seulement publics
mais encore commentés dans la presse quotidienne, expose à de graves
tentatives de chantage.

CHAPITRE II

CAPACITÉ REQUISE
POUR POUVOIR CONTRACTER MARIAGE

Ienks : ss. 1857-1859. — I. Stephen : p. 429-432. — Marriage Act, 1823
(M. A., 1823). — Guardianship of Infants Act, 1925 (G. I. A., 1925).

Pour pouvoir contracter mariage, il faut remplir les conditions suivantes :

I. **Age.** — *a*) Le mari doit avoir 14 ans révolus;

b) La femme doit avoir 12 ans révolus.

Le mariage d'une personne moins âgée mais ayant plus de 7 ans n'est
pas nul mais simplement " imperfect "; il peut être ou confirmé, une fois
que les époux ont atteint l'âge requis, ou déclaré nul.

II. **Capacité de discernement.** Les fiancés doivent être capables de
discernement. Les aliénés et les individus auxquels l'ivresse enlève la
capacité d'agir raisonnablement sont incapables de contracter mariage.

III. **L'autorisation du père ou de la mère ou du tuteur est nécessaire.** — *a*) Lorsque les fiancés sont mineurs, lorsqu'ils n'ont donc pas
21 ans révolus (pour autant qu'il ne s'agit pas d'un veuf ou d'une veuve)
(M. A., 1829, s. 16; G. I. A., 1925, s. 9);

b) L'autorisation du tuteur est nécessaire pour les fiancés, sous tutelle,
de plus de 21 ans.

L'autorisation du parent qui a la puissance paternelle est seule nécessaire lorsque les père et mère sont divorcés ou vivent séparés. Le consentement de la mère et du tuteur est requis pour l'enfant illégitime.

Le mineur peut s'adresser au Tribunal au cas où le consentement lui
est refusé; le juge accorde alors, pour autant que le refus paraît injustifié,
l'autorisation en lieu et place des parents ou du tuteur.

Le mariage est valable s'il est contracté malgré l'absence du consentement, lorsque toutes les autres conditions requises sont remplies.

CHAPITRE III

EMPÊCHEMENTS AU MARIAGE (DISABILITIES).

Jenks : ss. 1854-1855, 1861. — Stephen : p. 429-432. — Releases of Licenses and Dispensation from Rom Act, 1536 (R. L. D. R. A., 1536). — Marriage Contracts and Consanguinity Act, 1540 (M. C. C. A., 1540). — Marriage Act, 1835 (M. A., 1835). — Deceased Wife's Sister's Marriage Act, 1907 (D. W. S. M. A., 1907). — Deceased Brother's Widows' Marriage Act, 1921 (D. B. W. M. A., 1921). — Judicature (Consolidation) Act, 1925 (J. A., 1925).

I. Parenté et alliance. Le mariage est prohibé entre :

a) Les parents en ligne directe, père-fille, mère-fils, etc. (la liste des mariages prohibés dans le Prayer Book débute avec ces mots : « Un homme ne peut épouser sa grand'mère »).

b) Les alliés en ligne directe (beau-père-belle-fille, belle-mère-gendre etc.).

c) Les parents et les alliés en ligne collatérale jusqu'au 3e degré, à l'exception de la sœur de l'épouse prédécédée ou du frère de l'époux prédécédé. Le mariage entre cousins germains est permis. Est interdit par contre le mariage entre frères et sœurs, oncle et nièce, tante et neveu, ou aussi entre le mari et la nièce de l'épouse divorcée ou prédécédée, ou de la veuve ou de la femme divorcée avec le neveu de son ex-mari. Le mariage entre beau-frère et belle-sœur était autrefois complètement prohibé. Ce n'est qu'en vertu du Deceased Wife's Sister's Marriage Act, 1907, qu'il fut permis d'épouser la sœur de l'épouse décédée et en vertu du Deceased Brother's Widows' Marriage Act, 1921, le frère de l'époux décédé. Il est par contre interdit au mari d'épouser la sœur de sa femme divorcée, du vivant de celle-ci, comme il est interdit à la femme d'épouser le frère de son mari divorcé, du vivant de celui-ci. Les empêchements de mariage du droit anglais à raison de la parenté et de l'alliance remontent au droit canonique.

L'homme ne peut épouser les parents suivants :

la mère ou la belle-mère de ses propres parents.	sa tante sa sœur	(mais bien celle de sa femme dé-cédée)	ou celle de sa femme.
la mère des parents de sa femme.	sa fille sa nièce		
la veuve { de son père ou de son beau-père de son oncle de son fils de son neveu			

La femme ne peut épouser les parents suivants :

le père ou le beau-père de ses propres parents.	son oncle son frère	(à l'exception de celui de son ma-ri décédé)	ou celui de son mari
le père des parents de son mari.	son fils son neveu.		
le conjoint survivant { de sa mère ou de sa belle-mère de sa tante de sa fille de sa nièce			

Le mariage est prohibé entre parents utérins ou consanguins (half blood) comme entre parents ordinaires.

II. **Mariage existant.** Celui qui est déjà marié ne peut contracter un second mariage (prohibition de la bigamie, bigamy). La deuxième union est nulle même si elle a été contractée de bonne foi dans la croyance que la première union a été dissoute par la mort d'une partie (du mari à la guerre par ex.).

Lorsque l'un des époux a été absent sans donner de nouvelles pendant sept années, il est présumé décédé et l'autre époux peut se remarier. S'il est établi postérieurement que l'époux disparu était encore vivant lors de la conclusion du second mariage, celui-ci est nul, sans constituer toutefois un cas de bigamie avec les suites que celle-ci comporte.

III. La **stérilité** de la femme et l'**impuissance** du mari constituent aussi des empêchements au mariage. Ils ne le rendent pas nul, mais l'autre époux conjoint peut en demander l'annulation.

IV. **Remariage.** Alors que le droit continental (Code Civil Suisse, art. 103 par ex.) fait défense aux femmes dont le mari est mort ou dont le mariage a été dissous par le divorce de se remarier avant l'expiration d'un certain délai (ceci pour éviter toute confusion de part), le droit anglais ne connaît aucun délai de cette sorte. Lorsqu'un doute subsiste sur l'origine de l'enfant, c'est ce dernier qui choisira son père, une fois qu'il aura atteint « l'âge de discrétion » de 16 ans. Cette situation se présentera en réalité rarement, le jugement de divorce ne devenant effectif qu'après un délai minimum de six mois. Cette mise en vigueur

sera du reste refusée si les époux divorcés se sont pardonné dans l'intervalle et ont, par exemple, repris la vie commune (Cf. p. 75).

L'individu divorcé peut se remarier de plein droit dès qu'un jugement
définitif (decree absolute) aura déclaré la dissolution du mariage (J. A.,
1926, s. 184). L'interdiction de se remarier, pendant un temps déterminé
et celle d'épouser le tiers complice de l'adultère, telles qu'elles existent
en droit continental, ne peuvent être prononcées contre le conjoint coupable.

CHAPITRE IV

LES FORMES DE CÉLÉBRATION DU MARIAGE

Jenks : ss. 1835-1849. — I. Stephen : p. 432-440. — Foote : S. 123 à
141. — Westlake : S. 55-73. Marriage Acts, 1823-1898 (M. A.). —
Marriage and Registration Act, 1835 (M. R. A., 1835). — Guardianship of Infants Act, 1925 (G. I. A., 1925). — Foreign Marriage Act,
1928 (F. M. A., 1892).

Le mariage peut être ou religieux ou civil. Les deux formes sont également efficaces.

I. **Le mariage religieux.** Le mariage religieux est célébré, avec publication ou sans publication, par un prêtre de l'Eglise d'Etat (Church of
England).

1º *Avec publication.* — La publication du mariage projeté est faite
verbalement, trois dimanches, dans une église (publications of banns,
M. A., 1823, ss. 2, 9). Les fiancés doivent remettre au prêtre sept jours
avant cette publication, une demande écrite dans laquelle ils certifient
avoir séjourné au moins quinze jours dans la paroisse. S'ils ont séjourné
dans deux paroisses différentes, la publication devra être faite aux deux
endroits. La publication est nulle si, l'un des fiancé étant mineur, les
parents ou le tuteur soulèvent une opposition au moment de la lecture
des bans (G. I. A., 1925, s. 9; M. A., 1823, s. 8).

Le mariage peut être célébré dès la troisième publication des bans et
dans les trois mois, par un prêtre, à l'église entre 8 et 15 heures et en
présence de 2 témoins. Une nouvelle publication est nécessaire lorsque le
mariage n'est pas célébré dans les trois mois.

2º *Sans publication.* — L'autorité ecclésiastique dispense dans ce cas
les fiancés de la publication par une autorisation (licence), spéciale
(special licence) si elle émane de l'archevêque de Canterbury, ordinaire
(common licence) si elle est donnée par un évêque ou son remplaçant
(M. A., 1823, ss. 10-20; 1836, s. 1). Les fiancés doivent, pour obtenir la
common licence, jurer qu'il n'existe pas d'empêchement au mariage et

qu'ils ont séjourné dans la paroisse pendant les quinze jours qui précèdent le mariage.

Le mariage doit être célébré dans les trois mois, dans une église désignée dans la dispense, selon les rites de l'Eglise Anglicane, en présence de deux témoins et entre 8 et 15 heures (M. A., 1836, ss. 1, 20; 1886, s. 1).

Les fiancés bénéficiant d'une « special licence » peuvent se marier à n'importe quel moment et en un lieu quelconque.

II. **Le mariage civil.** Ce mariage est célébré avec ou sans publication.

1° *Avec publication de l'état-civil.* — Celui qui désire se marier présente une requête en célébration du mariage à l'officier supérieur de l'état civil (Superintendant Registrar) du ou des districts dans lesquels les futurs époux auront demeuré au moins pendant sept jours. S'ils ont séjourné dans plusieurs districts, la requête est présentée dans chacun. Le Superintendent Registrar doit enregistrer cet avis dans le Marriage Notice Book, qui est à la disposition du public (M. A., 1836, ss. 4,5). Le requérant déclare en même temps par écrit qu'il n'existe à sa connaissance pas d'empêchement au mariage, qu'il a résidé pendant les sept jours précédents dans le district de l'Officier de l'état civil et, lorsque l'un des époux est mineur, que l'autorisation nécessaire a été accordée par la personne qualifiée pour la donner, ou enfin qu'une pareille personne n'existe pas. Le Superintendant Registrar a le droit de dispenser d'apporter un pareil consentement lorsque sont présentes des personnes qui pourraient le donner; le Registrar General au cas contraire. Le tribunal peut accorder le consentement qu'une personne se refuse à donner.

L'avis de mariage doit rester exposé dans les bureaux de l'état-civil pendant les vingt et un jours qui suivent l'enregistrement dans le Marriage Notice Book. Si pendant ce délai aucune opposition n'est faite, l'officier de l'état-civil délivre un certificat (certificate without licence) constatant que les parties ont présenté une requête en mariage et que rien ne s'oppose à la célébration. Ce certificat mentionne de plus l'église ou l'édifice public dans lequel le mariage devra être célébré. Le mariage devra être célébré dans les trois mois et dans les formes suivantes :

a) Dans une maison consacrée au culte (a place of religious worship) en présence de l'officier de l'état-civil et de deux témoins, les portes de l'édifice devant rester ouvertes.

b) Dans les bureaux de l'état-civil (office of the Superintendant Registrar) en présence du Superintendant Registrar, ou d'un officier de l'état-civil du district ou encore d'une personne munie des pouvoirs nécessaires. Le rite de l'église anglicane ne peut être appliqué dans ce cas. Les parties peuvent par la suite, recevoir la bénédiction religieuse à l'église sans que cette formalité ait un effet juridique.

c) Dans une église du district de l'officier de l'état civil qui a délivré le certificat, et selon les rites de l'église anglicane;

d) Selon les usages religieux des Quakers ou des Juifs.

2º *Sans publication de l'état-civil.* — Pour être dispensé de la publication il faut obtenir un " certificate of the Superintendant with special licence ".

Dans ce cas les futurs époux doivent établir qu'un d'eux a séjourné pendant les quinze derniers jours dans le district, qu'il n'existe aucun empêchement au mariage, et réclamer à l'officier de l'état-civil la délivrance d'une " special licence ". Lorsqu'aucune opposition n'est faite dans les vingt-quatre heures, le mariage peut être célébré immédiatement ou dans les trois mois (M. R. A., 1856, ss. 2, 5, 6, 9), dans l'une des formes exposées plus haut du mariage avec " certificate without licence ". Il n'est fait aucune publication.

III. **Droit matrimonial international.** Le droit du domicile est applicable aux questions de capacité et d'empêchement au mariage; le droit du lieu de célébration, à la forme de la célébration. Le droit du domicile réglera également la procédure de célébration lorsque pour l'une ou l'autre raison, le droit du lieu de célébration n'est pas applicable (ce droit par ex. ne s'applique pas à des étrangers). La nationalité, le lieu de célébration, la religion des époux n'exercent, en droit anglais, aucune influence sur la validité du mariage. Il suffit que le mariage soit valable d'après les droits des domiciles des deux parties. Cette règle souffre cependant une exception : les tribunaux anglais protègent et valident un mariage matériellement valable selon le droit anglais, mais contracté entre parties dont l'une est domiciliée en Angleterre et l'autre dans un Etat selon le droit duquel le mariage célébré serait attaquable et nul. La validité d'un mariage ne peut pas être discutée en droit anglais lorsque le droit du domicile de l'époux étranger interdit cette union pour des motifs que le droit anglais ne connaît pas.

Le droit anglais reconnaît le mariage célébré à l'étranger selon le droit du domicile, pour autant que ce mariage n'est pas contraire à l'ordre public anglais. La polygamie entre chrétiens et le mariage entre parents rapprochés ne sont pas tolérés en Angleterre même s'ils sont autorisés par la loi du domicile. Le droit anglais n'applique pas ici sa conception particulière de la prohibition du mariage entre parents, mais les conceptions générales de l' « ensemble de la chrétienté ». Est nul le mariage contracté entre l'époux divorcé et la sœur de son ex-épouse lors-

celle-ci est encore en vie. De tels mariages sont cependant reconnus par le droit anglais lorsqu'ils ont été célébrés dans des pays qui ne connaissent pas cet empêchement. Le mariage des Anglais à l'étranger est facilité par le fait que tous les représentants diplomatiques anglais à l'étranger ont qualité pour célébrer le mariage, même lorsqu'une seule partie est anglaise (F. M. A., 1892, s. 1).

Les étrangers qui se marient en Angleterre sont assimilés aux sujets britanniques.

LES ACTIONS RÉSULTANT DU MARIAGE

(*Matrimonial proceedings*).

CHAPITRE PREMIER

DISPOSITIONS GÉNÉRALES

GIBSON, H. : Probate and Divorce. 9. Edit. London 1925. — JENKS :
ss. 1863, 1872-1897. — III. STEPHEN : p. 642-657. —Judicature (Consolidation) Act, 1925 (J. A., 1925).

I. **Actions.** Le droit anglais distingue les actions suivantes :

1º Restitution of conjugal rights, restitution de droits conjugaux.

2º Judicial separation, séparation judiciaire.

3º Nullity of marriage, déclaration de nullité; motifs : impuissance,
parenté, alliance, bigamie, dol, contrainte.

4º Jactitation of marriage, action très rare intentée contre la personne
qui prétend indîment être le conjoint du demandeur. L'action tend à
interdire de faire courir ce bruit.

5º Déclaration of legitimacy, constatation de la validité et de la léga-
lité d'un mariage.

6º Dissolution of marriage, ordinairement appelé « divorce », divorce.

On appelle '' petition '' l'action résultant du mariage, '' petitioner ''
le demandeur, '' respondent '' le défendeur, '' co-respondent '' le tiers
complice de l'adultère de la partie défenderesse, et '' decree '' le jugement rendu.

II. **Compétence.** La Probate, Divorce and Admiralty Division of
the High Court, ordinairement appelée Divorce Court ainsi que les Cours
d'assises de Birmingham, Cardiff, Chester, Exeter, Leeds, Liverpool,
Manchester, Newcastle, Norwich et Nottingham, sont compétentes pour
connaître des actions résultant du mariage (J. A., 1925, s. 56 (3) (a)); la

procédure applicable est régie par les Matrimonial Causes Rules, 1924. Les règles de compétence applicables en droit international privé seront indiquées après chaque action.

III. **Mesures provisoires.** Le Tribunal prend, dès l'introduction de la demande, toutes les mesures provisoires nécessaires, notamment en ce qui concerne l'entretien de la femme et des enfants, et l'exercice de la puissance paternelle.

1° *Entretien de la femme.* — La femme, qu'elle soit demanderesse ou défenderesse, a le droit de réclamer de son mari une indemnité pour son entretien (alimony pendente lite) pendant la durée du procès, pour autant que ses revenus personnels ne lui suffisent pas (J. A., 1925, ss. 187. 190). Elle perd cependant le droit à l'indemnité lorsqu'elle vit avec le " co-respondent ", ou lorsqu'elle est entretenue par lui, ou lorsque son mari lui a assuré par convention (separation deed) des versements périodiques (allowance). Le montant de la pension alimentaire due pendant le cours du procès s'élève en général au cinquième du revenu total des deux époux. Cette proportion est augmentée lorsque la femme doit entretenir les enfants, réduite au contraire lorsque les revenus du mari sont particulièrement élevés. Le droit à l'indemnité naît avec l'introduction de la demande et s'éteint au prononcé du jugement; dans le cas d'une action tendant au rétablissement des droits conjugaux, au moment où l'un des époux se refuse à reprendre les rapports conjugaux.

2° *Garde des enfants.* — Les droits des parents et des enfants, la garde (custody), l'entretien (maintenance) et l'instruction (education) des enfants peuvent également être réglés pour la durée du procès (J. A., 1925, s. 193).

Alors que le juge est compétent pour régler l'entretien des enfants jusqu'à leur majorité de 21 ans, il ne peut trancher la question de la garde que s'ils ont moins de 16 ans révolus (years of discretion, les enfants de plus de 16 ans décidant librement avec quel parent ils veulent vivre.

Le tribunal décide de l'avenir des enfants en tenant compte *surtout de leur intérêt* qui est " of paramount importance ". Lorsque ni l'un ni l'autre des parents ne paraît digne d'avoir la garde des enfants, le tribunal leur désigne un tuteur tout en réservant aux parents un droit de visite (right of access to the children). Exceptionnellement, seulement, les enfants sont confiés à la garde du parent coupable.

Le juge est aux termes du Guardianship of Infants Act, 1886, libre de prononcer expressément quel est l'époux coupable et par conséquent indigne d'avoir la garde des enfants. En pareil cas, l'époux coupable **ne** peut reprendre — même après la mort de l'autre époux — la garde des enfants et il ne peut être nommé tuteur.

IV. **Frais de justice (costs).** La femme même coupable est ordinairement en droit de demander que son époux supporte les frais du procès, à moins qu'elle ne possède les ressources nécessaires. Elle peut également, avant toute procédure, obliger son mari, à lui fournir des sûretés pour ses frais de procès. Lorsque le mari prouve l'adultère avec le " co-respondent " (le tiers, complice de l'adultère de sa femme), le tribunal (même si l'époux ne réclame pas de dommages-intérêts) condamnera le " co-respondent " à payer une partie ou l'ensemble des frais du procès, pour autant que le " co-respondent " ait su au moment de l'adultère que sa complice était une femme mariée.

CHAPITRE II

RESTITUTION DE DROITS CONJUGAUX

(Restitution of conjugal rights).

Jenks : ss. 1865-1866. — Gibson : p. 252-259. — III. Stephen : p. 643.
— Foote : p. 156-157. — Westlake : p. 96-97. — Judicature (Consolidation) Act. 1925 (J. A., 1925).

I. Concept. L'époux abandonné sans motifs peut intenter une action
en " restitution of conjugal rights ", tendant à faire sommer judiciairement l'époux absent de revenir et de reprendre la « cohabitation ».

Il y a abandon sans motifs, lorsque l'un des époux se soustrait sans
motif juridique à la vie commune.

II. Conditions. L'époux demandeur doit avoir sommé par écrit son
conjoint de reprendre dans un délai convenable la vie conjugale avant
que le juge puisse rendre un jugement ordonnant la restitution des droits
conjugaux. Une telle sommation écrite est souvent faite par le solicitor.

III. Le jugement et ses conséquences accessoires. Le juge rend,
après audition des parties ou en l'absence de la partie défenderesse, si
celle-ci ne comparaît pas, un " decree of restitution of conjugal rights ",
c'est-à-dire une sommation au conjoint coupable de réintégrer dans un
délai convenable le domicile conjugal. Mais il n'est pas possible d'y contraindre l'époux récalcitrant. Le défendeur peut s'opposer à cette action
en prouvant que le demandeur s'est rendu coupable d'une infraction
(matrimonial offence) encore plus grave aux devoirs conjugaux et que
cette infraction suffirait à faire prononcer une séparation judiciaire.
L'action sera également irrecevable lorsque les parties auront convenu
dans un „ separation deed " de ne pas intenter pendant la séparation
une action en restitution des droits conjugaux, à moins que l'autre partie
n'ait gravement manqué à ses engagements contractuels. Le juge condamnera le mari qui ne revient pas au domicile conjugal à verser à sa

femme une pension alimentaire (alimony). Le mari récalcitrant pouvait même être puni de prison avant 1884. Lorsque le mari obtient gain de cause, le juge pourra obliger la femme à verser des subsides pris sur ses revenus pour l'entretien du mari ou des enfants (J. A., 1925, s. 191 (2)).

Un époux pourra intenter une action en " judicial separation ", pour abandon sans motifs, avant l'expiration du terme de deux ans, lorsque son conjoint n'aura pas donné suite à la sommation judiciaire qui lui a été faite. L'action en restitution des droits conjugaux est dans la pratique souvent intentée comme préliminaire à une autre action.

Celui qui induit une femme à abandonner son mari alors qu'elle n'a pas de motifs de le faire, ou qui l'entretient, est passible de dommages-intérêts envers le mari. La femme a également droit à des dommages-intérêts envers le mari qui l'abandonne sans motifs.

IV. **Compétence.** L'action en restitution de droits conjugaux peut être intentée devant le tribunal du lieu de résidence des parties, même si elles sont domiciliées à l'étranger. Le tribunal anglais est également compétent lorsque le demandeur seul réside en Angleterre, si toutefois le domicile est en Angleterre. Il est par contre incompétent à l'égard d'un étranger qui a quitté l'Angleterre.

CHAPITRE III

SÉPARATION JUDICIAIRE (JUDICIAL SEPARATION)

(Separation orders et protection orders.)

JENKS : ss. 1880-1884, 1886. — III. STEPHEN : p. 644. — GIBSON : p. 228-230. — FOOTE : p. 158-160. — Westlake : p. 95, 96. — Summary Jurisdiction (Married Women) Act, 1895 (S. J. A., 1895). — Licensing Act, 1902 (Li. A., 1902). — Married Women (Maintenance) Act, 1920. — Summary Jurisdiction (Separation and Maintenance) Act, 1925. — L'ensemble de ces actes est cité : Summary Jurisdiction (Separation and Maintenance) Acts, 1895-1925.

La séparation judiciaire, les " separations orders " et les " protections orders " sont les mesures légales qui peuvent être prises en cas de rupture de l'union conjugale.

I. La séparation judiciaire. — 1º *Concept.* La séparation judiciaire, " judicial separation ", n'est par rapport au « divorce », séparation définitive, qu'une séparation de fait des époux.

La séparation judiciaire (judicial separation) se distingue du divorce (divorce) en ce qu'elle interdit un nouveau mariage et ne supprime pas l'union conjugale, tout en obligeant l'époux coupable à vivre séparé. La femme qui vit séparée de son mari est considérée légalement (à la réserve près qu'elle ne peut contracter un autre mariage) comme une fille non mariée (feme sole). Le mari n'est en conséquence pas tenu pendant la durée de la séparation judiciaire des dettes contractuelles ou ordinaires de la femme même lorsque celles-ci sont nées avant la séparation. L'époux n'a aucun droit successoral sur la succession du conjoint décédé intestat avant la reprise de la vie commune

Il convient de distinguer la séparation judiciaire de la séparation non judiciaire basée sur une convention spéciale (separation by agrement) passée entre les époux (Cf. p. 92).

2º *Causes de séparation.* — Le mari ou la femme peuvent intenter une action en séparation (petition) devant la Divorce Division de la High Court pour l'obtention d'un " separation decree " pour les causes suivantes :

a) Adultère;

b) " Cruelty " : tout mauvais traitement, coups ou blessures, crainte de pareils sévices ou dangers auxquels est exposée la santé d'un conjoint par la conduite de l'autre, constitue la " cruelty ";

c) L'abandon sans motifs pendant au moins deux ans ou pendant un délai moindre lorsque le conjoint ne réintègre pas le domicile conjugal malgré un " decree of restitution " rendu contre lui.

3º *Exceptions.* — Le tribunal devra (à partir, en ce cas, du refus de réintégration). rejeter une demande en séparation judiciaire lorsque le défendeur établit que le demandeur est lui-même coupable d'adultère, ou a pardonné au défendeur. Toute demande en séparation judiciaire est exclue par la collusion des parties. La demande devra être rejetée lorsqu'elle est basée sur un adultère du défendeur dont le demandeur est lui-même la cause.

4º *Conséquences.* — Le tribunal peut allouer à la femme une pension alimentaire permanente (permanent alimony) dont le montant variera selon la situation des parties. Ce montant ne dépasse généralement pas le tiers du revenu total des deux époux. Il est quelquefois moindre mais peut s'élever jusqu'à la moitié de ce revenu. Le juge pourra réduire ou augmenter le montant de cette rente lorsque les conditions économiques justifieront une modification. Le droit à la rente est pour la femme un droit exclusivement attaché à la personne et incessible. En cas de retard dans le paiement, la femme peut disposer du crédit du mari pour l'achat du ,, necessaries " comme si les époux n'étaient pas séparés.

La garde des enfants est réglée par les mêmes principes qu'en cas de divorce (Cf. p. 70).

5º *Compétence.* — L'action en " judicial separation " peut être intentée à volonté devant le juge du domicile des époux au moment de la demande ou devant le juge du lieu où les époux résident tout en ayant ailleurs leur domicile.

II. Separation orders. — 1º *Généralités.* — Alors que la " judicial separation ", véritable séparation judiciaire, doit faire l'objet d'un procès ordinaire et d'un jugement, chaque époux peut s'adresser à une juridiction sommaire (summary jurisdiction) (Magistrates Courts par ex.) et lui demander de rendre un " separation order " (S. J. A., 1895, ss. 4, 5; Li. A., 1902, s. 5).

La femme peut réclamer un " separation order " :

a) Lorsque le mari néglige de l'entretenir, elle et ses enfants, et les oblige ainsi à le quitter et à vivre séparés;

b) Lorsque le mari se rend coupable de sévices à son égard;

c) Lorsque le mari s'adonne à la boisson ou prend des stupéfiants (Morphine, etc.);

d) Lorsque le mari la pousse à la prostitution ou lorsqu'il veut exiger d'elle des relations intimes alors qu'il se sait atteint d'une maladie véné-

Dans tous ces cas, le tribunal pourra autoriser la femme à vivre séparée et lui allouer, à la charge du mari, une pension alimentaire hebdomadaire de £ 2 au maximum et de 10 sh. pour chaque enfant âgé de moins de 16 ans. Le juge confie généralement la garde des enfants à la mère. Le mari coupable qui n'exécute pas les obligations que lui impose le jugement est passible de prison. Le jugement devient caduc lorsque la femme continue de vivre avec le mari ou lorsqu'elle retourne auprès de lui.

Le mari ne peut réclamer un " separation order " que :

a) Lorsque la femme s'adonne à la boisson et prend des stupéfiants;

b) Lorsque la femme a l'habitude de brutaliser ses enfants.

Le mari même innocent peut être condamné dans ces cas à verser à sa femme une pension alimentaire.

2o *Effets*. — Le " separation order " a les mêmes effets juridiques que la " judicial separation ".

III. **Protection orders.** Une femme abandonnée par son mari a le droit de demander à une Court of Summary Jurisdiction, un " protection order " qui mette ses revenus à l'abri de son mari et des créanciers de celui-ci; cette ordonnance donne le droit à la femme de disposer de ses revenus dans la même mesure que si elle n'était pas mariée. Elle est alors dans la même situation que si un " decree of judicial separation " avait été rendu. La femme peut actionner son mari en paiement des revenus lui appartenant et en une indemnité de même nature lorsque le mari s'approprie ou retient ces sommes bien que connaissant l'ordonnance judiciaire. Cette mesure fait tomber un " restraint of anticipation (Cf. p. 85). Les revenus des biens appartenant à la femme, que le mari a touché avec son consentement, reviennent alors également à la femme.

Le besoin d'un " protection order " se fait actuellement rarement sentir, la femme conservant régulièrement pendant le mariage l'entière disposition de ses biens.

CHAPITRE IV

LE DIVORCE

(Petition for dissolution of marriage; divorce.)

Jenks : ss. 1873-1879. — Stephen : p. 645-653. — Gibson : p. 198 *bis*
227. — Foote : p. 141-156. — Westlake : p. 89-104. — Judicature
(Consolidation) Act, 1925 (J. A., 1925).

I. Causes de divorce. Le mari ne peut demander le divorce que pour
adultère de sa femme, la femme que pour adultère ou délit contre nature
du mari (J. A., 1925, s. 176). Avant l'entrée en vigueur du Matrimonial
Causes Act, 1923, la femme ne pouvait demander le divorce que si l'adultère du mari était accompagnée de circonstances aggravantes telles que
" cruelty ", " incest ", " bigamy ", " desertion ".

II. Exceptions appartenant à l'époux défendeur. Même si l'époux
demandeur établit une cause de divorce valable, l'époux défendeur pourra
soulever des exceptions qui pourront, selon leur nature, ou obliger le juge
à déclarer la demande irrecevable, ou lui laisser la liberté de prononcer le
divorce ou non.

1º *Irrecevabilité de la demande.* — La demande est irrecevable lorsque
le défendeur établit le consentement (connivance) ou le pardon (condonation) ou lorsqu'il est prouvé que les deux parties se sont mises d'accord
(collusion) pour créer une cause de divorce (J. A., 1925. s. 176 (2)).

a) Il y a consentement (connivance), lorsque le demandeur a autorisé
passivement ou activement, et par avance, l'adultère de son conjoint.
Le consentement postérieurement donné à l'adultère est théoriquement
exclu. Une attitude grossière ou un abandon sans motifs sont considérés,
comme un consentement s'ils trahissent l'intention d'inciter l'autre partie
à commettre l'adultère et de permettre ainsi le divorce. L'époux qui
excipe du consentement, doit en faire la preuve.

b) Pardon (condonation). On admet que le pardon est donné à la condition que l'époux coupable ne récidive pas. Le pardon doit être basé

sur la connaissance exacte des faits; il doit être complet et entraîner la reprise des relations conjugales. Le pardon est annulé par une nouvelle faute de l'époux coupable. Lorsqu'un époux, après s'être fait pardonner son adultère, abandonne sans motifs son conjoint, celui-ci peut demander le divorce en se basant sur cet adultère antérieur.

c) Collusion. Il y a collusion lorsque les deux époux se sont entendus pour divorcer sans qu'il existe de motifs, lorsqu'ils ont créé artificiellement une cause de divorce ou en ont mensongèrement affirmé l'existence. La collusion donne le droit au ministère public, King's Proctor, d'opposer son veto à un jugement de divorce. La collusion comprend aussi le fait de taire intentionnellement des faits importants. Le divorce est prononcé néanmoins lorsque les circonstances cachées par les époux sont sans effet sur le jugement de divorce et qu'il existe un motif suffisant pour le prononcer. L'adultère étant la seule cause de divorce, il est fréquent de le voir simulé. Le mari informe, par exemple, sa femme ou son représentant qu'il a passé une nuit déterminée avec une autre femme dans un hôtel; il joint à cette déclaration, à titre de preuve, la note d'hôtel.

2º *Irrecevabilité relative.* — Le tribunal est libre de prononcer le divorce ou de le refuser lorsque le demandeur est lui-même coupable ou a tardé trop longtemps à intenter son action (J. A., 1925, s. 178 (3)). L'action est ordinairement rejetée lorsque le demandeur a provoqué l'adultère de son conjoint; c'est notamment le cas lorsque le demandeur est lui-même coupable d'adultère, de " cruelty ", de " desertion " ou de " misconduct ". L'action est prescrite lorsque le demandeur laisse s'écouler un certain temps (2 ans) depuis la naissance de la cause de divorce.

III. **Effets accessoires.** Le juge règle aussi les effets accessoires du divorce relatifs aux biens des époux et aux droits des enfants.

1º *Puissance paternelle.* — Aucune convention entre époux ne peut lier le juge dans la décision qui concerne les rapports entre parents et enfants. Le juge ne doit tenir compte que de l'intérêt des enfants, qui prime celui des parents (J. A., 1925, s. 193 (2)). Les parents sont liés par la décision judiciaire qui règle l'exercice de la puissance paternelle. Mais, lorsque les enfants retournent d'eux-mêmes auprès du parent qui a été privé de la puissance paternelle, le juge peut modifier son jugement et l'accorder avec les désirs des enfants. Quoique le juge confie ordinairement les enfants au père, les enfants en bas âge sont confiés à la mère. L'enfant qui a 16 ans révolus peut, après le divorce, choisir le parent qu'il veut suivre.

La mère peut, tout aussi bien que le père, être condamnée à verser des sommes déterminées pour l'entretien des enfants jusqu'à leur majorité.

Le juge a le pouvoir de modifier des contrats de mariage en faveur des enfants (J. A., 1925, s. 192).

2º *Conséquences économiques.* — Le juge peut condamner le mari à payer à sa femme une indemnité globale ou une rente pour une durée déterminée qui ne peut dépasser la vie de la femme; il tient compte de la fortune du mari et de la conduite des parties (J. A., 1925, s. 190) ainsi que de toutes les autres circonstances de l'espèce. En règle générale, la rente servie à la femme divorcée se monte au tiers du revenu total des époux divorcés. Le pouvoir d'appréciation du juge est très étendu. C'est ainsi qu'il pourra condamner le mari à verser à sa femme une indemnité (maintenance) même si la femme s'est rendue coupable d'adultère. Lorsque les époux ont réglé, par contrat et avant le divorce, ses suites pécuniaires, le juge s'y reportera à moins qu'un nouveau motif de divorce ne soit intervenu postérieurement à ce contrat. Le paiement d'une rente est souvent lié à la condition qu'elle ne sera payable qu'aussi longtemps que la femme ne contractera pas un nouveau mariage et que sa conduite sera irréprochable (dum sola et casta vixerit). Il est possible de constituer les biens de la femme coupable en " settlement " au profit des enfants ou du mari, pour empêcher la femme d'en disposer d'une manière préjudiciable aux intérêts du mari et des enfants (J. A., 1925, s. 191).

Le juge peut modifier les contrats de mariage dans son jugement de divorce (pas dans la séparation judiciaire) en sorte que l'époux innocent et les enfants conservent autant que possible la position qu'ils auraient gardé sans la faute de l'autre époux.

3º *Dommages-intérêts contre le complice.* — Le mari demandeur peut réclamer des dommages-intérêts au " co-respondent " (qui est alors lui aussi mis en cause) complice de l'adultère de sa femme (J. A., 1925, s. 189 (1)). Ces dommages-intérêts ne doivent pas constituer une pénalité, mais indemniser le mari de la valeur à laquelle il estimait sa femme, soit moralement, soit matériellement; ils doivent également l'indemniser du tort causé à son honneur, à ses sentiments, et à son amour-propre d'homme. L'indemnité ne dépendra donc pas directement de la fortune du complice; celle-ci entrera cependant en ligne de compte pour l'appréciation morale de la femme lorsqu'elle aura par exemple séduit cette dernière et non sans une forte résistance. Le complice peut être condamné à tous les frais du procès. La femme demanderesse n'a aucun droit contre la complice de l'adultère de son mari. Cette dernière aura par contre le droit de prendre part au procès comme " intervener ", notamment pour faire établir publiquement son innocence.

4º Les jurés fixent le *montant des dommages-intérêts.* — Le juge peut destiner tout ou partie des dommages-intérêts à l'entretien d'un enfant ou de la femme.

IV. **Compétence des tribunaux anglais.** Les tribunaux anglais ne sont compétents pour connaître des affaires de divorce que si les époux sont, au moment de la demande, domiciliés en Angleterre. Le domicile du défendeur est déterminant. La femme partageant, quel que soit son lieu de résidence, le domicile de son mari, c'est ce dernier domicile qui sera déterminant; il convient donc de savoir si le mari est domicilié en Angleterre. Or tel sera le plus souvent le cas même en son absence d'Angleterre puisque selon le droit anglais son domicile en Angleterre est maintenu (Cf. à ce sujet le chapitre sur le domicile, p. 40).

Les tribunaux anglais ne sont pas compétents lorsque les époux résident en Angleterre sans y être domiciliés; cette incompétence subsiste même à l'égard de sujets britanniques qui ont contracté mariage en Angleterre et d'adultère commis dans ce dernier pays.

Les tribunaux anglais sont néanmoins compétents lorsque le mari a abandonné sans motifs sa femme ou l'a par sa conduite obligée à vivre séparée, lorsque les époux étaient domiciliés jusqu'au jour de l'abandon (desertion) en Angleterre; il importe peu que le mari ait changé de domicile par la suite.

La High Court est compétente pour connaître de tous les divorces dans lesquels le mari est domicilié en Angleterre proprement dite; l'Irlande, l'Ecosse, les Iles de la Manche et l'Ile de Man sont assimilées à l'étranger. Le pays de Galles par contre est considéré comme faisant partie de l'Angleterre.

V. **Jugements de divorce étrangers.** Les jugements de divorce prononcés par des tribunaux étrangers sont reconnus en Angleterre lorsque les époux étaient soumis au moment de la demande, du fait de leur domicile, à la juridiction de ces tribunaux; il est indifférent que le divorce ait été prononcé pour un motif qui ne serait pas déterminant pour un tribunal anglais, pour autant que la procédure étrangère n'est pas contraire à la conception anglaise de la " substantial justice ". La question de domicile est déterminante en cette matière; elle est toujours minutieusement vérifiée par le tribunal anglais. Sont reconnus cependant les jugements de divorce prononcés dans un pays où les époux n'étaient pas domiciliés, lorsque ces jugements satisfont au droit du pays de domicile.

VI. **Procédure (proceedings).** La demande (petition) est adressée à la Divorce Registry au Somerset-House à Londres; elle doit donner toutes les indications nécessaires et contenir la demande de divorce proprement dite ainsi que la requête demandant la garde des enfants.

Un " affidavit " du demandeur (déclaration faite sous la foi du serment), certifiant que les données de la demande sont véridiques ou qu'il les croit telles, doit être joint à la demande.

La demande mentionne également au verso la sommation faite au demandeur de se présenter (to appear). Le demandeur adresse une " sealed copy " de la demande au défendeur en personne, et, en cas d'adultère, au tiers complice, le " co-respondent ". Une requête " for leave to effect substituted service " doit être adressée au tribunal lorsque la signification directe n'est pas possible. La signification est alors faite par la voie de la presse par exemple. La forme en est réglée par le Registrar, employé auxiliaire de la Divorce Court, qui exerce les mêmes fonctions que le Master auprès de la High Court.

Le mari demandeur est obligé d'actionner également le complice " co-respondent ". de l'adultère de sa femme (J. A., 1925, s. 177). Il ne peut en être dispensé qu'exceptionnellement, par exemple lorsque la femme défenderesse vit dans une maison de débauches ou est prostituée, ou lorsque le " co-respondent " est domicilié à l'étranger et n'est par conséquent pas soumis à la juridiction des tribunaux anglais.

Une fois que la demande (petition) a été signifiée au défendeur, une copie munie d'un certificat attestant la signification (certificate of service) doit en être transmise à la Divorce Registry.

Dans les huit jours (ou dans un autre délai déterminé mais en tout cas avant le débat oral devant le Tribunal) de la signification, le mari défendeur et le " co-respondent " peuvent déclarer à la Divorce Registry qu'ils entendent se constituer partie au procès et présenter leur défense; ils déposent en même temps un mémoire responsif. Ce mémoire peut également contenir une demande reconventionnelle (counter-charge) en divorce. Un affidavit doit être également joint à la demande reconventionnelle. Indépendamment du mémoire responsif le défendeur peut déposer des conclusions spéciales, dites " cross-petition ". Dans ce cas, le demandeur a droit à une réplique (reply).

Le défendeur peut soulever des exceptions : consentement du demandeur à l'adultère, adultère du demandeur, pardon, " unreasonable delay in presenting the petition ", prescription, " cruelty ", abandon dolosif, " wilful neglect or misconduct " (Cf. plus haut, II).

Des mémoires peuvent être échangés, de même que des questions et des réponses sur des points spéciaux, tout comme en procédure ordinaire devant le Master.

Lorsque cette procédure préliminaire est terminée, le Registrar délivre un certificat attestant que " pleadings are in order " (l'affaire est en état). L'affaire est alors inscrite au rôle des affaires à plaider (cause-list).

En cas de défaut du défendeur, le demandeur réclame une déclaration certifiant que l'affaire peut être inscrite au rôle pour le débat oral.

Toutes les demandes de divorce qui contiennent une demande de dommages-intérêts sont jugées par un tribunal assisté d'un jury (à moins que le Registrar n'en décide autrement); les autres demandes sont portées devant un tribunal sans jury, c'est-à-dire ordinairement devant un juge unique. Le juge a cependant toujours le droit de prononcer en toute liberté même lorsqu'un jury lui est adjoint.

Le juge peut prendre toutes espèces de décisions. Il peut débouter le demandeur, accorder une pension alimentaire à la femme, prendre des mesures protectrices à l'égard des enfants, transférer des biens à l'époux innocent,et condamner le complice de l'adultère à des dommages-intérêts (Cf. J. A., 1925, s. 180). Les deux époux ainsi que le " co-respondent " peuvent être entendus comme témoins dans l'instance en divorce.

Le juge compétent pour juger la demande de la femme l'est aussi pour connaître de l'action contre " le co-respondent ", même lorsque celui-ci est un étranger domicilié à un autre endroit. Il doit cependant être assigné dans les formes prescrites; si l'une d'elle est omise et si le " co-res pondent" conteste la compétence du tribunal,il ne pourra être condamné. Le ,, co-respondent " peut contester avoir eu des relations intimes avec la défenderesse. Il s'opposera souvent à la demande en prétendant avoir ignoré le fait que la femme était mariée. Lorsque l'époux demandeur fait la preuve de la faute du " co-respondent ", celui-ci pourra être condamné à tout ou partie des frais du procès; il sera de plus condamné à payer à l'époux demandeur une somme d'argent comme dommages-intérêts et réparation; le juge tiendra compte librement des conditions de fortune du " co-respondent " et de la position sociale du demandeur et de son épouse (J. A., 1925, s. 189).

Tout jugement de divorce est primitivement conditionnel, un " decree nisi "; il ne devient définitif, ,, absolute ", que par une décision du tribunal rendue à l'expiration d'un délai de six mois, à moins que le tribunal ne fixe un délai plus court (J. A., 1925, s. 183 (1)). Le " decree nisi" prévoit la dissolution du mariage lorsque dans le délai de six mois aucun motif valable ne s'oppose à ce que le jugement ne devienne définitif.

Tout intéressé peut intervenir au cours de ce délai, c'est-à-dire provoquer un nouvel examen juridique de l'affaire,et que le divorce soit soumis à une nouvelle procédure; c'est principalement le Kings' Proctor, ministère public, qui a qualité pour entreprendre cette démarche; mais ce droit est en pratique rarement exercé. Le Ministère public interviendra s'il apprend qu'en cas d'adultère l'époux innocent a pardonné à l'époux coupable, en reprenant par exemple les relations sexuelles après la publication du " decree nisi " (J. A., 1925, s. 183 (2)), ou lorsqu'il se trouve en face d'un cas de collusion. L'opposition au " decree nisi " peut aussi être basée sur l'adultère du demandeur.

Le demandeur (à l'exclusion du défendeur) pourra demander au tribunal, à l'expiration du délai de six mois depuis la publication du " decree nisi " et lorsqu'il n'aura pas été soulevé d'exception, de rendre définitif le " decree nisi " (" to make the decree absolute ").

On peut appeler d'un " decree nisi " auprès de la Court of Appeal dans les six semaines, et de la décision de la Court of Appeal avec l'autorisation de celle-ci (leave) auprès de la Chambre des Lords, pour une question de droit seulement.

A l'exception de ces particularités, le procès en divorce est réglé par la même procédure qu'un procès civil ordinaire.

Toute la procédure orale des procès de divorce était jusqu'au milieu du mois de décembre 1926 absolument publique; le public avait accès à tous les débats et tous les journaux donnaient, tout particulièrement lorsqu'il s'agissait de membres de la haute société, des comptes-rendus détaillés de la vie conjugale la plus intime telle que la décrivaient les époux, les témoins, les avocats et les juges.

Une loi spéciale, le Judicial Proceedings (Regulation of Reports) Act, 1926, a restreint cette publicité, au moins en ce qui concerne les comptes-rendus des journaux. Ceux-ci ne peuvent dorénavant publier que les adresses et la description des parties et des témoins, un résumé des « charges » réciproques des plaideurs, les propositions et les décisions sur les points de droit, le "Summing up " du juge, résumé des débats, le verdict des jurés, le jugement et les remarques du juge accompagnant la lecture du jugement. Malgré ces restrictions, les parties sont toujours exposées à la plus grande publicité, publicité d'autant plus fâcheuse qu'il s'agit toujours d'adultère.

CHAPITRE V

NULLITÉ ET DÉCLARATION DE NULLITÉ
DU MARIAGE (*Nullity*).

III. Stephen : p. 644. — Jenks : ss. 1850-1862, 1873. — Gibson : p. 231-250. — Foote : p. 157-158. — Westlake : p. 97-98. — Marriage Acts, 1823, 1836 (M. A.).

I. Mariages nuls. Le mariage nul dès la célébration est juridiquement inexistant. Lorsque la cause de nullité est patente, il n'est pas nécessaire d'intenter une action et de demander au juge de prononcer cette nullité; celui-ci n'interviendra qu'en cas de doute.

Un mariage est nul :

1º Lorsque l'une des parties était déjà mariée à une autre personne;

2º Lorsque les deux parties sont parentes ou alliées à un degré prohibé;

3º Lorsque l'une des parties était, par l'effet d'une maladie mentale ou de toute autre cause, incapable de consentir valablement au mariage.

Lorsqu'une partie a été induite, par la force, des menaces, ou l'erreur sur l'identité de son conjoint, à contracter le mariage, s'il n'y a qu'un assentiment apparent le mariage est nul. D'autres erreurs ne rendent pas le mariage nul. L'erreur dolosivement provoquée, relative à la parenté et à la fortune du conjoint par exemple, n'invalide pas le mariage. Il en est de même du fait pour la femme de dissimuler une grossesse.

4º Lorsque les formalités légales n'ont pas été observées il y a nullité pour autant seulement que les deux parties connaissaient cette inobservation. Le mariage est par contre valable du moment que l'une des parties croyait qu'il avait été régulièrement célébré (M. A., 1823, s. 22; 1836, s. 42).

II. Mariages annulables. Alors que la nullité d'un mariage existe dès la célébration et n'a pas besoin d'être juridiquement attestée, le mariage annulable est pleinement valable jusqu'à sa dissolution judiciaire. Tandis qu'un mariage nul n'empêche pas les époux de contracter une nouvelle union, les parties ne peuvent, dans le cas d'un mariage annulable, contracter un nouveau mariage qu'après la dissolution judiciaire du premier.

Un mariage peut être annulé pour cause d'impuissance du mari ou de stérilité de la femme; des unions semblables sont généralement annulées après trois ans de vie commune. L'âge insuffisant des époux est une autre cause d'annulation. Le mariage d'un homme de moins de 14 ans ou d'une femme de moins de 12 ans est nul. La consommation une fois l'âge légal atteint équivaut à une confirmation du mariage et le rend valable.

L'absence du consentement des parents ou des tuteurs pour le mariage de mineurs n'entraîne ni la nullité ni l'annulabilité de ce mariage.

III. **Compétence.** Le juge anglais est compétent, en matière de déclaration de nullité et d'annulation lorsque le demandeur est " resident " en Angleterre; et ceci même lorsque le défendeur est domicilié à l'étranger.

CHAPITRE VI

ACTIONS EN CONSTATATION
DE LA SITUATION MATRIMONIALE

(Jactitation of marriage et legitimacy declarations).

GIBSON : p. 251, 177. — III. STEPHEN : p. 644-645. — JENKS : ss. 1863, 1904. — Judicature (Consolidation) Act, 1925 (J. A., 1925).

I. **Jactitation of marriage.** Lorsqu'une personne allègue faussement qu'elle est mariée à une autre, celle-ci peut faire établir par le juge au moyen d'une action en jactitation qu'un tel mariage n'existe pas, obtenir qu'il soit interdit au défendeur de répandre cette allégation fausse et qu'il soit condamné à un " perpetual silence ". Cette action est rare.

II. **Legitimacy declarations.** Tout Anglais dont les droits en tant qu'Anglais de naissance dépendent partiellement ou complètement de sa filiation légitime ou de la validité du mariage de ses parents ou de ses grands-parents, peut faire constater par le juge qu'il est un enfant légitime et que le mariage de ses parents ou de ses grands-parents est valable. Cette action n'est admise que lorsque le demandeur est domicilié en Angleterre ou dans l'Irlande du Nord, ou que sa prétention à des biens sis en Angleterre dépend de cette constatation (J. A., 1925, s. 188).

Cette action peut également viser à établir la validité du mariage du demandeur.

TROISIÈME SECTION

LA SITUATION PERSONNELLE DES ÉPOUX

———

CHAPITRE PREMIER

DISPOSITIONS GÉNÉRALES

*(Domicile, Nationalité, Nom, Cohabitation, Maintenance, Mesures
protectrices de l'Union conjugale).*

I. Stephen : p. 440-459. — Jenks : ss. 1864-1867.

I. **Domicile, Nationalité, Nom, patrimoine.** La femme acquiert,
par le mariage, le domicile et la nationalité du mari. Elle n'est par contre
pas obligée légalement de prendre le nom de famille de son mari; elle le
fait cependant en général.

Le mariage crée des droits et des obligations entre les époux et à l'égard
des enfants. Le mari est le chef de la communauté; il pourvoit à l'entretien convenable de la femme et des enfants, tandis que la femme dirige
le ménage.

Autrefois le mari avait encore un droit de garde, de surveillance (custody) et de correction modérée sur sa femme (moderate correction).
Il n'en est plus ainsi grâce à une récente jurisprudence. Il est pourtant
encore admis qu'un mari est légitimé à défendre à sa femme de quitter
son domicile pour éviter un " gross misbehaviour " de celle-ci.

En ce qui concerne les intérêts pécuniers des époux, et jusqu'en 1882,
c'est-à-dire jusqu'à l'adoption du Married Women's Property Act, 1882,
prévalait la fiction selon laquelle les époux formaient en vertu du mariage
un seul individu et le mari était le représentant de cette communauté; cette fiction privait naturellement la femme de tous ses droits.

Il en résultait pareillement qu'en droit pénal, le mari était puni pour les délits commis par sa femme en sa présence. Aujourd'hui encore et en droit pénal, on présume que les petits délits que la femme commet en présence de son mari (vol, escroqueries, diffamation), le sont, sauf preuve contraire, à l'instigation de celui-ci.

A notre époque, la femme est presque l'égale de l'homme. Il en est de même en droit public : elle est, par exemple, éligible au Parlement avec la restriction, il est vrai, que, bien qu'éligible à la Chambre des Communes dès 21 ans, elle n'acquiert le droit de vote pour les élections parlementaires qu'à 30 ans au lieu de 21 ([1]).

II. **Cohabitation.** Le mariage crée l'union conjugale. Les époux ont le devoir de demeurer ensemble (to cohabit) à moins d'être séparés judiciairement (judicially separated) ou conventionnellement, ou encore lorsque l'un des époux s'est privé par sa propre faute du droit de cohabiter (cohabitation) en se rendant coupable d'une " matrimonial offence" ou en agissant de telle sorte qu'il soit déraisonnable d'obliger l'autre époux à la cohabitation.

Le mot " cohabitation " ne comprend pas nécessairement des relations intimes. Le juge ne pourra en aucun cas contraindre un époux à de telles relations. Mais le refus injustifié de les accepter autorise l'autre partie à cesser la cohabitation. La seule offre de vivre sous le même toit ne constitue pas une réponse satisfaisante à une action en restitution de droits conjugaux.

Lorsqu'un époux ne remplit pas ses devoirs conjugaux, l'autre époux peut formuler une requête en restitution des droits conjugaux (Cf. p. 64). Mais il n'est pas possible de contraindre l'époux absent à reprendre la vie conjugale.

III. **Maintenance.** Le mari a l'obligation d'entretenir sa femme suivant sa fortune et sa condition à moins que les époux ne vivent séparés par la faute de la femme.

Lorsque le mari chasse sa femme du domicile conjugal, lorsqu'il l'abandonne ou l'oblige par sa conduite à l'abandonner, sans prendre les mesures nécessaires pour son entretien, la femme a le droit d'acheter les " necessaries " au compte du mari. Les " necessaries " comprennent tout ce dont la femme a légitimement besoin en égard à la fortune et à la condition du mari, y compris les frais d'un divorce ou d'une action en séparation. Celui qui dans ces conditions, prête à la femme ou lui vend

---

1. Le droit public et privé de la femme a fait l'objet d'un ouvrage fort clair dû à la plume de Maud I. Crofts : « Women under English Law », publié par le *National Council of Women of Great Britain*, 1925.

des marchandises, peut en réclamer le prix directement au mari.

Celui-ci n'est par contre pas obligé à l'égard de sa femme ou des tiers, lorsque sa femme l'abandonne malgré lui, sans qu'il soit lui-même fautif, ou lorsqu'il l'a renvoyée pour cause d'un adultère qu'il n'a ni autorisé ni pardonné. Il n'est pas non plus obligé par les dettes de la femme lorsqu'il lui a payé régulièrement les sommes fixes que celle-ci a accepté de recevoir pour la durée de la séparation, lorsqu'il a fait lui-même les achats nécessaires, ou enfin lorsqu'en cas de séparation judiciaire il a payé la rente allouée à la femme. Le mari est obligé de pourvoir à l'habillement de sa femme; il peut satisfaire à cette obligation en lui prêtant seulement des vêtements qui restent sa propriété; dans ce cas, les créanciers ne peuvent les saisir. Le mari qui, volontairement, ne subvient pas à l'entretien de sa femme et la laisse à la charge de l'assistance publique, est punissable.

La femme n'a aucune obligation d'entretenir son mari. Elle ne peut être obligée qu'exceptionnellement à prélever sur ses propres biens les sommes nécessaires à l'entretien de son mari, notamment lorsque celui-ci tomberait sans cela à la charge de l'assistance publique.

IV. **Mesures protectrices de l'union conjugale.** Lorsque les époux ne s'entendent pas ou lorsque l'un des époux néglige ses devoirs vis-à-vis de son conjoint ou des enfants, l'autre époux a à sa disposition diverses procédures protectrices : séparation de corps extra-judiciaire, basée sur une convention amiable (separation by agreement, Cf. p. 92), ou, sur une intervention du juge, restitution des droits conjugaux (restitution of conjugal rights, cf. p. 64), séparation de corps judiciaire (judicial separation Cf. p. 66), " separation orders " et " protection orders " (Cf. p. 67), et enfin divorce (Cf. p. (69).

CHAPITRE II

LA SITUATION DE LA FEMME

Bowstead : p. 22-38. — Jenks : ss. 1829, 132-134. — Married Women's Property Act, 1882 (M. W. P. A., 1882).

I. **Représentation de l'union conjugale.** La femme a le droit de représenter l'union conjugale et d'obliger son mari pour autant qu'il s'agit de " necessaries ". La femme est considérée à cet égard comme un représentant (agent) de son mari. Pour avoir ce droit, la femme doit cohabiter avec son mari et diriger le ménage, ou vivre séparée sans être responsable de cette séparation. Le mari peut retirer le droit de représentation à la femme aussi longtemps que dure la vie commune. Cette représentation est dans tous les cas suspendue par la cessation de la vie commune ou la faute de la femme. Par contre, lorsque le mari a abandonné sans motifs sa femme, il ne peut lui enlever ce droit de représentation, qu'elle exerce alors en sa faveur et en faveur des enfants qui sont sous sa garde. Il est tenu des dettes que la femme a contractées dans l'exercice de ce droit de représentation en achetant des " necessaries " (Cf. p. 80, 87).

II. **Capacité juridique et droit d'ester de la femme.** La femme mariée a la capacité juridique complète en ce qui concerne ses biens propres. Elle a toute liberté pour en disposer et peut contracter avec tous les tiers, même son mari. Elle peut mettre en gage ses biens au profit de son mari ou lui en faire donation.

Elle a le droit de conclure toutes espèces de contrats (contrats de louage de service, contrats en faveur de son époux, etc.). Elle est libre de s'obliger par un contrat de travail et d'exercer une profession.

Elle jouit de la même liberté en ce qui concerne son droit d'ester; celui-ci est illimité, tant en ce qui concerne les biens acquis avant le mariage que ceux acquis pendant le mariage. (M. W. P. A., 1882, s. 1).

Elle peut pendant le mariage, actionner n'importe quel tiers, même son mari (M. W. P. A., 1882, s. 12). La femme ne peut cependant actionner son mari à raison d'un délit ou quasi-délit (tort) que lorsqu'il a porté sur ses biens personnels. Elle n'est par contre pas responsable envers le mari des délits ou quasi-délits qu'elle commettrait à son détriment.

LES RAPPORTS PÉCUNIAIRES DES ÉPOUX

Les rapports pécuniaires des époux dépendent de l'existence
d'un contrat de mariage (marriage settlement).

CHAPITRE PREMIER

LE RÉGIME MATRIMONIAL ORDINAIRE SANS CONTRAT

Married Women's Property Acts, 1882 et 1893 (M. W. P. A.). — Law of
Property Act, 1925 (L. P. A., 1925). — Bankruptcy Act, 1914 (B. A.,
1914 Law of Property Act, 1925 (L. P. A., 1925). — Bankruptcy Act,
1914 (B. A., 1914). — Trustee Act, 1925 (T. A., 1925).

I. Le principe de la séparation de biens. Chacun des époux conserve
l'absolue propriété des biens qu'il possédait au moment de la célébration du mariage; l'ensemble de ces biens, immobiliers ou mobiliers,
forme un tout, " separate property ", complètement indépendant de
l'ensemble des biens de l'autre époux. Les biens qu'un époux acquiert
pendant le mariage par succession, donation, ou contrat, lui apparien-
nent en propre (M. W. P. A., 1882, ss. 1, 5). La séparation de biens des
époux est une innovation récente puisqu'avant le Married Women's
Property Act, 1882, les biens de la femme devenaient presque sans
exception la propriété librement disponible du mari.

Chaque époux dispose librement de ses biens et les administre comme
s'il était célibataire. Cette liberté de disposition s'étend également aux
contrats entre vifs et aux dispositions testamentaires. L'époux n'est
nullement obligé de stipuler dans son testament en faveur de son conjoint. Le conjoint n'a de droit légal à la succession que si l'autre époux
meurt intestat (Cf. p. 243, 260).

II. Concept des biens réservés (separate property). Les biens réservés (separate property) de la femme comprennent l'ensemble des biens meubles et immeubles possédés au moment du mariage ou acquis par elle par la suite. Ils comprennent également les droits futurs ou conditionnels, tous les revenus professionnels provenant d'une industrie ou d'un commerce qu'elle exerce indépendamment de son mari. Rentrent enfin dans son patrimoine — aussi longtemps que le contraire n'est pas prouvé, — tous les comptes-courants, actions, obligations et rentes inscrits à son nom ou en compte-joint avec un tiers (à l'exception de son mari). Les économies faites sur les revenus de ses biens rentrent dans l'ensemble de son patrimoine.

III. **Donations entre époux.** Tout ce que le mari achète de ses propres deniers mais au nom de sa femme (papiers, valeurs, par ex.) ou fait transférer au nom de cette dernière, est acquis par elle en pleine propriété, à moins que l'on puisse prouver que le mari ne lui avait remis ces biens que pour qu'elle les administre comme fidéicommissaire (trustee). On admet par contre que lorsque la femme opère de ses deniers des acquisitions ou transferts de biens au nom du mari, celui-ci ne les reçoit qu'à titre de " trustee ", à moins qu'il ne prouve qu'il s'agit de dons à lui destinés. On peut attaquer les donations que se font les époux dans le dessein de préjudicier les créanciers.

IV. **Créances entre époux, faillite.** La femme acquiert une créance contre son mari pour le montant des dettes du mari qu'elle a payé de ses propres deniers. Le mari qui a prêté à sa femme des espèces ou des titres pour l'exercice de son industrie ne peut faire valoir cette créance en cas de faillite que lorsque tous les autres créanciers ont été pleinement désintéressés; il en est de même pour la femme dans la faillite de son mari. Lorsque par contre elle a prêté pour les besoins personnels du mari ou lorsqu'il s'agit non de la faillite personnelle du mari, mais de celle d'une entreprise à laquelle il est intéressé, elle a des droits égaux à ceux des autres créanciers (B. A., 1914, s. 36). La femme ne peut faire faillite que lorsqu'elle exerce, personnellement ou en commun avec son mari, une industrie ou un commerce.

V. **Restraint of anticipation.** Il est possible de constituer en faveur de la femme par contrat de mariage, testament, donation ou autrement, un patrimoine, en le grevant d'une condition interdisant à la femme de disposer du capital pendant la durée du mariage existant ou futur ou de disposer des revenus avant leur exigibilité. Une pareille restriction (restraint of anticipation) empêche toute aliénation directe ou indirecte par la femme mariée des biens de ce patrimoine pendant la durée du mariage.

Cette restriction soustrait le patrimoine ainsi constitué en faveur de la femme, aux créanciers dont les créances sont nées pendant le mariage. Ils ne peuvent en réclamer que les revenus exigibles.

L'effet de cette restriction est suspendu par la dissolution de l'union conjugale, la mort, la séparation de corps judiciaire ou le prononcé d'un " protection order " en faveur de la femme. Dans ces cas, la femme recouvre la libre disposition du capital et des revenus non encore exigibles. Ces biens, soustraits jusqu'alors à toute aliénation, couvrent de nouveau les dettes contractées par la femme après la suppression de la restriction. Celle-ci renaît en cas de remariage et à chaque nouvelle union pour autant que les biens en question n'ont pas été aliénés dans l'intervalle.

Le juge peut, avec l'assentiment de la femme, suspendre même pendant la durée du mariage l'effet d'un " restraint of anticipation " en vue de certains actes juridiques; il suffit que cette mesure lui paraisse conforme aux intérêts de la femme. Celle-ci répond alors sur tout le patrimoine constitué sous cette condition des engagements résultant de ces actes juridiques (L. P. A., 1925, s. 169). Le juge peut également disposer du patrimoine constitué sous " restraint of anticipation " pour payer les frais de procès d'une partie assignée par la femme mariée (M. W. P. A., 1893, s. 2), ou pour décharger un " trustee " de la responsabilité qu'il encourt pour avoir — à l'instigation de la femme mariée — failli à ses engagements (T. A., 1925, s. 62).

Le " restraint of anticipation " n'a d'effet que pendant la durée du mariage. Si l'on veut mettre au moins le capital à l'abri de l'atteinte de la femme et de ses créanciers après la fin de l'union conjugale, il est possible de remettre les biens de la femme à un " trustee " qui ne pourra lui remettre que les revenus, mais devra à la mort de la femme remettre le capital aux héritiers de celle-ci, à ses enfants par exemple. Les revenus peuvent également, dans ce cas, faire l'objet d'un " restraint of anticipation ".

VI. La responsabilité du mari. — 1º *Pour les dettes de la femme représentant la communauté.* — Le mari est tenu, personnellement et sur tous ses biens, en plus de ses dettes personnelles, des dettes contractées par la femme représentant la communauté. Cette responsabilité cesse lorsque les acquisitions de la femme ne sauraient être assimilées à des " necessaries ", lorsque le mari a fourni à sa femme des sommes suffisantes pour l'entretien du ménage, ou lorsqu'il lui a retiré expressément son droit de représentation.

La responsabilité du mari ne dépend pas du fait que le tiers savait ou ignorait que la femme avec laquelle il traitait était mariée. La responsabilité du mari est exclue lorsque le tiers croyait à tort qu'il s'agissait de l'achat de " necessaries ", lorsqu'il estimait sans raison que le mari ne donnait pas à sa femme des sommes suffisantes, ou lorsqu'il ignorait que le mari avait retiré à sa femme le droit de représentation. La responsabilité dérive uniquement des rapports juridiques entre les époux.

Le mari qui a sanctionné, même tacitement, à l'égard d'un tiers, le droit de représentation de sa femme (en payant des factures ou en lui laissant toute liberté dans la conduite de son ménage par ex.), doit pour pouvoir le retirer le faire expressément vis-à-vis de ce tiers (sur la responsabilité du mari pour les " necessaries " Cf. p. 80, sur le droit de représentation Cf. p. 89).

2º *Pour les dettes de la femme antérieures au mariage.* — Le mari est responsable des dettes de la femme antérieures au mariage dans la mesure ou il détient encore les biens qu'il a acquis d'elle par son mariage. Le mari est libéré de cette responsabilité proportionnellement aux versements qu'il fait aux créanciers sur les biens que sa femme lui a apportés. La séparation de biens étant aujourd'hui le régime légal des époux, il ne peut s'agir ici que des biens que le mari a reçus en vertu d'un contrat de mariage.

Le mari n'est pas responsable des dettes contractées par la femme pendant le mariage en dehors des dépenses faites pour l'entretien du ménage.

3º *Pour les dettes de la femme nées pendant le mariage.* — On distingue les dettes nées de délits (torts) et les dettes ordinaires. Si le mari n'est pas responsable de dettes découlant de contrats passés par sa femme, il l'est par contre pour les dommages résultant des délits et quasi-délits (torts) commis par elle (Cf. sous chiffre VII). Mais celui qui actionne pour rupture de contrat une femme mariée ne peut assigner son mari pour un délit ou quasi-délit commis par la femme dans l'accomplissement du contrat passé par elle. Le mari n'est pas responsable, par exemple, lorsque sa femme a prétendu dolosivement qu'elle n'était pas mariée et qu'elle a ainsi engagé un tiers à lui faire une avance. Mais cette exception ne saurait englober le dol isolé de la femme. Les deux époux sont responsables conjointement ou séparément selon les règles habituelles de la représentation lorsque le mari a autorisé l'acte illicite de sa femme ou lorsque celle-ci l'a commis en tant que représentante de son mari.

VII. Torts (délits ou quasi-délits) de la femme pendant le mariage. On appelle " tort " le délit ou quasi-délit civil basé non sur un contrat mais sur un acte illicite extra-contractuel, qui oblige à des dommages-intérêts; par exemple " negligence " (omission ou dol de celui qui est obligé à des soins particuliers), " trespass " (troubles dans la possession), " conversion " (délit en matière de propriété mobilière), " nuisance " (violation des droits de voisinage), " malicious prosecution " (plainte téméraire, réquisition de faillite faite à la légère), " deceit (tromperie), " slander " (diffamation orale) et " libel " (diffamation écrite).

Tout individu (le mari excepté) peut actionner la femme en dommages-intérêts et en remboursement des frais pour les délits ou quasi-délits commis par elle. Elle est responsable sur tous ses biens propres, à l'exception des biens soumis à un " restraint of anticipation " (pour autant que le juge n'annule pas cette restriction).

Le mari est responsable sur tous ses biens pour les actes illicites commis par sa femme pendant le mariage; pour ceux dont elle s'est rendue coupable avant le mariage, sa responsabilité est restreinte à ce qui lui reste des biens qu'elle lui a apporté [1].

La responsabilité du mari pour " torts " cesse en cas de séparation judiciaire, en cas de divorce (mais non en cas de simple séparation extra-judiciaire), et lorsqu'un " protection order " est rendu, en cas de décès de la femme, à moins que le jugement condamnant à des dommages-intérêts n'ait été rendu avant l'intervention d'une de ses causes.

On ne peut actionner le mari pour délit ou quasi-délit de sa femme qu'en assignant en même temps celle-ci, puisque le mari n'est que solidairement responsable (joint liability). Le mari ne peut plus être actionné lorsque seule la femme a été assignée.

Le mari n'est pas recevable à se rembourser sur les biens propres de la femme lorsqu'il a payé des dommages-intérêts pour " torts " de sa femme.

VIII. **Responsabilité exclusive de la femme sur ses biens.** Le Married Women's Property Act, 1893, stipule que la femme mariée n'est responsable sur ses biens propres (à l'exception de ceux qui sont soumis à un " restraint of anticipation ") que pour les contrats par lesquels elle s'engage personnellement. Cette responsabilité porte indifféremment sur les biens qu'elle possédait au moment de contracter, ceux qu'elle possède à l'expiration de l'engagement, ou ceux qu'elle a acquis postérieurement, c'est-à-dire " after acquired property " (M. W. P. A., 1893, s. 1).

---

1. On a réclamé récemment la suppression de cette ancienne responsabilité du mari pour les quasi-délits de sa femme. Actuellement (début de 1927) un projet de loi à cet effet qui ne tardera pas à devenir loi, est déposé devant le Parlement.

La femme est tenue sur ses biens propres de toutes ses dettes antérieures au mariage, de tous les engagements personnels contractés par elle pendant le mariage, et de tous ceux qu'elle a contracté en outrepassant son droit de représentation. La femme est de plus seule responsable de tous les manquements qui lui incombent comme trustee, exécutrice testamentaire ou administratrice de succession. Le mari n'est personnellement responsable que s'il s'est immiscé dans l'administration du trust ou de la succession.

La femme n'est tenue de ses dettes que sur ses biens et non sur sa personne. Elle ne peut donc être emprisonnée en cas de non paiement comme l'est l'homme qui néglige dolosivement de s'acquitter d'une dette dans le délai qui lui a été imparti par le juge.

IX. **La femme en tant que représentante de son mari.** La femme qui signe un contrat en qualité de représentante de son mari ou d'un tiers n'engage en rien ses biens propres même lorsque, ce qui arrive fréquemment, l'autre partie ignore le fait de la représentation.

C'est une simple question de fait que de savoir si la femme a contracté en son nom ou au nom d'un tiers. Des règles déterminées sont cependant applicables à certains cas isolés.

On admet que la femme s'est engagée personnellement lorsque cet engagement est contenu dans un acte scellé (deed) dont il ne résulte pas qu'elle ait agi comme représentante. Il en sera de même lorsqu'elle souscrit un effet de commerce ou un chèque dont le libellé ne laisse pas deviner la représentation. Dans les contrats écrits ordinaires, le texte ou les circonstances indiquent si la femme a agi personnellement ou non. On présume jusqu'à preuve contraire qu'elle s'engage personnellement par tous les contrats qu'elle souscrit dans l'exercice indépendant de son industrie ou de son commerce.

On présume le contraire lorsqu'elle achète par exemple pendant la durée de la vie commune des choses qui sont nécessaires pour le ménage. Le mari peut cependant détruire cette présomption en prouvant que sa femme est pourvue de tous les " necessaries " ou qu'il lui alloue une " allowance " adéquate (les sommes nécessaires), ou enfin qu'il lui a interdit expressément d'user de son crédit personnel.

Lorsqu'il a pourtant, par sa conduite (en payant par exemple les factures des fournitures commandées par sa femme), reconnu celle-ci comme sa représentante, il ne peut faire cesser ce droit de représentation qu'en le dénonçant auprès des commerçants intéressés.

La présomption de la représentation découle du fait de la vie commune et non de celui du mariage. Les mêmes règles sont par conséquent appli-

cables à la concubine ou à la ménagère. Cette présomption disparaît
lorsque la femme vit séparée de son mari. Celle-ci ne peut alors disposer
du crédit de son mari qu'en cas de nécessité, lorsque son mari ne subvient pas à ses besoins et qu'elle-même n'est pas responsable de la séparation, et pour des dépenses indispensables (Cf. à ce sujet p. 80).

CHAPITRE II

CONTRATS DE MARIAGE (MARRIAGE SETTLEMENTS).

Married Women's Property Acts, 1862 et 1908 (M. W. P. A.). — Bankruptcy Act, 1914 (B. A., 1914). — Law of Property Act, 1925 (L. P. A., 1925).

I. Contrats de mariage proprement dits. Les contrats de mariage (marriage settlements) sont fréquents en Angleterre. C'est une conséquence directe de la liberté complète de tester : Un époux n'a pas à tenir compte de son conjoint dans son testament et les enfants n'ont aucun droit successoral légal; de plus, et jusqu'à 1926, le mari était mieux traité que la femme dans le cas d'une succession ab intestat. Il est donc nécessaire de prendre des dispositions spéciales dans l'intérêt de la femme et des enfants. Lorsque la fortune du mari consiste principalement en biens immobiliers le mari allouera habituellement à sa femme par contrat de mariage une petite rente foncière (des épingles, " pin money ") qu'il lui servira de son vivant pour couvrir ses besoins personnels (vêtements par ex.) et une rente foncière plus élevée, appelée " jointure " qui sera servie à la femme dès la mort de son époux.

Les contrats de mariage peuvent également pourvoir à l'avenir des enfants en spécifiant par exemple que le fils, ou l'aîné des fils s'il y en a plusieurs, recevra un immeuble qui sera transmis chaque fois au fils aîné et à défaut de fils à la fille aînée. Pour ne pas désavantager dans une trop grande mesure les enfants privés de terres, on leur assure une autre partie du patrimoine ou des parts (portions) sur les revenus des terres, parts qui seront garanties par une rente foncière.

Lorsque la femme possède personnellement une grosse fortune, elle en assurera la jouissance au mari par settlement. Le contrat de mariage pourra prévoir également l'attribution de parts aux enfants; il spécifiera souvent encore qu'en l'absence d'enfants la fortune de la femme reviendra à elle ou à ses parents, en tout ou partie, à la fin du mariage.

Le contrat de mariage peut être conclu avant ou après la célébration du mariage. Un " ante-nuptial settlement " ne peut être attaqué pour dol (fraud) par les créanciers du mari; il est en effet basé sur une " valuable consideration ", le mariage futur. Il est valable à l'égard de tous les tiers. Cette même " valuable consideration " fait défaut dans le cas d'un " post-nuptial settlement ". Celui-ci ne peut être opposé aux créanciers du mari pour des dettes antérieures à la signature du contrat, et contractées en état d'insolvabilité. Il en est de même à l'égard des créanciers postérieurs lorsque le contrat a eu pour but de nuire dolosivement à leurs intérêts (L. A. P., 1925, s. 172; B. A., 1914, s. 42).

Le contrat de mariage doit être constitué par un acte scellé (deed).

Les revenus que les parents des fiancés destinent à assurer l'avenir des époux ou les biens propres de ceux-ci sont souvent remis sous forme de trust à des trustees qui doivent les administrer selon les dispositions du contrat de mariage.

II. Separation deeds (Conventions de séparation). Les époux peuvent demander pour certains motifs leur séparation de corps judiciaire. Mais ils peuvent aussi convenir amiablement et sans intervention du juge de se séparer de corps. On parle alors d'une " separation by agreement "; le contrat qui est passé dans ce cas est un " separation deed ". Il règle les rapports personnels et pécuniaires des époux et des enfants pendant la durée de la séparation. Le juge ne validera les mesures qui concernent les enfants que si celles-ci sont prises dans leur intérêt.

Ces contrats prévoient souvent la remise d'une somme déterminée à un trustee chargé alors de faire des versements périodiques pour l'entretien de la femme séparée et des enfants. Les époux s'engagent à ne se causer aucune difficulté réciproque pendant la durée de la séparation et à ne pas intenter une action en restitution des droits conjugaux.

La femme a droit à une pension alimentaire (allowance) déterminée, aussi longtemps qu'elle observe les dispositions du " separation deed ". Le mari fera souvent dépendre le paiement de cette pension de l'obligation pour la femme de se bien conduire, " dum casta clause ".

La séparation de biens extra-judiciaire ne transforme nullement le statut de la femme; elle conserve en effet, de même que le mari, les prérogatives d'une personne mariée.

La séparation volontaire ne fait pas tomber un " restraint of anticipation ". Le mari n'est d'autre part pas libéré des engagements contractés en faveur de sa femme vis-à-vis de tiers (par ex. de sa responsabilité pour les " torts " de sa femme).

Le contrat prend fin par la reprise de la vie commune. Il est nul lorsque la séparation n'a pas lieu dès la conclusion du contrat.

CINQUIÈME SECTION

LES ENFANTS

CHAPITRE PREMIER

L'ENFANT LÉGITIME ET L'ENFANT NATUREL

I. STEPHEN : p. 460-471. — JENKS : ss. 1898-1904. — Judicature (Consolidation) Act, 1925 (J. A., 1925). — Legitimacy Act, 1926 (Le. A.,
1926).

L'enfant naît légitime ou naturel. Le droit anglais ne connaît l'adoption que depuis 1927.

I. **L'enfant légitime, letigimate child, child born in wedlock.**
Est légitime l'enfant conçu ou né pendant le mariage des parents.

L'enfant posthume (posthumous) de même que l'enfant conçu avant
la célébration du mariage mais né pendant le mariage est légitime. Le
père présumé est le mari de la mère à la naissance. La durée de la grossesse est dans tous les cas, une question de fait; mais l'enfant né dans les
neuf mois ou les quarante semaines qui suivent le prononcé d'un jugement de séparation ou le décès du mari est le fils présumé de ce dernier
à moins que le contraire ne résulte de l'avis d'experts. Lorsqu'une veuve
se remarie immédiatement après le décès de son mari et donne le jour
à un enfant qui pourrait être ou du premier ou du second lit, l'enfant
sera considéré comme légitime tout en ayant lorsqu'il aura atteint l'âge
de 16 ans la liberté de choisir son père.

II. **Présomption de légitimité.** Le père présumé est le mari de la
mère au moment de la grossesse. Cette présomption peut être détruite
lorsque le père prouve qu'au moment de la conception cette paternité
était impossible en raison :

a) De son impuissance;

b) De l'impossibilité pour les époux d'avoir eu des relations sexuelles
(le mari était absent d'Angleterre où résidait la femme);

c) De l'impossibilité presque certaine pour toute autre raison de l'existence de pareilles relations.

Le témoignage du mari ou de la femme ne peut suffire à apporter la preuve qu'il n'y a pas eu de relations sexuelles pendant le mariage.

Tout intéressé peut par une action (petition) faire établir qu'il est l'enfant légitime de ses parents; tout intéressé peut de même faire constater la validité de son mariage ou de celui de ses parents ou grands-parents (J. A., 1925, s. 188).

III. **Légitimation par mariage subséquent des parents.** Les enfants naturels ne pouvaient pas, tout récemment encore, être légitimés par le mariage subséquent de leurs parents. Ils restaient illégitimes même lorsque leurs parents se mariaient immédiatement après la naissance. La legitimatio per subsequens matrimonium n'a été admise que par le Legitimacy Act, 1926, entré en vigueur le 1er janvier 1927.

Cet Act prévoit que les enfants naturels sont légitimés par le mariage de leurs parents naturels lorsque le père est domicilié en Angleterre ou dans le Pays de Galles au moment de la célébration du mariage. Les enfants naturels de parents qui se sont mariés par la suite, mais avant l'entrée en vigueur de cet Act, et qui étaient par conséquent naturels selon le droit en vigueur au moment de ce mariage, sont légitimés dès l'entrée en vigueur de l'Act (1er janvier 1927), à l'exception des enfants adultérins (Le. A, 1926, s. 1).

Lorsque le père habitait en dehors de l'Angleterre ou du Pays de Galles au moment du mariage, l'enfant est également légitimé par le mariage subséquent pour autant que sa légitimation est reconnue par les lois du domicile du père au mariage (Le. A., 1926, s. 8).

L'enfant légitimé est assimilé à l'enfant légitime en ce qui concerne ses droits et devoirs alimentaires.

L'enfant légitimé ainsi que son conjoint et ses descendants ont les mêmes droits successoraux que si l'enfant avait été légitime. Il en est de même lorsque leurs droits successoraux résultent d'une disposition testamentaire devenue effective après la légitimation seulement.

L'enfant légitimé est de même appelé à succéder en matière de " settled land ", lorsque la légitimation précède la formation du "settlement".

Lorsqu'en matière successorale on doit tenir compte de l'âge des héritiers, les enfants légitimés sont censés être nés le jour de leur légitimation; l'âge décide entre des enfants légitimés simultanément. En matière de succession à un patrimoine dont dépendent une charge ou un titre, le Legitimacy Act est inapplicable (Le. A., 1926 s. 3), et la légitimation sans effets.

Les parents et les grands-parents d'enfants légitimés ainsi que leurs descendants ont à la mort de l'enfant les mêmes droits successoraux que dans le cas d'un enfant légitime (Le. A., 1926, s. 4).

Lorsqu'un enfant naturel meurt avant le mariage de ses parents en laissant un conjoint ou des descendants, ceux-ci ont, s'ils vivent au moment du mariage des parents, les mêmes droits successoraux que si l'enfant naturel prédécédé avait été légitimé par ce mariage (Le. A., 1926, s. 5).

La constatation de la légitimité est faite sur demande et en cas de contestation par la High Court of Justice ou la County Court compétente.

L'enfant légitimé est inscrit à nouveau sur les registres de l'état-civil. A cette fin, la preuve de la légitimité peut être faite : par les deux parents; par la reconnaissance de paternité faite par le père à l'état civil avant le mariage; par un jugement qui constate la filiation naturelle. Les parents sont tenus d'annoncer la légitimation de leur enfant à l'officier d'état-civil en fournissant toutes les pièces nécessaires à cet effet. La légitimité de l'enfant n'est cependant pas atteinte par l'inobservation de cette formalité (Le. A., 1926, Schedule).

IV. L'enfant naturel (bastard ou illegitimate child.) — 1o *Ancien droit.* — La situation de l'enfant naturel était encore récemment très défavorable. C'était un filius nullius, filius populi, n'appartenant juridiquement ni à la famille du père ni à celle de la mère et n'ayant même aucun droit au nom de sa mère. Tous droits successoraux lui étaient de même refusé pour autant qu'ils ne s'agissait pas de ses propres descendants.

L'enfant naturel ne pouvait acquérir aucun immeuble dans une succession ab intestat. Aucun ascendant, aucun collatéral ne pouvait hériter un immeuble de lui; seuls ses propres descendants et son conjoint survivant avaient ce droit. L'enfant naturel pouvait cependant hériter en vertu d'un testament mais seulement au titre de "stranger in blood", ce qui entraînait de lourds droits successoraux.

2o *Nouveau droit.* — Ce n'est que par le Legitimacy Act, 1926, que la situation de l'enfant illégitime a été améliorée au début de l'année 1927. Il est maintenant automatiquement légitimé par le mariage subséquent de ses parents (voir à ce sujet sous chiffre III). De plus lorsqu'il n'y a pas eu légitimation et en vertu du même Act, il est mis, ainsi que sa mère et ses descendants, en possession de presque tous les droits successoraux de l'enfant légitime. La mère succède à l'enfant illégitime décédé intestat et sans descendants, comme si elle était le seul ascendant survivant d'un enfant légitime (sur le droit des successions, cf. plus bas p. 262).

CHAPITRE II

L'ENFANT ADOPTIF (ADOPTED CHILD), ADOPTION

Adoption of Children Act, 1926 (A. C. A., 1926).

L'adoption n'est possible en Angleterre que depuis le début de 1927. Celui qui adopte un enfant s'engage à lui tenir lieu de parent.

I. **Conditions de l'adoption.** Ne peuvent être adoptés que les mineurs célibataires, les veufs et majeurs étant exclus (A. C. A., 1926, s. 1 (1)). L'adoptant doit avoir au moins 25 ans et 21 ans de plus que l'adopté. L'existence d'un lien de parenté qui excluerait un mariage permet l'adoption sans qu'existe cette différence d'âge (A. C. A., 1926, s. 2 (2)). Un homme ne peut qu'exceptionnellement adopter une mineure, dans des conditions toutes spéciales et dans l'intérêt de l'enfant. L'adoption doit être consentie par les parents, le tuteur, ou la personne qui a la puissance paternelle ou la charge de l'entretien de l'enfant. Ce consentement n'est pas nécessaire lorsque ces personnes sont introuvables, qu'elles ont abandonné volontairement l'enfant, ou enfin qu'elles sont incapables de donner leur assentiment. L'adoptant doit avoir l'autorisation de son conjoint; cette condition tombe lorsque les époux vivent séparés (A. C. A. 1925, s. 2 (4)). L'adoptant doit avoir résidence et domicile en Angleterre ou dans le Pays de Galles; l'adopté doit être sujet britannique.

L'autorisation des parents ou du tuteur n'est exceptionnellement pas nécessaire lorsque l'adoption est faite dans l'intérêt de l'adopté et que de plus celui-ci a été élevé et entretenu (depuis au moins deux ans avant l'entrée en vigueur de la loi sur l'adoption (1er janvier 1927)) par l'adoptant comme s'il était le propre enfant de celui-ci, en d'autres termes si l'adoption existe déjà en fait sinon en droit (A. C. A., 1926, s. 10).

II. **Effets de l'adoption.** L'adoption éteint tous droits et devoirs des parents ou du tuteur de l'adopté, concernant la puissance paternelle, l'entretien et l'éducation, qui passent à l'adoptant. Celui-ci a entre autres le droit de consentir au mariage de l'enfant, ou de lui nommer par testament un tuteur comme s'il s'agissait de son propre enfant. L'adoption n'a par contre aucun effet successoral. L'adopté conserve ses droits successoraux dans sa famille naturelle; il n'a par contre aucun droit à l'égard de son adoptant décédé intestat. Les expressions « enfants » et « descendants » employés dans un testament ne s'appliquent en cas de doute qu'aux enfants légitimes du de cujus (A. C. A., 1926, s. 5).

Les droits et les charges résultant d'une assurance sur la vie de l'enfant au bénéfice de son père passent au père adoptif, celui-ci étant assimilé au père bénéficiaire.

Le domicile de l'adopté est celui de l'adoptant. L'adopté ne perd par contre pas sa nationalité britannique même si son père adoptif est étranger.

III. **Forme de l'adoption.** L'adoption est prononcée judiciairement (le requérant peut s'adresser à son gré à la High Court of Justice ou à une juridiction inférieure) à la demande de l'adoptant (adoption order). Le juge peut, au lieu de prononcer séance tenante, confier en vertu d'une décision provisoire (interim order) la puissance paternelle pendant deux ans au maximum au requérant (A. C. A., 1926, s. 6 (1). Les intérêts de l'enfant sont représentés au cours de cette procédure par un tuteur spécial (guardian ad litem) (A. C. A., 1926, s. 8 (3)).

La loi prévoit un " adopted children-register " public.

CHAPITRE III

DROITS ET DEVOIRS DES PARENTS

I. Stephen : p. 462-466. — Jenks : ss. 1905-1911. — Education Act,
1921 (E. A., 1921). — Vagrancy Act, 1824 (V. A. 1824). — Married
Women's Property Act, 1882 (M. W. P. A., 1882). — Bastardy Acts,
1872 et 1923 (Ba. A.-). — Affiliation Orders Act, 1914 (A. O. A.,
1914).

I. **La tutelle paternelle.** Les dispositions juridiques réglant la
tutelle sont applicables aux rapports entre parents et enfants. Le père
et la mère sont juridiquement assimilés à des tuteurs naturels (guardians) de l'enfant mineur (Cf. p. 104).

On parle ainsi de " guardianship by nature ", tutelle naturelle, ou de
" guardianship by parental rights ". Le juge confie librement l'enfant
à l'un des parents lorsque ceux-ci vivent séparés et prend les dispositions
nécessaires concernant la garde, l'entretien et l'instruction de l'enfant.

On parle de " testamentary guardianship " lorsqu'un époux dispose
par testament qu'un tuteur spécial réglera avec le conjoint survivant les
intérêts de l'enfant; l'époux survivant peut s'opposer à cette mesure.
La Chancery Division de la High Court peut également nommer un tuteur spécial lorsque l'intérêt de l'enfant l'exige. On parle alors d'une
" guardianship of Court ", l'enfant reçoit un " guardian of Court " et
prend lui-même le nom de " Ward of Court ". On procède à cette nomination :

a) Lorsque le père et la mère négligent leurs devoirs paternels;

b) Lorsque le père et la mère décèdent sans avoir désigné un tuteur;

c) Lorsqu'un enfant a des biens que les parents pour une raison ou
pour une autre (intérêts opposés par ex.) ne sont pas en mesure d'administrer

d) Lorsqu'un mineur sollicite l'autorisation de se marier et que ses
parents la lui refusent;

e) Lorsque l'enfant a commis certains actes illicites.

II. Devoirs des parents. Les parents ont la charge de l'entretien (maintenance), de la protection (protection) et de l'éducation (education) de l'enfant ainsi que de l'administration de ses biens lorsqu'un tuteur spécial n'est pas nommé à cet effet. Le père et la mère se partagent également la charge de la protection et de l'éducation de l'enfant tandis que le père a plus spécialement la charge de son entretien. La mère assume à elle seule toutes ces charges s'il s'agit d'enfants naturels.

Lorsqu'un des époux néglige ses devoirs envers l'enfant l'autre peut s'adresser au juge, qui statuera en s'inspirant avant tout de l'intérêt de l'enfant.

1º *Protection et éducation de l'enfant.* — Les parents ont la puissance paternelle sur les enfants; ils ont le devoir de soutenir ceux-ci, de les protéger et de leur donner l'éducation correspondant à leur situation. Ils doivent envoyer leurs enfants à l'école élémentaire (E. A., 1921, s. 43). L'inobservation répétée de ces devoirs permet à l'autorité compétente d'enlever l'enfant à ses parents et de leur infliger une amende. Les parents ont le droit d'envoyer leurs enfants dans une école privée ou de leur faire donner à domicile une instruction appropriée. Le père dispose de l'éducation religieuse de l'enfant à moins que l'intérêt de celui-ci ne s'y oppose. La religion choisie par le père sera conservée même après son décès. La mère prend les mêmes dispositions lorsqu'il s'agit d'enfants illégitimes, à moins que le juge ne lui ait enlevé la garde de ses enfants.

2º *Entretien.* — Les parents et les grands-parents sont seuls tenus légalement d'entretenir l'enfant, les grands-parents seulement lorsqu'il s'agit d'enfants légitimes et consanguins. L'obligation alimentaire ne s'étend qu'aux choses nécessaires à l'enfant. Elle ne dure qu'aussi longtemps que l'enfant est incapable par suite de sa jeunesse, d'une maladie ou d'une infirmité, de travailler et de gagner sa vie, et que les revenus des parents y suffisent. Lorsque les enfants sont volontairement abandonnés par leurs parents et tombent ainsi à la charge de l'assistance, celle-ci a le droit d'employer à l'entretien des enfants tous les biens saisissables des parents. Celui qui ne subvient pas à l'entretien de son enfant alors qu'il pourrait le faire, et le laisse ainsi à la charge de l'assistance, est puni pour violation de ses devoirs paternels (V. A., 1824, s. 3.)

3º *Devoir alimentaire du père.* — Le père est obligé d'entretenir ses descendants, enfants et petits-enfants lorsque ceux-ci sont incapables pour l'un ou l'autre motif de gagner leur pain. Ce devoir alimentaire s'étend aux enfants d'un premier lit et aux enfants naturels du conjoint, cette dernière obligation s'éteint à la mort de la femme. Le mari peut être obligé d'entretenir sa femme et les enfants de celle-ci même lorsque les époux vivent séparés.

4º *Devoir alimentaire de la mère.* — La mère a, lorsqu'elle possède une fortune personnelle, le même devoir alimentaire que le père vis-à-vis de ses enfants et petits-enfants (M. W. P. A., 1882, s. 21). Elle n'a par contre aucune obligation à l'égard des enfants issus d'un premier mariage de son mari.

5º *Entretien de l'enfant naturel.* — La mère doit entretenir son fils naturel jusqu'à sa 16ᵉ année révolue, sa fille naturelle jusqu'à son mariage. En cas de mariage de la mère, cette obligation passe au mari jusqu'à la mort de sa femme. Si à ce moment le père prend l'enfant sous sa garde (ce à quoi il est autorisé, mais non obligé), il est alors responsable de son entretien.

Le père de l'enfant illégitime peut être obligé de contribuer à l'entretien de la mère et de lui rembourser les frais de couches. Le juge compétent rend à cette fin un " affiliation order ", aux seules conditions suivantes :

a) Lorsque l'enfant est né vivant, en Angleterre ou dans le Pays de Galles, et sous certaines conditions en Ecosse;

b) Lorsque la mère était célibataire ou veuve au moment de la naissance et qu'elle ne s'est pas remariée depuis ou lorsque elle était mariée mais vivait séparée au moment de la naissance;

c) Lorsque la mère vit;

d) Lorsque le père présumé vit en Angleterre ou dans le Pays de Galles et pourrait y être cité en justice.

La demande doit être introduite par la mère devant le juge du district dans lequel elle réside (residence), soit au cours de la grossesse soit dans l'année qui suit la naissance. La demande peut être introduite encore dans l'année qui suit le retour du père, lorsque celui-ci était à l'étranger (Ba. A., 1874, ss. 3, 4). Les " Justices in Petty Sessions " sont compétentes. Le témoignage de la mère suffit lorsqu'il est corroboré par un autre témoignage. Le juge rend un "affiliation" ou "maintenance order" condamnant le père prétendu à payer une pension à la mère, ou bien il désigne une personne qui aura la garde de l'enfant en cas de décès, de maladie, ou d'arrestation de la mère.

Le père ne peut pas être condamné à payer plus de 20 shillings par semaine (Ba. A., 1923, s. 2). Cet " order " reste en vigueur jusqu'au décès de l'enfant ou jusqu'au moment où celui-ci atteint l'âge de 16 ans, même si la mère se remarie et même si à la suite de ce mariage, le beau-père est appelé à participer à l'entretien de l'enfant.

Cette charge ne passe pas aux héritiers du père de l'enfant illégitime.

6º *Administration des biens, représentation de l'enfant.* — Les parents n'administrent pas de plein droit les biens propres de leurs enfants. En principe, ils n'ont pas la disposition des biens de l'enfant. Ils n'exercent aucune administration légale de ses biens en tant que parents de même qu'ils ne peuvent pas couvrir l'incapacité juridique de l'enfant en intervenant comme représentants pour conclure par exemple des contrats ou passer des actes juridiques à sa place. C'est ainsi par exemple qu'ils sont incapables de donner quittance valablement pour des biens échus à l'enfant ou pour toutes autres sommes payées à celui-ci.

Cette conception différente de celle du droit continental s'explique par le fait que les patrimoines appartenant à des enfants sont beaucoup plus rares en Angleterre que sur le continent. Lorsque des biens échoient à un enfant, ils sont administrés par un trustee spécial jusqu'à sa majorité ou, dans le cas d'une succession, par l'exécuteur testamentaire ou par l' " administrator " (lorsqu'il n'y a pas de testament ou que celui-ci ne prévoit pas d'exécuteur testamentaire). Une succession n'est dévolue à l'enfant que sous la condition qu'il atteigne sa majorité. Dans tous ces cas, le père ou la mère peuvent naturellement être nommés trustees ou exécuteurs testamentaires. Leurs droits et leurs obligations sont alors réglementés par les dispositions légales concernant les trusts et l'administration des successions (Cf. pour les détails la partie consacrée aux trusts et au droit des successions).

En cas de procès, et pour la durée de celui-ci, le juge nomme à l'enfant un représentant. Si l'enfant est demandeur, on le nomme " next friend ", s'il est défendeur " guardian ad litem ". Le père de l'enfant est généralement nommé à cet effet. Il peut également être désigné pour représenter l'enfant pour toutes autres causes. Le père et la mère administrent en tant que tuteurs naturels les biens de l'enfant lorsqu'aucun tuteur ou administrateur spécial n'a été désigné. Ils n'ont pourtant aucun droit sur les biens de l'enfant.

Les revenus et les intérêts de la fortune de l'enfant ne peuvent être destinés à son entretien et à son instruction que lorsque les parents sont dans l'incapacité d'élever l'enfant avec leurs propres moyens. La mère qui exerce la puissance paternelle reçoit une rente (allowance) prise sur les biens de l'enfant.

Au moment de la majorité, les parents doivent rendre compte du capital et des revenus pour autant qu'ils ont agi comme trustees des biens de l'enfant.

III. **Devoirs des enfants.** L'enfant doit obéissance à ses parents.

Ceux-ci ont un droit de correction modéré qu'ils peuvent céder à des tiers (aux maîtres par ex.). Les parents peuvent exiger de l'enfant qu'il leur rende des services lorsqu'il en est capable et aussi longtemps qu'il n'a pas cessé la vie en commun avec l'autorisation des parents. Les enfants doivent entretenir leurs parents lorsque ceux-ci sont infirmes et incapables de travailler.

LA TUTELLE (GUARDIAN AND WARD)

Snell : p. 397-419.

Reçoivent un tuteur et sont soumis à une tutelle en droit anglais : les enfants mineurs, les aliénés, les faibles d'esprit et les criminels condamnés. Le père et la mère sont les " guardians " naturels de leurs enfants, et au cas seul où ils ne sont pas aptes à remplir cette tâche un tuteur spécial est nommé. Une pareille disposition peut aussi résulter d'un testament prévoyant que le tuteur désigné exercera la tutelle avec le concours du conjoint survivant (Cf. sur les droits et obligations des parents, ci-dessus p. 98).

L'expression générale pour tuteur est " guardian ", pour pupille " ward ". L'expression " guardian " peut encore à côté de son sens général désigner plus spécialement le tuteur du mineur tandis qu'on appelle " committee " ou dans certains cas " quasi committeee " (Cf. p. 109) ou " receiver " le tuteur d'une personne atteinte de maladie mentale et " administrator " ou " interim curator " le tuteur du criminel.

Un tuteur peut être nommé pour la sauvegarde de la personne ou des biens du pupille. Ces deux missions peuvent être confiées à la même personne qui est alors " guardian of the person and the estate ". Le " guardian of the person " a la garde du pupille, qui comprend la charge de son entretien et de son éducation. Le " guardian of the estate " a la charge de l'administration des biens du pupille ou le contrôle de cette administration.

CHAPITRE PREMIER

LES AUTORITÉS TUTÉLAIRES

Foote : p. 106-144. — Westlake : p. 48-54. — Forfeiture Act, 1870 (F. A., 1870). — Guardianship of Infants Acts 1886 et 1925 (G. I. A.). — Lunacy Acts, 1891 et 1908 (L. A.). — Custody of Children Act, 1891 (C. Ch. A., 1891). — Judicature (Consolidation)Act, 1925 (J. A., 1925).

L'autorité suprême en matière de tutelle est toujours le tribunal. A côté de cette juridiction qui exerce une influence essentielle, deux autorités de surveillance, les " Masters in lunacy" et le " Board of control ", sont spécialement chargés de la tutelle des aliénés et faibles d'esprit.

I. **Autorités tutélaires pour les mineurs.** La Chancery Division de la High Court est généralement compétente pour toutes les questions relatives à la tutelle des mineurs; elle a le droit d'examiner toutes les décisions des tuteurs et des parents (J. A., 1925, s. 56 (1) (*b*)). C'est cette autorité qui retire au besoin la garde des enfants aux parents pour la remettre à un tuteur. Elle surveille l'activité des tuteurs et leur retire leurs fonctions lorsque l'intérêt de l'enfant l'exige (Cf. G. I. A., 1886, ss. 5, 7; 1925 ss. 5, 6; C. Ch. A., 1891). Tout enfant qui prend part à un acte judiciaire devient " Ward of Court " même lorsqu'il n'est pas habituellement soumis à une tutelle. Le juge a dans ce cas une tâche toute spéciale à exercer en surveillant de près toutes les dispositions prises relativement à la personne ou aux biens de l'enfant. Le " Ward of Court " qui veut se marier doit obtenir l'assentiment préalable du tribunal, qui réclamera en même temps la rédaction d'un contrat de mariage.

II. **Autorités tutélaires pour les personnes atteintes de maladie mentale.** Le juge et deux organismes de surveillance, les " Masters in lunacy " et le " Board of control " défendent les intérêts des personnes atteintes de maladie mentale.

1º *Le tribunal.* — La dernière instance est représentée par le " Judge in lunacy " qui est un membre de la High Court. Il dirige la procédure (inquiry) destinée à établir judiciairement l'existence d'une maladie mentale. C'est lui qui prononce dans le cas d'une " traverse ", espèce d'appel, ou d'un " supersedeas ", révocation de la déclaration judiciaire dans le cas de la guérison du malade (L. A., 1890, ss. 90, 108). On appelle des décisions des " Masters in lunacy " auprès du " Judge in lunacy ".

Des juridictions inférieures sont également compétentes pour prononcer un " reception order ", c'est-à-dire pour décider l'internement dans une maison de santé.

2° *Les masters in lunacy.* — Les " Masters in lunacy " sont compétents dans tous les cas où la compétence du juge n'est pas réservée. Ils surveillent principalement l'administration patrimoniale des " quasi committees " (Cf. p. 109), tandis que les " committees " sont directement soumis à la surveillance du " Judge in lunacy " (L. A., 1891, s. 27; 1890, s. 108 (2)). La déclaration d'aliénation donnée par les " Masters in lunacy " fait du malade un " lunatic so found " (L. A., 1890, s. 95).

3° *Le Board of control.* — Le " Board of control " a la tâche spéciale de contrôler le traitement personnel des personnes atteintes de maladie mentale. Il surveille en particulier l'administration des " quasi committees ".

Les membres du " Board of control " visitent les maisons de santé qui hospitalisent des personnes atteintes de maladie mentale; ils doivent rendre personnellement visite aux malades et s'informer de leur situation. Ils font ensuite rapport aux " Masters " ou au " Judge in lunacy ".

III. **Tutelle des criminels condamnés (convicts).** Le " Home Secretary, " ou, à la demande d'un intéressé, le juge, est compétent pour nommer un tuteur à un criminel condamné.

IV. **Compétence, conflit de lois.** La compétence du tribunal en tant qu'autorité tutélaire résulte de la présence en Angleterre de la personne à mettre en tutelle. Le juge anglais est compétent même si cette présence n'est que passagère.

1° *Mineurs.* — Le tuteur nommé par une autorité étrangère n'a aucun droit sur le mineur aussi longtemps que celui-ci réside en Angleterre. Une tutelle sur un mineur domicilié en Angleterre n'est reconnue que si elle a été prononcée par un juge anglais. Le juge nomme un nouveau tuteur au pupille étranger qui vient en Angleterre; ce nouveau tuteur exerce ses droits soit seul, soit conjointement avec le tuteur étranger. Il est cependant nécessaire que le pupille demeure dans le territoire soumis aux tribunaux anglais ou soit sujet britannique. Le pupille étranger qui n'a en Angleterre que des intérêts pécuniaires n'est pas soumis à la compétence du juge anglais.

2º *Aliénés.* — Le juge anglais est compétent lorsque le pupille est domicilié en Angleterre ou lorsqu'il possède des biens immobiliers dans ce pays. Mais les tribunaux anglais reconnaissent la nomination effectuée par une autorité tutélaire compétente étrangère même lorsque le pupille est domicilié en Angleterre ou est sujet britannique. Les droits du tuteur étranger sont dans ce cas régis par les lois étrangères.

Cependant une tutelle qui ne saurait être admise en droit anglais, par exemple pour mauvaise administration et gaspillage n'est pas reconnue en Angleterre. Une personne mise sous tutelle dans ces conditions est considérée comme ayant toute sa capacité juridique en Angleterre et son tuteur ne peut y exercer aucun droit.

CHAPITRE II

LA TUTELLE ET L'ADMINISTRATION DU TUTEUR

I. Stephen : p. 480-482. — Jenks : ss. 1943-1953.

Le tuteur peut être préposé à la tutelle de la personne, à celle des biens, ou simultanément aux deux.

I. Tutelle relative à la personne. La tutelle relative à la personne du pupille comprend la surveillance, l'entretien et la garde du pupille, et, si c'est un enfant, son éducation. Le tuteur n'a pas à prendre de décision en ce qui concerne l'éducation religieuse du pupille puisque celle-ci est réglée par la religion du père ou de la mère. Il a par contre le droit de placer le pupille dans une école ou une institution appropriée ou de le garder chez lui. Les frais d'entretien du pupille sont prélevés sur ses biens; le tuteur n'est pas obligé d'en faire l'avance. Les pupilles sans fortune personnelle sont élevés dans un institut hospitalier (work house). Les mineurs qui ne sont pas sous la garde de leur mère et les aliénés ne peuvent quitter le territoire soumis à la compétence des tribunaux anglais.

II. Tutelle relative aux biens. Les droits du tuteur sont délimités en première ligne par l'ordonnance judiciaire qui le désigne. S'il reçoit une procuration générale, il exerce les droits du pupille de la même manière que le pupille l'eût fait s'il eût été capable.

III. Administration du tuteur. Le tuteur est le trustee de son pupille. Il doit administrer avec soin l'ensemble des biens du pupille, dans l'intérêt de ce dernier et sans en retirer un bénéfice personnel. Il a droit à une indemnité pour son dérangement. A la fin du temps pour lequel il a été nommé, il doit rendre compte de son administration. Il est responsable de toutes les pertes causées par sa négligence. Le juge peut en cas de nécessité lui retirer sa tutelle et nommer un nouveau tuteur.

CHAPITRE III

LES CAS DE TUTELLE,
LA PROCÉDURE DE MISE EN TUTELLE

I. Stephen : p. 472-480. — Jenks : ss. 1912-1942.

Les mineurs, les personnes atteintes de maladie mentale, les faibles
d'esprit et les criminels sont mis en tutelle. Le droit anglais ne connaît
pas de conseil judiciaire pour les prodigues (prodigals) et les personnes
adonnées à la boisson (habitual drunkards). Ces personnes ne peuvent
être régulièrement mise en tutelle que lorsqu'elles seront rendues incapables de gérer leurs affaires par une faiblesse d'esprit provoquée par la
maladie ou l'âge (L. A., 1890, s. 116).

I. **Minorités.** Les parents sont les tuteurs naturels (guardian of the
person) de leurs enfants mineurs. L'intérêt de l'enfant est décisif dans
le choix du parent auquel doit être confié la tutelle (G. I. A., 1925, s. 1).
Le père n'a vis-à-vis de la mère aucun privilège qui puisse prévaloir
contre l'intérêt de l'enfant. Au décès d'un des parents, la tutelle passe au
survivant. Les parents sont tuteurs en vertu de leur droit de parents (by
parental right).

Les père et mère sont également appelés à exercer leur tutelle sur les
biens de leurs enfants mineurs lorsqu'il n'y a pas conflit entre les intérêts
des parents et des enfants, auquel cas on donne à l'enfant un " guardian
of the estate " spécial.

Le père ou la mère a le droit de désigner dans son testament et pour
le cas de son décès un tuteur (testamentary guardian ou guardian by
appointment) à son enfant. Le tuteur ainsi désigné a les mêmes droits
qu'un des parents et les exerce conjointement avec le parent survivant
ou avec le tuteur que ce dernier a désigné. Le parent survivant peut
recourir auprès du tribunal contre le concours du tuteur testamentaire.
Le juge décide alors librement de confier la tutelle au parent survivant,
exclusivement ou en concours avec le tuteur testamentaire, ou au seul
tuteur testamentaire (G. I. A., 1925, ss. 4, 5). Le tuteur testamentaire

est " guardian of the person and the estate ". Il doit se préoccuper non seulement des conditions d'existence du pupille mais encore de la gestion de ses biens. Lorsqu'un orphelin de père et de mère mineur est sans tuteur, le juge compétent lui en désigne en un s'inspirant des vœux des parents décédés ou de la plus proche parenté. Le tuteur nommé par le Tribunal n'est que " guardian of the person " si le contraire n'est pas stipulé expressément ; on peut aussi soit confier la tutelle des biens à lui seul, soit lui adjoindre un second tuteur (G. I. A., 1925, s. 6). Les parents dans leur testament ou le juge ont le droit de nommer plusieurs tuteurs qui ont à agir conjointement. C'est le juge qui décide en cas de divergences d'opinions.

II. **Aliénés et faibles d'esprit.** Tout aliéné (lunatic) ou faible d'esprit (mental defective) est pourvu d'un tuteur. Parmi les faibles d'esprit on comprend les idiots (idiots qui sont incapables dès la naissance ou l'enfance de se défendre contre les dangers extérieurs, les imbéciles (imbeciles),les faibles d'esprit proprement dits (feeble minded persons) et les dépravés (moral imbeciles).

On appelle " committee " le tuteur d'un aliéné " so found " et "quasi-committee " ou " receiver " le tuteur nommé dans les autres cas.

1º *Tuteur relatif à la personne.* — La nomination d'un tuteur relatif à la personne (committee of the person) peut se faire selon diverses procédures.

a) *Aliénés reconnus judiciairement tels* (lunatics so found). Lorsqu'il s'agit d'enlever à une personne atteinte de maladie mentale sa capacité juridique même pendant les moments où elle est lucide (lucid intervals), son état doit faire l'objet d'une constatation judiciaire. La procédure est déclanchée par la demande accompagnée de deux certificats médicaux. Le juge saisi (judge in lunacy) ordonne des débats (inquiry) qui, contrairement à ce qui se passe dans toutes les autres procédures, ont lieu à huis-clos et dans le plus grand secret. Le défendeur qui fait l'objet de cette procédure a le droit de demander l'admission d'un jury lorsque sa maladie n'est pas assez grave pour l'empêcher d'être entendu. Le défendeur doit être entendu avant qu'il soit statué sur son compte. Si le juge ou le jury se prononcent contre lui, il est alors judiciairement reconnu aliéné et devient un "lunatic so found by inquisition" ou en abrégé un " lunatic so found ". On lui nomme en même temps un tuteur (committee of the person) qui entre immédiatement en fonctions (L. A., 1890, ss. 108 (2)). La déclaration des " Masters in lunacy " a le même effet que ce prononcé. Elle remplace la décision judiciaire (L. A., 1890, ss. 90 à 100). On peut appeler de la décision du juge (demander la " traverse ") dans les trois mois qui suivent le jugement; de nouveaux débats ont alors lieu. La décision judiciaire est révoquée sur la demande du malade dès qu'il est guéri. Cette révocation est appelée " supersedeas ".

La procédure en déclaration judiciaire de la maladie mentale est rarement employée à cause de ses longueurs et de son coût. Elle n'a de sens que lorsqu'il s'agit d'empêcher un malade de contracter mariage. Un tel mariage est nul, tandis que sans cela il est valable s'il a été contracté dans un moment de lucidité.

b) *Internement dans un asile* (reception orders) : lorsqu'il ne s'agit que de placer la personne atteinte de maladie mentale dans un asile (lunatic asylum), il suffit qu'un parent du malade adresse une demande accompagnée de deux attestations médicales au tribunal. Le malade est alors entendu dans les huit jours qui suivent par le juge. Lorsque l'internement paraît indiqué, le juge rend sans plus un " reception order ". Cet " order " permet le transfert du malade dans un asile. Il devient caduc s'il n'est pas exécuté dans les huit jours. Sinon il reste en vigueur pendant une période de deux ans et peut être renouvelé avant l'expiration de ce délai, pour deux ans d'abord, puis pour trois, puis enfin par périodes de cinq ans. Un secrétaire de l'assistance publique (commissioner) ou un fonctionnaire de police dans l'exercice de ses fonctions peut également demander au juge le transfert dans un asile des aliénés sans famille et sans domicile qu'il rencontre. Le juge doit dans ce cas faire appel à des experts médicaux. Il rend alors un " summary reception order ".

Lorsque l'aliéné devient un danger public, ses proches ou, à défaut, de parenté, toute personne quelconque, peuvent émettre un " urgency order " qui doit être accompagné d'un certificat médical et reste huit jours en vigueur. Les personnes en question doivent cependant demander durant ce délai la confirmation par le juge de l' " urgency order " (L. A. 1890, ss. 4-23).

L'aliéné a pendant les instants de lucidité toute sa capacité juridique et s'oblige vis-à-vis des tiers qui ne connaissent pas son état.

c) *Faibles d'esprit* (mental defectives) : le faible d'esprit peut être mis sous tutelle à la requête de ses parents lorsqu'il est idiot, imbécile ou mineur. Il faut de plus, lorsque la demande n'émane pas des parents, qu'il soit délaissé et sans moyens; ce sont les autorités qui déposent alors une requête. Deux certificats médicaux doivent être annexés à cette requête, qu'elle provienne de la famille ou de l'autorité. Le juge peut après les débats à huis-clos mettre le faible d'esprit sous tutelle (M. D. A., 1913, ss. 2-7). et ordonner en même temps qu'il sera placé dans un asile.

2° *Tutelle relative aux biens* (committee of the estate). — L'administration de leurs biens est retirée aux aliénés et aux faibles d'esprit dont la maladie mentale a été constatée judiciairement ou lorsqu'un " reception order " a été rendu et que le malade a été placé dans un asile. Tous les faibles d'esprit sont pourvus en outre d'un tuteur pour leurs biens (M. D. A., 1923, s. 64). Le tuteur pour les biens reçoit une procuration spéciale ou générale. Il n'entre en fonctions que lorsqu'il a fourni la caution qui lui est demandée en garantie de son administration. Il peut cependant en être dispensé (L. M. A., 1890, ss. 108-116).

Lorsque l'une des conditions énumérées fait défaut, lorsque l'aliéné n'a pas été placé dans un asile ou lorsqu'il n'est pas atteint d'une maladie mentale proprement dite, l'administration de ses biens lui est néanmoins enlevée lorsqu'il n'est plus capable, en raison de son âge ou de maladie, de gérer ses affaires. Il est ainsi possible de mettre sous tutelle des personnes qui ne sont atteintes que d'une infirmité. Lorsque la fortune d'une personne ne dépasse pas 2.000 £ et ses revenus annuels la somme de 100 £, il suffit pour lui enlever l'administration de ses biens de prouver que cette personne est atteinte de troubles mentaux (of unsound mind) et incapable de gérer convenablement ses affaires (L. A., 1890, s. 116).

III. Condamnés. Celui qui a été condamné à mort ou à la réclusion pour " treason " ou " felony ", haute trahison, ou pour un crime grave de droit commun est incapable de s'obliger contractuellement ou d'ester en justice. Il doit être pourvu d'un tuteur appelé dans ce cas " administrator " ou " receiver ". Celui-ci est mis en possession de tous les biens du criminel et les administre pendant la durée de la peine (F. A., 1870, ss. 6, 10, 18). Au cas où le juge aurait omis de désigner ce tuteur, toute personne peut demander la nomination d'un " interim curator " qui surveille ce patrimoine. Le tuteur nommé dans ces conditions doit obtenir le consentement du juge pour pouvoir aliéner des biens relevant de cette fortune (F. A., 1870, ss. 21, 24, 25).

LIVRE TROISIÈME

DROIT DES CHOSES

I. **Généralités.** En droit anglais comme en droit continental la classification des choses en immeubles (biens fonds) et meubles revêt une grande importance. Cette distinction était cependant de bien plus de conséquence avant 1926, alors que les successions se réglaient d'une manière tout à fait différente selon qu'il s'agissait d'une succession mobilière ou d'une succession immobilière. Depuis l'entrée en vigueur de l'Administration of Estates Act, 1925, au début de 1926, les successions mobilières et immobilières se règlent selon les mêmes principes.

Les droits réels anglais sont encore aujourd'hui, et malgré les grandes réformes de ces dernières années, très différents des droits réels romains et continentaux; le droit immobilier actuel dérive en effet directement de l'ancien droit féodal anglais dont il ne doit pas être séparé si l'on veut en saisir les principes.

II. **Différentes sortes de biens.** Le droit anglais distingue :

1° *Les biens immobiliers, real property, real estate, realty, things real* (ces expressions sont équivalentes). — Ces biens comprennent les droits sur les immeubles dont l'origine remonte au droit féodal; en sont exclus par contre les droits de bails, " leasehold tenures ", qui ne sont accordés que pour un temps déterminé d'avance, droits basés sur des conventions et non pas sur une investiture. De plus le locataire dépossédé n'avait aucun droit à une protection ou à la remise en possession; il ne pouvait réclamer que des dommages-intérêts.

Les biens immobiliers comprennent aussi les biens meubles que le droit successoral assimile à des immeubles; ce sont les actes, " title deeds ", qui attestent le droit à la propriété de l'immeuble, certaines décorations, certains blasons et les " heirlooms ", choses mobilières, qui se trouvent sur l'immeuble et en cas de succession, partagent son sort juridique. C'est la coutume de chaque domaine qui détermine les objets assimilables aux heirlooms (ainsi pour des châteaux ce peut être tout le mobilier).

2° *Les biens mobiliers (personal property, personal estate, personalty, things personal).* — Les biens mobiliers comprennent tous les biens qui ne sont pas des biens immobiliers, donc également les droits sur des

biens-fonds dont l'origine n'est pas féodale, comme par exemple les
" leasehold tenures ", droits de tenure par bail, et les droits de possession précaire " tenancies at will " et " tenancies by sufferance ". Ces
derniers droits naissent lorsque celui qui possède des immeubles en vertu
d'un titre régulier continue à posséder après l'extinction de son titre.

Les biens mobiliers se subdivisent en :

a) " Choses in possession " : toutes les choses qui peuvent faire l'objet
d'une possession corporelle ou dont une personne peut acquérir la possession. L'expression " Choses in possession " doit se rendre par « meubles
corporels ».

b) " Choses in action " : il s'agit de tout ce qui ne peut pas faire l'objet
d'une possession corporelle; ce sont des droits à l'égard de personnes et
non des droits sur des choses.

Aux " choses in action " appartiennent les " incorporeal chattels ",
tels que les droits d'auteur, les brevets, les marques de fabrique, les droits
de propriété industrielle, les actions, les obligations et droits contractuels, les participations à des sociétés, et les prétentions à des dommages-
intérêts. A l'origine, on désigne sous le nom de " choses in action " des
choses qui ne sont en la possession de personne, mais que l'on peut obtenir par une action.

Cette distinction est tombée et l'on comprend aujourd'hui sous l'expression " choses in action " tous les meubles non corporels, que l'intéressé en jouisse sans contestation ou qu'il doive faire reconnaître ses
droits en justice.

PREMIÈRE PARTIE

LES DROITS IMMOBILIERS

PREMIÈRE SECTION

OBJET ET FORMES DE LA PROPRIÉTÉ

Le droit immobilier anglais est si différent du droit immobilier continental moderne qu'il est souvent difficile de trouver pour des institutions juridiques anglaises une expression équivalente compréhensible à l'étranger. Indiquons donc brièvement ce qu'il faut entendre ici par « formes de la propriété ». Tandis qu'en droit continental la propriété d'un immeuble a un concept fermement défini et se différencie nettement de tous les autres droits immobiliers grâce à son importance prédominante (par rapport à la possession par exemple, droit généralement de courte durée), le droit anglais connaît à côté du droit immédiat du propriétaire des droits réels qui l'évincent presque totalement à tel point que l'on serait tenté de parler de propriété coexistante ou subordonnée (par ex. dans le cas d'un " leasehold ", bail durant souvent pendant plusieurs générations de propriétaires).

Le droit anglais ne connaît (à l'exception peut être de l'expression "ownership", rarement employée dans la littérature juridique) pas d'expression qui traduise exactement le mot de « propriété » pris dans son sens juridique. La loi et la jurisprudence parlent de " real property " et de " personal property ", l'expression de " property " devant se traduire ici de préférence par " patrimoine " (d'autant plus que le droit anglais comprend sous l'expression " personal property " non seulement des choses matérielles mais aussi des droits immatériels tels que des prétentions. " Property " signifie, lorsqu'il s'agit de droits immobiliers, tantôt propriété, tantôt possession, laquelle peut à la vérité, par sa très longue durée se rapprocher de la propriété. C'est ainsi que la " freehold property " ou simplement le " freehold " est un véritable droit de pro-

priété, tandis que la " leasehold property " ou simplement le " leasehold ", n'est qu'un droit de possession temporaire en vertu d'un bail de
durée fréquemment très considérable. L'expression " estate " se traduit
tantôt par « patrimoine », tantôt par « propriété », tantôt par « possession ». On appelle " estates ", au sens étroit du terme, les différents droits
de propriété immobilière considérés au point de vue de la durée. Les chapitres qui suivent fourniront des précisions et montreront qu'en droit
anglais, la propriété et la possession sont des concepts qui s'interpénè-
trent et se laissent difficilement transposer dans une autre langue et dans
un système juridique différent.

CHAPITRE PREMIER

TENURES, TITRE DE POSSESSION

II. Stephen : p. 11-48.

I. Concept. Le droit immobilier anglais est encore aujourd'hui influencé par le droit féodal. Il a son origine dans les liens unissant le seigneur au vassal, le " landlord " au " tenant ". Ce rapport, qui fournit le titre juridique de propriété immobilière, est nommé tenure. Il est né de la constitution d'un fief, d'un contrat au profit de personnes libres, ou aussi d'un prêt agricole à des serfs.

II. Le Freehold (franche tenure). L'Angleterre ne connaissait pas primitivement une propriété immobilière privée. C'est le Roi qui en qualité de " Lord paramount " octroyait la terre à ses sujets, et non toujours directement au possesseur et usufruitier proprement dit du sol, mais quelquefois à des " tenants-in-chief ", qui la constituaient alors en fiefs au profit des " tenants " proprement dits. Les " tenants-in-chief " devenaient ainsi eux-mêmes des " Lords " et exerçaient alors en matière d'immeubles les mêmes droits que le Roi.

Le vassal était obligé de fournir des contre-prestations au seigneur et de lui rendre des services : services féodaux (il devait lui fournir par ex. des soldats), services religieux (des messes pour le repos des âmes) services divers (corvées, prestations pécuniaires, etc.). La " tenure était dite " per militiam " ou " knight service " (service militaire), " frankalmoign " (services religieux), ou " free socage " (autres services), selon la nature des contre-prestations fournies par le vassal. L'Abolition of Feudal Tenures Act, 1660, a transformé le " knight service " en " free socage ". Dès ce moment les possesseurs du sol durent fournir au lieu des services féodaux, des redevances en nature ou en espèce. Le " frankalmoign " (textuellement " l'aumône libre ") existe encore mais il est pratiquement sans importance, les terres de l'église ayant été en grande partie sécularisées par la Réformation et postérieurement par une législation très stricte dirigée contre la main-morte (Mortmain and Charitable

Uses Acts, 1888 et 1892). Le " free socage " a donné naissance à la " freehold property " qui est la forme contemporaine de la propriété immobilière absolue et illimitée.

Le seigneur pouvait à l'origine reprendre son fief à la mort du vassal ou pour trahison. Mais plus tard le successeur du possesseur eut le droit de garder la terre aux mêmes conditions que son père. Postérieurement encore un droit successoral naquit au profit de la famille du vassal. Celui-ci eut finalement le droit d'aliéner et de léguer librement ses immeubles. La terre devint " freehold ", c'est-à-dire libérée des droits du seigneur dont le droit de propriété fut exclu par le droit du possesseur.

Le droit de propriété originaire du seigneur n'avait pourtant pas complètement disparu; il se manifestait encore dans le droit d'échute (right of escheat) qui trouvait son application lorsque le vassal décédait intestat ou sans héritiers. Ce droit d'échute n'a été supprimé que par l'Administration of Estates Act, 1925, s. 45. Il est cependant remplacé aujourd'hui par le droit reconnu à la Couronne, au Duché de Lancastre et au duc de Cornouailles sur les bona vacantia, ou choses sans maîtres (s. 46).

III. **Le copyhold.** Il existait encore, à côté de ces fiefs libres, des fiefs serviles, la terre était octroyée dans ce cas à des serfs;les " copyholds " sont nés de cette investiture spéciale. Les serfs étaient autrefois sous la surveillance du Lord, mais devaient des impôts directs à la Couronne. Ces impôts devinrent si écrasants que les paysans demandèrent aux Lords de se substituer à eux pour en opérer le paiement; ils s'engageaient en échange à cultiver les terres appartenant aux Lords. Cette obligation devint avec le temps un droit du paysan à cultiver ces terres pour son propre compte. Ici encore les descendants du paysan furent bientôt en possession d'un droit successoral : le paysan acquit finalement le droit d'aliéner son domaine à certaines conditions et avec l'assentiment du seigneur. Le seigneur accordait régulièrement son autorisation lorsqu'on lui payait une indemnité (fine).

Le possesseur d'un " copyhold " ne pouvait céder ses droits qu'en les rendant pour la forme au Lord propriétaire du " manoir ", qui accordait alors immédiatement l'autorisation d'aliéner à un tiers. La restitution de la terre et l'autorisation étaient enregistrées dans les livres du « manoir », seul un extrait, " copy ", de ces inscriptions était remis au " tenant ". Cet extrait attestait l'existence de ses droits sur la terre dont il était possesseur en vertu de ce titre ; la terre était un " copyhold ", lui-même un " copyholder ". Il n'avait pourtant en cette qualité aucun droit sur le revenu en bois ni sur les richesses du sous-sol. Il devait au ,, lord of the manor " une rente annuelle (quit rent); lorsque la terre passait à un nouveau possesseur par suite de décès ou d'aliénation, le possesseur devait en outre à son Lord une indemnité (fine) ou un préciput (heriot). Le transfert des droits par inscription dans les livres du « manoir » et l'établissement d'une " copy " est resté jusqu'à l'époque contemporaine la caractéristique de l'institution du " copyhold ". Les droits du « manoir » s'appellent " manorial incidents ".

Le Copyhold Act, 1894, encourageait déjà la conversion volontaire des " copyholds " en " freeholds " en accordant au ,, copyholder " aussi bien qu'au seigneur le droit d'éteindre les droits du « manoir » par le paiement d'une indemnité sous forme d'un versement en capital ou d'une rente foncière (ss. 1, 8). Cet affranchissement (enfranchisement) de la terre supprimait toutes les restrictions au droit d'aliéner qui existaient en faveur du « manoir » et libérait la terre de toutes restrictions d'ordre successoral (s. 21).

Mais ce n'est que le Law of Property Act, 1922, s. 128 (1) qui a mis fin à tous les " copyholds ". Cet Act prévoit que les droits du « manoir » devront être supprimés dans les dix ans à partir du 1er janvier 1926, soit par un versement en capital, soit par 20 acomptes annuels, le solde portant intérêt à 5 °/₀ (s. 139 (1) (V)). Des tables annexées à la loi contiennent les détails des sommes à verser et les modalités relatives au paiement de cette indemnité (L. P. A., 1922, Sched. XIII et XIV). Les " copyholds " subsistent encore pendant ces dix années mais disparaîtront complètement en 1936.

IV. **Le leasehold (Droit de tenure par bail).** Lorsque la possession d'une terre est cédée contractuellement pour un temps déterminé d'avance, au lieu d'être octroyée sous la forme d'un fief, on parle d'une " leasehold tenure ", droit de tenure par bail. C'est l'absence prolongée des Croisés qui les contraignit à céder conventionnellement et pour un laps de temps déterminé leurs terres à des fermiers. Le fermier ne pouvait réclamer primitivement que des dommages-intérêts en cas de rupture du contrat. La jurisprudence l'autorisa plus tard à rester en possession pour le reste du temps fixé par le contrat. Il obtenait ainsi un droit réel immobilier pour la durée du bail. Ce droit n'était pas basé sur une investiture mais sur un contrat; aussi était-il anciennement considéré au point de vue successoral non comme droit immobilier (real property) mais comme droit mobilier (personal property). C'étaient les héritiers des meubles et non pas ceux des immeubles qui héritaient des " leaseholds ". L'Administration of Estates Act, 1925, a supprimé cette distinction et assimilé au point de vue successoral les " leaseholds " aux " freeholds ".

CHAPITRE II

ESTATES; DIVERSES SORTES DE PROPRIÉTÉ

II. Stephen : p. 53-60, 105-128. - - Jenks : ss. 1043-1088 — Fines and
Recoveries Act, 1833 (F. R. A., 1833). — Real Property Limitation
Act, 1874 (R. P. L. A., 1874). — Law of Property Act, 1925 (L. P. A.,
1925).

I. Concept. Le droit anglais connaît différentes espèces de propriété.
La propriété peut être absolue et de durée illimitée; elle peut n'être que
temporaire, s'éteindre avec le décès d'une personne déterminée ou se
léguer aux conditions prescrites par le disposant.

On appelle " estate " la propriété, qui consiste dans la possession et la
jouissance active considérées dans leur durée. On distingue les " estates "
suivants :

a) L' " estate in fee simple ", propriété immobilière de durée illimitée.

b) L' " estate for life ", propriété immobilière viagère.

c) L' " estate in tail ", propriété immobilière dont la durée est limitée
à la vie de l'ayant-droit et de descendants déterminés.

II. Estate in fee simple (propriété illimitée). L' " estate in fee
simple " est un droit de propriété illimité, transmissible sans restrictions
soit par l'effet d'une disposition testamentaire soit en vertu d'une succession ab intestat. Il est librement aliénable. Le " fee simple " donne
aujourd'hui un droit de propriété absolue (avec la possession, la jouissance et le droit de disposition entre vifs et successorale le plus étendu).

III. Estate for life (Tenure viagère). La durée de la possession peut
être limitée à la vie du tenancier " tenant of life ", ou d'un tiers. On parle
dans ce cas d'un " estate for life " pour la vie du tenancier (for a man's
own life) ou pour celle d'un tiers (pour autre vie). A l'expiration de cette
durée l'estate revient au disposant ou à un tiers désigné par lui.

Le " tenant for life " a la possession et la jouissance du sol dans la
limite où il ne compromet pas les droits des personnes qui reprendront
à sa mort l'estate. Il est tenu de conserver à l'immeuble sa valeur en

capital. Une diminution de celle-ci est désignée par l'expression de " waste " (Cf. p. 141). Le " tenant fort life " peut librement aliéner l'immeuble à la condition d'en réserver à son décès le retour au propriétaire. Il a droit aux " emblements " et aux "estovers " (Cf. p. 146). La nouvelle législation a séparé " l'estate for life " ou " life interest " des autres " legal estates " pour en faire un droit d'équité (Cf. p. 171).

IV. Estate in tail (bien substitué). On parle d' "estate in tail " ou d' " entail " lorsque la propriété n'appartient qu'au tenancier actuel et à ses descendants directs; l' " estate in tail " résulte d'une cession immobilière pour cause de mort, d'un pacte successoral ou d'une autre cause ; il est lié à une condition interdisant toute aliénation et n'autorisant le transfert qu'aux descendants directs. L'expression " estate in tail " ou " entail " vient du français tailler. Le droit de propriété est au point de vue successoral " taillé " puisque seul le descendant direct du premier " tenant ", le " remainderman ", peut hériter de l'estate du père qui doit lui parvenir intact. On parle dans ce cas d' "estate in tail general ". On appelle par contre " estate in tail special " le droit de propriété dont ne profitent que les héritiers d'un lit déterminé. On parle d',, estate in tail male " ou d' " estate in tail female " lorsque seuls les fils ou seules les filles peuvent succéder à l' " estate ".

Dès que la naissance d'un descendant substituable paraît exclue (after possibility of issue extinct), le dernier descendant sans enfants, " tenant in tail " actuel, devient un " tenant for life ", avec les droits correspondants; à son décès l'immeuble revient au nu-propriétaire ou à ses héritiers quel que soit le temps qui s'est écoulé depuis la constitution de l'estate en faveur du premier " tenant in tail ".

Les héritiers substitués ont des droits sur l',, estate " du ,, tenant in tail " actuel. C'est pour protéger ces droits qu'il est en principe défendu au ,, tenant in tail " de grever l'immeuble d'une charge foncière quelconque, ou de le constituer comme gage de dettes personnelles; il léserait en effet les droits de ses descendants en agissant ainsi. C'est là que réside la différence essentielle existant entre un " estate in fee simple " et un " estate in tail ". Cette différence fut du reste affaiblie déjà au xviie siècle pour qu'un "entail " puisse couvrir les dette du tenancier banqueroutier.

Le Fines and Recoveries Act, 1833, a encore réduit la distinction entre les deux "estates " en permettant au " tenant in tail " d'écarter — en observant certaines formes (par un " disentailing deed ") — les droits de ses descendants, " to bar the entail ", et le Law of Property Act, 1925, s. 176 accorde enfin au " tenant in tail " le droit de disposer de l'immeuble

par testament. Cette disposition ne s'applique pourtant pas au dernier
" tenant in tail ", au " tenant in tail after possibility of issue extinct "
puisque celui-ci n'a que les droits d'un " tenant for life ". Le tiers qui
achète des immeubles à un " tenant in tail " obtient un " base fee " qui
disparaît au décès du dernier descendant substituable de l'aliénateur.
Le " base fee " se transforme en " fee simple " lorsque la vocation (remainder) à l' "entail " échoit à l'acquéreur (F. R. A., 1833, s. 39) ou
lorsque l'acquéreur reste en possession pendant douze ans à compter du
jour où l'aliénateur aurait pu écarter les droits des descendants (R. P. L.
A., 1874, s. 6).

L' " entail " avait le caractère d'un " legal estate ", qui ne pouvait
consister qu'en immeubles, avant l'entrée en vigueur du Law of Property Act, (soit avant 1926). La nouvelle législation ne conserve l' "entail " que comme droit d'équité, mais étend son application aux biens
mobiliers (L. P. A., 1925, s. 130 (1) et Cf. p. 171, 229).

CHAPITRE III

REVERSION ET REMAINDER

(Droit de retour et vocation éventuelle)

I. Constitution de plusieurs " estates " successifs. Un " estate for life " ou un " estate in tail " disparaît au décès du dernier ayant droit. L'immeuble peut alors faire l'objet d'un nouvel " estate ". A l' " estate " disparu succède un " estate in fee simple " ou un nouvel ,, estate in tail " ou " for life ". Lorsque la propriété active de l' "estate " éteint retourne au constituant ou à ses successeurs juridiques, on parle d'un " right of reversion " (droit de retour). Lorsque ce droit de retour a été cédé à un tiers au moment de la constitution de l' ,,estate " éteint, le tiers a une vocation éventuelle à l'immeuble appelée " remainder ". La propriété de l'immeuble ne revient alors plus au propriétaire originaire ou à ses successeurs juridiques, mais bien à l'ayant droit éventuel, au " remainderman ".

L'extinction d'un estate crée deux éventualités : ou bien la possession de l'immeuble fait retour au créateur de l'estate éteint et l'on se trouve en présence d'une reversion; ou bien la possession passe à un tiers, le remainderman, au profit duquel existe un remainder. La solution dépendra des dispositions que le constituant de l'estate aura prises lors de sa création

II. Exemple. Prenons un exemple qui montrera la formation des droits de propriété sur un immeuble par la constitution de plusieurs " estates " successifs, et qui nous permettra d'apprécier d'une manière générale le développement du droit immobilier anglais.

Admettons que le " tenant " d'un " estate in fee simple " ait accordé à un tiers un " estate for life " ou " in tail " sur son immeuble; le constituant, sauf stipulation contraire, conservera son " estate in fee simple", mais il aura cédé au tiers le droit à la possession et à la jouissance temporaire de l'immeuble. Son " estate " est devenu une " nue " propriété (future estate) qui redeviendra cependant un " estate " présent, " estate in possession ", dès le moment où l' " estate " de durée limitée qui y a été " taillé " aura pris fin. Le constituant conserve entre temps, c'est-à-dire jusqu'à l'expiration de l' " estate " secondaire, un droit de retour (reversion).

Le " tenant in fee simple " peut, au lieu de ne concéder qu'un " estate" en faveur d'un tiers, constituer simultanément et par le même acte différents " estates " secondaires au profit de différentes personnes ou groupes de personnes; il pourra par exemple constituer un " estate for life " au profit de A., auquel succèderont un " estate in tail " au profit de B., et autant d' " estates " ultérieurs au profit d'autres personnes qu'il lui plaira de créer en qualité de " tenant in fee simple " sans déroger à la règle qui interdit les droits perpétuels (Cf. p. 204); il pourra par exemple terminer cette série par un " estate in fee simple " au profit d'un tiers déterminé. Chacun des " estates " futurs est, aussi longtemps que dure l' " estate " précédent, un " remainder " (droit éventuel).

Un droit éventuel (remainder) ou un droit de retour (reversion) n'est cependant pas possible après un " estate in fee simple ", le propriétaire d'un " fee simple " ayant un droit de propriété illimitée sur l'immeuble.

Chacun des " estates " éventuels constitue un bien propre susceptible d'être aliéné et légué, bien qu'il ne donne aucun droit présent de propriété et de jouissance. Lorsque par exemple A. est " tenant for life " d'un immeuble et B.," tenant in fee simple in reversion " ou " remainder ", le décès de B. intervenant avant celui de A. ne mettra pas fin à l' " estate in fee simple ". L'héritier ou le successeur juridique de B. aura le droit de reprendre l'immeuble à la mort de A. Si A. est ,, tenant in tail" et B.," tenant in fee simple in reversion " l'absence de descendants de A., à son décès, fera que l' " estate in fee simple " ira à B., ou à un de ses successeurs qui ne sera peut-être qu'un de ses descendants très éloigné.

La meilleure façon de se représenter le rapport entre le " fee simple " et les autres " estates ", est de comparer la propriété simple (ownership) à des bandes longitudinales représentant les " estates ". La plus longue bande représentera l' " estate in fee simple ". Aucun propriétaire d' "estate " à l'exclusion du " tenant in fee simple in possession " n'a un droit de propriété illimité; ils sont tous « propriétaires limités » " limited owner ", dès le moment où ils entrent en possession de l'immeuble.

III. **Reversion (droit de retour).** L'exemple donné plus haut montre que le propriétaire d'un " estate in fee simple " peut en tirer tous les autres " estates .". De l'estate le plus fort on extraira un estate plus faible (particular estate). Celui qui constitue un titre de droit d'ordre inférieur, conserve une " reversion ", un droit de retour. Le droit de retour est le droit du constituant — ou de ses héritiers ou successeurs juridiques — au rétablissement dans son droit antérieur et plus fort, dès l'extinction du droit démembré.

On parlera également de " reversion " lorsque la transmission d'un immeuble sous une condition résolutoire créera une possibilité de retour, ' possibility of reverter ".

On ne pourra par contre pas parler de droit de retour dans le cas de la constitution par un " freeholder " d'un " estate for years " (droit à temps limité ou droit de tenure par bail); le propriétaire d'un " freehold " ne peut en effet acquérir un droit de retour sur son ancien " estate " puisqu'il en reste le propriétaire absolu, le " tenant " de l' " estate " for years " n'en étant que le simple possesseur. L' ' estate for years " ne reposant pas sur une investiture mais bien sur un contrat, le droit de propriété fondé originairement sur l'investiture est conservé par le constituant de l' " estate for years " et ne saurait par conséquent lui revenir en vertu du droit de retour.

IV. **Remainder (Vocation éventuelle).** Celui qui constitue un " estate " secondaire peut céder son droit de retour à un tiers. La prétention du tiers s'appelle alors " remainder " (vocation éventuelle). Le propriétaire " in fee simple " peut ainsi constituer un " estate in tail ". Le premier propriétaire de cet " entail " possède un " estate for life ". Son descendant acquiert un droit éventuel; il est un " remainderman ". Mais il est possible qu'il n'existe aucun descendant appelé à succéder; le constituant peut alors céder par avance le bénéfice de cette prétention à des tiers apparentés ou non. On parle alors d'un " remainder over ".

On désigne sous le nom de " remainder " le droit d'un tiers à recueillir l' " estate " démembré et plus faible. Un droit éventuel est exclu après un " estate for years " et après un " fee simple " puisque cet " estate " ne s'éteint jamais. L'ayant droit reprend au terme de l' " estate for years " immédiatement l'exercice de son droit de propriété, — " subject to the term of years ", c'est-à-dire sous réserve des droits de bail et de gage — et non pas seulement un droit au rétablissement de l'état antérieur.

La vocation éventuelle doit être constituée en même temps que l' " estate " qui le précède. Il n'est pas nécessaire cependant que le bénéficiaire du " remainder " soit déjà déterminé à ce moment. Il suffit qu'il existe au moment de l'extinction de l' " estate " précédent ou ait été désigné entre temps par l'accomplissement d'une condition (un immeuble est cédé par exemple en co-propriété à deux personnes A et B, le droit éventuel étant réservé au survivant. Le ,, remainderman " ne sera connu dans ce cas, qu'au moment de l'extinction de l'« estate » précédent. Jusqu'à ce moment, le « remainder » est conditionné (contingent) par la mort de l'un des co-propriétaires). La vocation éventuelle peut être soumise à des conditions devant se réaliser à un moment déterminé et avant la fin de l'« estate » précédent. L'immeuble retourne au constituant lorsque la condition ne se réalise pas en temps voulu, le « contingent remainder » étant nul dans ce cas.

CHAPITRE IV

CO-PROPRIÉTÉ, CO-OWNERSHIP

II. Stephen : p. 204-218. — Jenks : ss. 1743-1764. — Law of Property
Act, 1925 (L. P. A., 1925). — Trustee Act, 1925 (T. A., 1925). —
Partnership Act, 1890 (Pa. A., 1890). — Settled Land Act, 1925
(S. L. A., 1925).

I. Concept. La co-propriété s'applique principalement, mais non pas
exclusivement, à la propriété des immeubles, des biens mobiliers tels que
des animaux, des droits réels (droits de passage) et autres éléments du
patrimoine tels que valeurs, effets de commerce, séries d'actions, successions indivises peuvent faire l'objet d'un droit de co-propriété.

Il y a différentes sortes de copropriété. On distingue la propriété conjointe (joint tenancy,) la copropriété (tenancy in common) et la copropriété d'immeubles dépendant d'une succession (co-parcenary). La
propriété conjointe " joint tenancy " ou " joint ownership " existe
lorsque plusieurs personnes ont en vertu de leur communauté des droits
égaux sur la même chose de telle manière qu'un seul propriétaire conjoint ne puisse disposer d'une part, ce droit de disposition n'appartenant
qu'à l'ensemble des propriétaires conjoints et pour le tout.

On parle de copropriété " tenancy in common ", " ownership in common ", lorsque les copropriétaires d'une chose en possèdent chacun une
partie sans qu'elle soit extérieurement divisée, mais de telle manière que
chaque co-propriétaire dispose librement, de son vivant ou pour le cas de
son décès, de sa part déterminée.

On appelle enfin " co-parcenary " la copropriété des héritiers qui
possèdent en commun des biens en vertu d'une succession.

II. Joint tenancy (propriété conjointe). Lorsque deux ou plusieurs
personnes acquièrent conjointement un terrain par achat, donation, ou
testament (mais non en tant qu'héritiers légaux) elles créent une propriété
conjointe (joint tenancy) à moins que le contraire ne soit stipulé. Elles-
mêmes deviennent propriétaires conjoints (joint tenants). Le même titre

doit être à la base du droit de tous les acquéreurs (unity of title). Ceux-ci doivent acquérir leur droit uno actu et simultanément (unity of time). Le propriétaire conjoint déterminé postérieurement seulement n'est lié aux autres acquéreurs que par un droit de propriété en commun et non par un droit de propriété conjointe.

Les droits de tous les propriétaires conjoints doivent être identiques en contenu et en étendue (unity of interest). Lorsque l'un des copropriétaires conjoint est, par exemple, " tenant for life " et l'autre " tenant for a term of years ", il n'existe qu'un droit de propriété commune. Tous les propriétaires conjoints ont un droit égal à la possession de l'immeuble (unity of possession). Un propriétaire conjoint n'a pas vis-à-vis des autres propriétaires conjoints une action possessoire (action of trespass), telle que celle qui appartient au propriétaire commun à l'égard des autres propriétaires communs.

Il résultait primitivement de ce principe de l'unité d'étendue et de contenu des droits des propriétaires conjoints et de l'unité de possession, que les survivants avaient droit à la part du propriétaire conjoint prédécédé. Ils avaient un " jus accrescendi " aussi appelé " right of survivorship ". Chacun ayant droit au tout, le décès de l'un des propriétaires conjoints n'entraînait en " Common Law " aucune succession à son droit de propriété. Le droit du de cujus passait aux autres propriétaires conjoints. La Common Law ne tenait aucun compte des héritiers. Contrairement à l'équité, les héritiers d'un acheteur conjoint perdaient ainsi à son décès tout droit sur la chose achetée. L'Equité a amélioré cet état de chose en obligeant les propriétaires conjoints survivants à reconnaître les droits de propriété des héritiers du propriétaire conjoint décédé. Ce principe est légalement établi dans le cas d'une ' partnership " (Pa. A., 1890, s. 20). Les " Trustees " sont encore aujourd'hui toujours propriétaires conjoints (joint tenants, T. A., 1925, s. 18; L. P. A., 1925, s. 36). Ceci explique qu'au décès d'un des trustees il n'est tenu aucun compte de son activité et de ses dépenses en tant que celles-ci nécessiteraient un transfert de propriété spécial entre les héritiers du trustee décédé et les propriétaires conjoints survivants. La propriété conjointe est supprimée par la disparition d'une des 4 unités mentionnées (unity of title, time, interest and possession). L'unité de possession (unity of possession) cesse par un accord spécial des propriétaires conjoints ou lorsqu'un de ceux-ci vend sa part. L'acquéreur de cette part ne devient pas propriétaire conjoint mais copropriétaire, la " joint tenancy " subsistant entre les autres propriétaires.

La " joint tenancy " existe entre les " trustees ", les " personal representatives ", les " tenants for life " (S. L. A., 1925, s. 7 (3)), et entre les personnes qui possèdent la même hypothèque (co-mortgagees) (L. P. A., 1925, s. 34 (2)).

La propriété conjointe peut être supprimée de la même manière que la copropriété pour éviter les inconvénients inhérents à la propriété de plusieurs personnes sur le même immeuble (L. P. A., 1925, s. 36 (1)) et voir plus bas III).

III. **Tenancy in common (copropriété).** La copropriété ne présuppose pas l'unité de possession. Il n'est pas nécessaire que le titre d'acquisition, le contenu et l'étendue des droits de propriété, la date de l'acquisition des différentes parties, soient identiques. L'un des copropriétaires peut avoir acquis son droit par héritage, l'autre par achat. L'un peut posséder un " estate in fee simple ", l'autre un " estate for life ". L'un peut être le propriétaire du quart, l'autre des trois quarts de l'immeuble. L'un des titres peut être né le jour même, l'autre des années auparavant. Toutes les combinaisons sont possibles. La copropriété naît d'un contrat ou de la dissolution de la " joint tenancy " ou de la " co-parcenary " (voir plus bas) sans partage simultané de la possession. Les différentes parts sont librement aliénables et léguables. Les propriétaires communs survivants n'ont aucun droit sur la part de celui qui est prédécédé.

La nouvelle législation n'autorise plus la copropriété des immeubles, mais seulement celle des biens mobiliers (L. P. A., 1925, s. 34). Cette défense s'explique par le fait que des propriétés divisées sont beaucoup plus difficiles à vendre. La copropriété créée en dépit de cette disposition (un de cujus, l'a spécifié dans son testament, une propriété conjointe a été dissoute) est obligatoirement confiée à des " trustees " qui doivent vendre l'ensemble de l'immeuble et répartir le produit de cette vente entre les copropriétaires ou leurs successeurs (L. P. A., 1925, s. 35; Sched, I, Part IV). Lorsque des tiers n'ont pas été expressément désignés comme " trustees " ce sont les copropriétaires eux-mêmes ou le " Public Trustee " qui doivent opérer la vente. Si celle-ci n'a pas lieu pour un motif quelconque, chaque intéressé peut demander au juge de rendre une ordonnance à cet effet (L. P. A., 1925, s. 30).

IV. **Co-parcenary.** On appelle " co-parcenary " la co-propriété immobilière de plusieurs héritiers légaux, appelés eux-mêmes " co-parceners " ou simplement " parceners ". Les " parceners " ne peuvent acquérir cette co-hérédité que par voie de succession. La " co-parcenary " n'est par conséquent possible qu'avec des immeubles transmissibles successoralement à l'exclusion des " estates for life ". L'étendue et le contenu des droits de chaque " copropriétaire " peuvent être différents contrairement aux dispositions sur la propriété conjointe. Si le père A laisse 2 filles B et C, et que la fille B décède avant son père en laissant à son tour 2 filles D et E, la fille C et les petites filles D et E seront "co-parceners" au décès de A : la part de C sera de la moitié, celle de chaque petite-fille D et E d'un quart. Il n'est pas nécessaire que l'acquisition ait lieu *uno actu*. Si la fille B décède après son père, ses deux filles succèderont dans sa " co-parcenary " quoique leurs droits soient nés postérieurement à ceux de la fille C, soit moment du décès de la fille B.

DROITS RÉELS DE PREMIER RANG ;
LEGAL ESTATES AND INTERESTS

Law of Property Acts, 1922 et 1925 (L. P. A.).

———

CHAPITRE PREMIER

LEGAL INTERESTS AND EQUITABLE INTERESTS

Les droits réels sur les immeubles se répartissent, conformément à la différence entre Common Law et Equity en deux grandes classes : les " legal interests " reconnus par la Common Law, et les ,, equitable interests " reconnus par l'Equity. Les " legal interests " acquis de bonne foi et à titre onéreux (contre " valuable consideration ") ne peuvent en aucune manière être contestés ou entravés par l'acquéreur de droits contraires, legals ou equitables interests. Les " legal interests " acquis de bonne foi et contre " valuable consideration " priment les " equitables interests " opposés, même antérieurs. Le " legal interest " jouit d'une protection juridique refusée à l'" equitable interest " qui lui est opposé. Les nombreuses exceptions à ces principes seront étudiées plus loin. Il n'en reste pas moins vrai qu'en droit immobilier, et contrairement à la règle générale, la Common Law l'emporte sur l'Equity en vertu du principe : " Equity follows the law ".

C'est ainsi par exemple qu'une " lease " ou contrat de bail avec effet réel doit être conclue sous la forme d'un contrat scellé et signé par les parties (deed) pour être reconnue par le droit commun. L'inobservation de ces prescriptions de forme enlève au preneur le bénéfice d'un " legal estate "; il n'aura qu'un " equitable interest ". En cas de vente postérieure de l'immeuble, le contrat de bail régulièrement conclu créera en faveur du preneur un " legal estate " opposable dans tous les cas à l'acheteur. Celui-ci ne pourra en aucun cas obliger le preneur à quitter l'immeuble avant l'expiration du contrat de bail. Le contrat de bail imparfait, par contre, qui ne crée qu'un ,, equitable interest '' est annulé par un achat postérieur transférant le ,, legal estate '' à l'acquéreur, lorsque ce dernier ignorait l'existence d'un contrat de bail et à la condition que cette ignorance ne soit pas le fait de sa négligence.

Ces différences qui viennent d'être signalées entre les ,, legal interests '' et les '' equitable interests '' permettent de désigner logiquement les premiers comme des droits de premier rang et les seconds comme des droits de deuxième rang. C'est dans cet ordre d'idées qu'un projet du Law of Property Act, 1925 avait proposé les appellations de '' paramount interests '' (droits dominants) et de ,, subsidiary interests '' (droits secondaires) au lieu de '' legal '' et '' equitable interests ''.

Les considérations historiques ont seules déterminé jusqu'en 1926 quels droits appartenaient aux '' legal interests ''. Les '' Law Courts '' protégeaient et reconnaissaient comme '' legal interest '' le droit d'origine féodale. D'autres raisons pouvaient encore à l'occasion permettre d'assimiler certains droits à des '' legal interests ''. De nombreux droits semblables naquirent au cours des siècles; le nombre des '' equitable interests '' augmentait aussi de son côté. Les conflits entre '' equitable '' et '' legal interests '' se multiplièrent naturellement d'autant plus que le droit immobilier se développait d'une manière de plus en plus complexe. C'est pour remédier à cette situation que le Law of Property Act, 1925, a prévu des mesures draconiennes. C'est ainsi qu'il réduit dans une large mesure le nombre des '' legal interests ''; seuls le '' fee simple '' et le '' leasehold '' (terms of years absolute) sont encore considérés comme des '' legal estates '' (L. P. A.. 1925, s. 1 (1)). Tous les droits qui étaient antérieurement traités comme des '' legal interests '' et qui ne sont plus reconnus comme tels par la nouvelle loi, peuvent subsister en qualité d''' equitable interests '' (L. P. A., 1925, s. 1 (3)). Les '' copyholds '' qui sont supprimés (L. P. A.. 1922. s. 128, Sched. XII) sont remplacés par les '' freeholds ''.

Il convient d'ajouter aux '' legal interests '' que sont le '' fee simple '' et le '' leasehold '' en tant que droit de propriété immobilière un certain nombre de droits réels limités tels que les '' easements '' (servitudes foncières) les rentes foncières légales ou conventionnelles, les '' charges by way of legal mortgage '' (certaines hypothèques) et les '' rights of entry '' (droit de s'approprier un immeuble à certaines conditions; L. P. A., 1925, s. 1 (2)).

CHAPITRE II

ESTATE IN FEE SIMPLE; PROPRIÉTÉ SIMPLE

II. Stephen : p. 53-60. — Jenks : ss. 1043-1053. — Law of Property
Act, 1925 (L. P. A., 1925).

L' " estate in fee simple absolute in possession " équivaut à la propriété libre. Il donne au propriétaire un " legal estate " (L. P. A., 195,2
s. 1 (1)).

Le " fee simple absolute " est un droit qui n'est conditionné ou limité
ni au point de vue de la durée, ni à celui du droit successoral. Ce droit
doit être " in possession "; c'est-à-dire une prétention présente et non
simplement future au droit de propriété libre. Il convient de remarquer
ici qu'un " fee simple " est " in possession " même lorsqu'il en a été
démembré un droit à temps, mais est en ce cas " subject to a term for
years ", c'est-à-dire qu'il réserve les droits secondaires du " leaseholder "
(preneur) ou des créanciers gagistes.

La propriété comprend le sous-sol et la portion d'atmosphère que le
propriétaire peut effectivement contrôler; elle peut être divisée soit hori-
zontalement soit verticalement; c'est ainsi que la propriété du sous-sol
(des filons de fer, des couches de charbon et d'autres minéraux exploi-
tables), de la surface du sol et de la colonne d'air qui la surmonte peut
souvent être répartie entre plusieurs personnes.

Le propriétaire a un droit de disposition illimité sur le terrain qui lui
appartient. Il est libre de le cultiver, de faire des coupes de bois, d'extraire
des minéraux, de constituer des servitudes et des hypothèques; il a un
droit de libre disposition. La propriété de la femme mariée, soumise à
un " restraint of anticipation ", pendant la durée du mariage, fait seule
exception à cette règle. Toute autre limitation du droit de disposition est
nulle.

CHAPITRE III

TERM OF YEARS ABSOLUTE OU LEASEHOLD ESTATE;
DROIT A TEMPS; DROIT DE TENURE PAR BAIL

Law of Property Act, 1925 (L. P. A., 1925). — Working Classes Act, 1890
(W. C. A., 1890). — Housing Act, 1925 (H. A., 1925). — Agricultural
Holdings Act, 1923 (A. H. A., 1923). — Bankruptcy Act, 1914 (B. A..
1914). — Land Registration Act, 1925 (L. R. A., 1925).

I. **Concept.** A la propriété illimitée dans sa durée s'opposent les autres
,, legal estates '', droits de propriété à temps, appelés '' terms of years
absolute ''.

Le '' term of years absolute '' est un droit réel de tenure par bail. Le
contrat passé entre le propriétaire foncier en qualité de bailleur '' landlord '' ou '' lessor '', et le preneur, '' tenant '' ou '' lessee '' cède au preneur pour un temps déterminé la possession exclusive du terrain, des
constructions ou des mines. Le contrat lui-même est appelé '' lease ''.
La contre-prestation du preneur consiste habituellement en une indemnité unique (fine) ou un loyer (rente) ou les deux à la fois; ces prestations
ne sont cependant ni caractéristiques du contrat de bail, ni indispensables à son existence. On parle de '' licence '' (simple autorisation) lorsque
le preneur n'a pas un droit exclusif de possession, mais simplement
l'usage dans un but déterminé de l'objet qui lui est remis. Le '' licensee ''
n'a dans ce cas, aucun droit réel; son droit est précaire; il est suspendu
par l'aliénation des objets remis à bail. Le locataire d'une chambre, ou
l'usager d'un garage public, par exemple, est un '' licensee '' sans droit
réel. Le preneur en vertu d'une '' lease '' constituée en '' legal estate ''
possède par contre un droit réel; son droit ne pourra être ni annulé ni
restreint par un acte de disposition du bailleur, fut-ce même par la vente
de l'objet du contrat. C'est cet élément réel du contrat de bail, élément
qui se retrouve à peu de chose près dans le contrat de bail et de fermage
continental, qui explique que le contrat de bail soit rangé par la juris-

prudence et la doctrine dans le droit des choses malgré son caractère dominant d'obligation.

L'ayant droit d'un " term of years absolute" possède un "legal estate" (L. P. A., 1925, s. 1 (1)). Pour être considéré comme un " legal estate ", le " term of years " n'a pas besoin d'être " in possession "; il peut entrer effectivement en vigueur postérieurement, mais au plus tard dans les vingt et un ans de la conclusion du contrat (L. P. A., 1925, s. 149 (2) (3)). Il est " déterminé " (absolute) dès que le moment de son entrée en vigueur et celui de son extinction ont été exactement spécifiés, même s'il peut être dissous par la réalisation d'une condition résolutoire avant le terme fixé. La durée du contrat peut être librement fixée à plusieurs années ou à une fraction d'année (L. P. A., 1925, s. 205 (XXVIII)).

A l'expiration du contrat, le bailleur est réintégré dans toute l'étendue de son droit. Son droit au rétablissement de l'état primitif de l'" estate " — droit qui subsiste pendant toute la durée du bail — est appelé " leasehold reversion " ou simplement ,, reversion ", bien que l'on ne se trouve pas en présence d'un droit de retour proprement dit (Cf. p. 126). Les effets de ce droit de ,, reversion " peuvent être suspendus à volonté par la conclusion d'un nouveau bail destiné à entrer en vigueur au moment de l'extinction du premier bail. La " reversion " comprend aussi le droit aux loyers et le droit de rétention.

Il convient de distinguer entre le contrat de bail entrant postérieurement en vigueur et la promesse de conclure éventuellement plus tard un tel contrat. Cette promesse ne crée aucun droit réel, ni présent, ni futur. Elle constitue un simple " agreement " qui ne pourra être assimilé à un contrat de bail que si l'exécution de la promesse peut être requise par le juge (L. P. A., 1925, s. 146 (5)). Le bailleur est libre entre temps de disposer de l'immeuble en s'exposant tout au plus à une demande de dommages-intérêts.

II. Différents contrats de bail. On distingue selon leur durée les " leases for a term of years ", les " leases from year to year ", les " estates at will " et les " estates by sufferance ".

1º *Lease for a term of years* (droit temporaire). — La durée du contrat est déterminée dès le début. Le contrat prend fin automatiquement à l'échéance du temps pour lequel il a été conclu; il ne prévoit pas de congé. La durée du contrat est généralement déterminée par la nature de l'objet donné à bail et l'utilisation qui en est prévue. Lorsque des immeubles doivent être construits sur le terrain loué (building lease, bail de construction), la durée du bail est généralement fixée à 99 ans, ou aussi, récemment, à 80 ans. S'agit-il d'une mine à exploiter (mining lease) le contrat prend fin habituellement après 60 ans. Le bail à ferme agricole ne dure souvent que quelques années.

L'étranger qui arrive à Londres, est étonné d'apprendre que la plupart des maisons de commerce, des hôtels, et même des maisons privées construites à grands frais, n'appartiennent pas aux grandes entreprises ou aux particuliers qui les ont élevés, qui s'y livrent à leur commerce, ou qui y demeurent, mais que ces bâtiments ont été édifiés sur des terrains appartenant à des tiers, avec l'assentiment de ceux-ci, et qu'après l'expiration d'un temps déterminé l'immeuble entier échoit au propriétaire du terrain sans paiement d'une indemnité.

Voici comment s'exprime à ce sujet, Karl Breul dans son excellent ouvrage : *Land und Leute in England* (4e éd., 1926, Langenscheidt) : « Les " building leases " sont souvent à la base de fortunes colossales; c'est ainsi que dans le Westend de Londres des quartiers entiers appartiennent au duc de Westminster et au duc de Bedford. Celui qui possède du terrain (freehold estate) dans le voisinage immédiat d'une ville et le loue pour une longue durée (généralement pour 99 ans) et contre un petit loyer, mais à la condition que le preneur ne construise que des maisons d'un type déterminé, les entretienne soigneusement et les restitue à l'extinction du bail, recevra en retour après quatre-vingt-dix-neuf ans non seulement son terrain, mais aussi les maisons qui y ont été construites. Entre temps, la ville s'est peut-être agrandie de tous côtés et le site qui appartenait peut-être à la campagne ou en tout cas à la banlieue, s'est trouvé rapproché du centre de la ville et a acquis de ce fait une nouvelle valeur. On désigne les maisons construites dans ces conditions par l'expression de " leaseholds ", et l'on comprend sous celle de " ground rents " le droit de retour et le droit au paiement du loyer (ground rent). Ces conditions de propriété ont contribué à empêcher en Angleterre la construction de gigantesques immeubles de rapport et ont répandu le type de la maison familiale; il faut par contre ajouter que c'est à ce système excellent en soi qu'on doit la construction légère des maisons d'habitation anglaises. On comprend facilement de quel prix est la possession simultanée d'une habitation et du terrain sur laquelle elle est construite, (nommée parfois en bloc freehold property); aussi a-t-on souvent, mais sans succès, essayé récemment au Parlement de transformer les conditions de la location d'immeubles en permettant au constructeur locataire d'acquérir la propriété complète du terrain et de l'édifice " ».

2o *Lease from year to year (tenure par bail annuel)*. — La durée du bail est fixée à une année. S'il n'est pas résilié dans un délai convenable, le bail est prolongé d'une année aux mêmes conditions. Contrairement à ce qui se passe pour le bail temporaire, il reste en vigueur même après la fin de l'année déterminée par le contrat.

La " lease for a term of years " qui est prolongée par tacite reconduction après le terme fixé devient alors une " lease from year to year " qui peut être résiliée aux mêmes conditions et qui est soumise aux mêmes règles qu'une " lease from year to year " ordinaire (le preneur continue à payer le loyer dû, le bailleur l'accepte sans restrictions).

3º *Estate at will (tenure à volonté)*. — La durée du bail est ici librement déterminée par les parties. Elle n'est pas fixée à l'avance et le droit de résilier n'est pas limité à certaines époques et à l'observation de certains délais. Le bailleur aussi bien que le preneur peuvent en tout temps résilier le bail par simple avis et en observant un délai bref et convenable. Un " estate at will " peut également être résilié par des manifestations de volonté probantes (le bailleur a de nouveau la jouissance de l'immeuble, ou le preneur cherche à céder son droit à des tiers).

Il y a " estate at will " lorsque par exemple l'acheteur d'une maison s'y installe avant l'acquisition ou lorsque le preneur reste avec l'assentiment du propriétaire en possession de l'objet du bail après l'extinction d'un bail temporaire, ou lorsque le contrat de bail contient des vices de forme (L. P. A., 1925, s. 54 (1)).

4º *Estate by (ou at) sufferance (tenure précaire)*. — L' " estate by sufferance " naît lorsqu'une personne, mise en possession d'un immeuble en vertu d'un titre de propriété valable, reste en possession même après que le titre a cessé d'être valable. Le cas se présente lorsqu'aucun accord n'est conclu à l'extinction d'un bail de durée déterminée ou lorsqu'un preneur « pour autre vie » ne rend pas l'immeuble au décès du tiers, et le conserve au contraire en sa possession. C'est une possession précaire, de pur fait et non de droit, à laquelle il peut être mis un terme sans congé préalable. Elle se distingue de la prise de possession par un tiers par le fait que le preneur ne peut pas être l'objet d'une action pour " trespass ". La tenure précaire est inaliénable.

III. **Formes du contrat de bail, conséquences d'un vice de forme.** Le contrat de bail doit être constitué par un " deed " (L. P. A., 1925, s. 52 (1)). Un " deed " est un contrat scellé; s'il a été établi après le 31 décembre 1925 il doit en outre avoir été signé (L. P. A., 1925, s. 73(1)). Une entente verbale suffit pour les baux dont la durée ne dépasse pas trois ans et dont le loyer est normal, (L. P. A., 1925, s. 54 (2)). C'est ainsi que la "lease from year to year", qui est passée principalement pour des habitations, peut être orale même lorsque sa durée est prolongée par tacite reconduction au delà de trois ans.

Les conditions de forme ne sont pas observées lorsque le bail au lieu d'être l'objet d'un contrat scellé et signé, n'est qu'oral. Un simple " estate at will " naît alors au lieu d'un droit de tenure par bail (L. P. A., 1925, s. 54 (1)). Le contrat est valable par contre lorsque sans être conclu sous forme de " deed " il revêt cependant la forme écrite; mais le preneur n'obtient qu'un " equitable interest " au lieu d'un " legal estate ". Son droit subit les conséquences des actes juridiques passés par le bailleur et qui concernent l'immeuble loué; il doit céder la place à un " legal estate " acquis de bonne foi et contre " valuable consideration " (Cf. p. 133, 196).

Il est admis par contre que lorsque l'immeuble est en la possession d'un tiers autre que celui qui en dispose l'acquéreur est censé avoir eu connaissance du droit du possesseur; l'acquéreur est dans ce cas présumé être de mauvaise foi. Les droits du possesseur ne sont alors pas atteints par l'acquisition du " legal estate " (L. P. A., 1925, s. 14; L. R. A., 1925, s. 70 (1) (g)), de telle sorte que le preneur se trouve en vertu de son „ equitable interest " généralement et malgré le vice de forme dans la même situation que l'acquéreur d'un " legal estate ".

Exemple : A, propriétaire (freeholder) d'un immeuble l'a loué à B. Le contrat de bail est écrit sans être scellé. Le preneur B qui a pris possession de l'immeuble n'obtient donc par suite du vice de forme qu'un " équitable interest " (au lieu d'un " legal estate "). Postérieurement, mais pendant la durée du bail, A propriétaire vend l'immeuble à C tiers acquéreur. En vertu de la présomption légale qui interdit toute preuve contraire, C est censé connaître le bail et les droits du preneur B, de telle sorte que le contrat subsiste à l'égard de C, bien que fondé sur un simple " equitable interest " et comme s'il n'y avait pas eu aliénation. Mais si le preneur B n'est pas en possession de fait de l'immeuble (il ne l'a pas encore occupé par ex.) C l'acquéreur n'est pas lié par le contrat de bail.

Le droit anglais ne fait pas comme le droit continental une distinction bien tranchée entre le louage et le fermage. L' " agreement to let " doit être rédigé par écrit et signé par les parties contractantes même lorsqu'il est fait pour une durée inférieure à trois ans. L'inobservation de ces conditions de forme enlève tout droit à une action civile (L. P. A., 1925, s. 40 (1)).

IV. **Obligations du bailleur (lessor).** — 1º *Obligation d'assurer la jouissance paisible* (*quiet enjoyment*). — En passant un contrat de bail, le bailleur s'engage tacitement à ne pas troubler le preneur dans sa jouissance. Cet engagement lie le bailleur personnellement ainsi que ses successeurs juridiques aussi longtemps qu'existent leurs droits sur l'immeuble, mais non pas les tiers qui font état d'un droit préférable sur l'immeuble. Il ne concède pas une garantie juridique; il n'est qu'une obligation du bailleur de ne pas troubler matériellement, physiquement (ni même par tapage, p. ex.) la possession du preneur. La violation de cette obligation donne droit à des dommages-intérêts.

2º *Garantie de convenance (warranty for fitness).* — Le bailleur n'est pas tenu dans la règle de délivrer l'immeuble dans l'état approprié à l'usage pour lequel il a été loué. Le risque, particulièrement grand dans le cas d'une " mining lease ", est à la charge du preneur. Celui-ci n'a pas le droit de se départir du contrat, même lorsque l'immeuble loué n'est pas du tout approprié au but recherché, lorsque par exemple une maison est absolument insalubre. Une exception à cette règle est faite pour les habitations, à Londres, dont le loyer ne dépasse pas la somme de 40 £, les maisons meublées et les habitations ouvrières (W. C. A., 1890, s. 75; H. A., 1925, s. 1). Lorsque dans ces cas, l'habitation est inhabitable, le preneur a le droit de résilier immédiatement le contrat et de réclamer des dommages-intérêts.

V. Obligations du preneur (lessee). — 1º *Transformations de l'immeuble (waste).* — Toute transformation de l'immeuble qui n'est pas une simple réparation est un " waste ". Elle peut résulter du manque d'entretien ou être le fait du preneur, " permissive " ou " voluntary waste ". Lorsque le preneur augmente par une transformation la valeur de l'immeuble, on parle d'un " ameliorating waste ". Lorsque le " waste" résulte par contre de l'usage abusif, assimilable à une détérioration dolosive, du preneur, on se trouve en présence d'un " equitable waste ", les autres " wastes " étant des " legal wastes ".

On assimile à un " voluntary waste " toute coupe de chênes, de frênes et d'ormes (ces différentes essences étant réunies dans l'expression générique de " timber " (bois de charpente)), la coupe d'autres essences faite d'une manière irrationnelle, les modifications apportées aux constructions, les changements opérés dans l'exploitation des domaines agricoles ou l'ouverture de nouvelles mines (opening new mines). Il y a " permissive waste " en cas d'entretien des bâtiments insuffisant au point qu'ils tombent en ruines, ou lorsque le fermier fait paître le bétail dans les jeunes plantations et en provoque ainsi la destruction. Est assimilé au " permissive waste " en général tout dommage qui résulte de la négligence du preneur. Celui-ci est tenu de gérer l'immeuble ,, comme un époux " (husbandlike). Toute inobservation par négligence de cette règle est un " permissive waste ". La démolition sans motif d'une maison ou la coupe de bois vert qui ne peut encore servir pour la charpente par exemple constitue un " equitable waste ".

Toute transformation est en principe interdite (impeachment for waste) et le preneur temporaire est responsable dans tous les cas. Il est obligé de rendre l'immeuble dans l'état dans lequel il l'a reçu et doit une indemnité pour toutes les transformations intervenues; le " lessee from year to year " n'est par contre pas responsable pour un " permissive waste "; le " tenant at will " est exonéré même pour le " voluntary waste "; il perd cependant son droit à la jouissance de l'immeuble et s'expose à une action possessoire (pour trespass). Le " legal waste " peut être autorisé mais non les transformations faites de mauvaise foi. Mais le preneur qui se rend coupable d' " equitable waste " (transformation faite de mauvaise foi) est responsable du dommage qui en résulte, même lorsque des transformations ont été expressément autorisées. Il ne peut être exonéré de cette responsabilité (Cf. L. P. A., 1925, s. 135). Le bailleur n'a pas d'action, par contre, à raison d'un " ameliorating waste ". Le bailleur est même tenu à une indemnité (compensation) vis-à-vis du fermier qui a amélioré dans certaines conditions une exploitation agricole (A. H. A., 1923, s. 1). Le bailleur peut transformer cette indemnité en une charge foncière sur l'immeuble (A. H. A., 1923, s. 20).

2º *Réparations* (*repairs*). — L'obligation d'entretien est soumise aux mêmes règles que le " waste ". Elle pèse en première ligne sur le preneur temporaire, qui doit entretenir les objets reçus en bon état et entreprendre à ses frais toutes les réparations nécessaires. Le preneur annuel n'est obligé qu'aux petites réparations (remplacement d'une vitre cassée ou d'une clef perdue, etc.); il ne peut être tenu à faire faire par exemple, une nouvelle toiture. Le bailleur n'est obligé d'entreprendre les réparations nécessaires que lorsqu'il s'agit de petites habitations ou de maisons ouvrières.

Lorsque le preneur néglige ses obligations, le bailleur le somme par écrit d'effectuer les réparations nécessaires . Le preneur qui estime que celles-ci dépassent ses obligations peut s'adresser au juge qui peut l'en libérer totalement ou partiellement (relief) en tenant compte de la durée du bail (L. P. A., 1925, s. 147) (1). Cette libération est exclue lorsque les bâtiments menacent ruine ou lorsque l'immeuble est insalubre.

VI. **Droits du bailleur (lessor).** — 1º *Loyer* (*rent*). — On ne peut exiger du preneur un loyer que lorsque celui-ci, — ce qui est naturellement la règle, — a été stipulé. Le bailleur peut opérer une saisie (distress) pour les paiements arriérés. Le droit au loyer et à la saisie fait partie du droit de retour et se transmet aux héritiers avec lui (L. P. A., 1925,

s. 141). Lorsque le droit de retour échoit par héritage à plusieurs héritiers, chaque héritier a un droit proportionnel au loyer, et à la saisie en cas de non-paiement de celui-ci.

Le loyer est payable aux époques stipulées par le bail ou conformément à l'usage; à défaut d'entente sur ce point ou d'usage, aux époques usuelles d'échéances de l'endroit.

Le montant du loyer est doublé lorsqu'un " lessee for years " (preneur à temps) n'abandonne pas l'immeuble malgré l'expiration de la durée du bail et après sommation écrite, ou lorsqu'un preneur, après avoir donné congé, ne quitte pas l'immeuble au jour qu'il a lui-même fixé.

2º *Droit de saisie* (distress). — Dès qu'il y a demeure du preneur dans le paiement du loyer, le bailleur qui possède en même temps le droit de retour peut opérer une saisie pour le loyer non payé pendant les six dernières années (R. L. P. A., 1833, s. 42). Le bailleur d'une exploitation agricole ne peut saisir que pour le loyer de la dernière année (A. H. A., 1923, s. 34) : la saisie contre le preneur failli ne peut s'élever qu'au loyer des 6 mois qui précèdent la faillite (B. A., 1914, s. 35 (1)). La créance personnelle contre le débiteur du loyer comprend cependant même dans ces deux cas, le montant total des loyers encore dus pour les six années précédentes. Il ne suffit pas que le loyer soit échu; il faut encore que le preneur soit en demeure.

Le bailleur a dans tous ces cas, le droit de saisir tous les biens meubles (goods and chattels) appartenant au débiteur et qui se trouvent sur l'immeuble. En sont exceptés :

a) Les objets appartenant aux sous-locataires ou aux logeurs (lodgers) qui ont satisfait à leurs obligations;

b) Les objets qui, bien qu'en possession du débiteur, lui ont été confiés à raison de son industrie (un cheval chez le maréchal-ferrant, une montre chez l'horloger);

c) Les " fixtures ", c'est-à-dire les immeubles par destination;

d) Les vêtements et les lits du débiteur et de sa famille, de même que ses outils de travail, pour autant que la valeur de ces objets ne dépasse pas 5 £, ainsi que les objets que le débiteur utilise au moment de la saisie (le cheval qu'il monte);

e) D'autres objets qui ont été soustraits à la saisie en vertu de différentes mesures législatives spéciales par exemple : le matériel roulant d'un chemin de fer, les machines qui ne sont pas la propriété du débiteur et qui lui ont été livrées pour la confection d'objets en laine ou en soie, ou les machines utilisées dans une exploitation agricole et n'appartenant pas au preneur;

f) Les espèces (loose money, because it cannot be identified').

La saisie doit être effectuée sur l'immeuble pour lequel le loyer est dû. Peuvent exceptionnellement être saisis ailleurs le bétail du preneur qui se trouve sur un pâturage étranger et les objets soustraits furtivement à la saisie. Le bailleur a le droit de pénétrer sur l'immeuble pour effectuer la saisie, sans pouvoir cependant briser ou ouvrir par la violence des portes ou des fenêtres fermées. Il doit, la saisie une fois effectuée, dresser un inventaire des objets saisis et le communiquer au preneur.

Les objets saisis doivent être vendus aux meilleures conditions; cette vente peut avoir lieu au plus tôt cinq jours après l'annonce de la saisie; elle peut être reculée de dix jours à la demande du débiteur si ce dernier fournit des sûretés pour les frais résultant du renvoi.

3º *Résiliation prématurée du contrat (re-entry).* — L'existence du contrat de bail est généralement soumise à des clauses (covenants) et à des conditions (conditions) très strictes. Le preneur qui viole les unes ou les autres, autorise, par là même, le bailleur à résilier le contrat et à reprendre possession de l'immeuble (re-entry).

a) Covenants et conditions. On appelle " covenants " une clause du contrat dont la violation permet au bailleur de rompre ce contrat. Le bailleur acquiert ainsi le droit de résilier le bail et de rentrer à sa convenance en possession de l'immeuble. Le contrat devient de lui-même caduc lorsqu'une " condition " est violée. Le bailleur peut alors sans déclaration préalable reprendre la possession de l'immeuble.

b) Covenants running with the land. Il est possible, malgré la nature d'obligation du contrat de bail dont l'accomplissement ne peut être exigé que des parties contractantes et non de tiers intervenus postérieurement au contrat, de transférer les droits et les obligations résultant du contrat à des tiers sans l'autorisation de l'autre partie, le bailleur en transférant son droit de retour, le preneur, son droit de gage. Tous les droits résultant de contrats immobiliers qui réduisent l'usage de l'immeuble ou qui mettent à la charge du preneur certaines obligations sont censés être souscrits par le bailleur dans son intérêt comme dans celui de ses successeurs juridiques (L. P. A., 1925, ss. 78, 41); toutes les obligations relatives à l'immeuble loué auxquelles se soumet le preneur, obligent aussi ses successeurs (L. P. A., 1925, s. 79). Tout successeur juridique d'un bailleur peut invoquer les clauses et les stipulations imposées par son prédécesseur, même s'il partage le droit de retour avec d'autres propriétaires (L. P. A., 1925, s. 140 (1)).

c) Résiliation du contrat et libération (re-entry) et relief). Le bailleur peut résilier le contrat et reprendre possession de l'objet donné à bail lorsque le preneur viole une clause ou une condition du contrat. Ce droit (right of re-entry), doit être expressément stipulé; pour l'exercer, le bailleur ou son représentant se rend sur l'immeuble ou fait évincer le preneur. On peut également stipuler un droit de reprise de possession en faveur d'un tiers (L. P. A., 1925, s. 4 (3)).

Le bailleur doit, avant d'exercer ce droit, réclamer directement au preneur, en indiquant exactement la violation invoquée, la réparation de celle-ci et des dommages-intérêts proportionnés. Ce n'est qu'après que le preneur n'a pas satisfait à cette injonction dans un délai convenable que le bailleur peut le faire évincer. Le preneur a même alors encore le droit de demander au juge la libération (relief) des conséquences attachées à la rupture du contrat. Le juge appréciant librement peut accéder à cette demande à certaines conditions (L. P. A., 1925, s. 146 (1) (2)).

Le non-paiement du loyer donne le droit de " re-entry ", mais le propriétaire doit préalablement avoir mis en demeure le preneur de s'acquitter. La " re-entry " est souvent aussi prévue conventionnellement pour le cas où il serait passé outre à l'interdiction d'aliéner le droit de tenure par bail (assignement) ou à celle de sous-louer sans l'autorisation du bailleur. Mais cette dernière autorisation ne doit pas être arbitrairement refusée ou être liée au paiement d'une indemnité (fine) à moins que le contraire ne résulte du contrat (L. P. A., 1925, s. 144).

On peut renoncer au droit de " re-entry "; la renonciation est alors appelée " waiver " et ne s'applique qu'à une violation déterminée du contrat sans qu'elle puisse autoriser l'inobservation de tous les termes de celui-ci. C'est ainsi que toute violation nouvelle et postérieure du contrat crée un nouveau droit de " re-entry " (L. P. A., 1925, s. 148). L'exercice en peut être cédé à un tiers qui procède alors en lieu et place du bailleur contre le preneur (L. P. A., 1925), s. 141 (3)).

d) Autorisation du bailleur (licence). Le droit de " re-entry " est exclu lorsque le bailleur autorise formellement l'inobservation d'une stipulation du contrat par le preneur, lui donnant son autorisation expresse (licence). Cette autorisation ne s'applique qu'à la seule action ou omission pour laquelle elle est donnée, et pour cette seule fois. Elle n'empêche donc pas le bailleur de faire valoir son droit de " re-entry " à l'occasion d'une nouvelle violation de contrat. Toutes les autres stipulations contractuelles restent en vigueur comme si aucune autorisation contraire n'avait été donnée. Dans le cas où il y a plusieurs preneurs ou dans le cas où l'autorisation ne s'applique qu'à une partie de l'immeuble qui fait l'objet du bail, l'autorisation ne profite qu'aux personnes auxquelles elle a été accordée et que pour la partie de l'immeuble pour laquelle elle a été stipulée (L. P. A., 1925, s. 143).

VII. Droits du preneur (lessee)). — 1º *Le droit aux emblavures* (emblements). — On désigne sous ce nom, le droit du preneur aux fruits pendants dus à ses soins. Lorsque le bail prend fin entre les semailles et la moisson, le preneur ne peut récolter ce qu'il a semé que si ce droit lui a été réservé conventionnellement ou s'il résulte de l'usage local. Ce droit est remplacé en matière de fermage par le droit du fermier de résilier chaque année courante du bail pour la fin de l'année suivante (A. H. A., 1923, s. 24) : le preneur dont le bail s'éteint entre les semailles et la moisson a habituellement le droit de pénétrer, postérieurement à l'extinction de son droit de tenure par bail, sur les champs et de récolter ce qu'il a semé, à condition toutefois que le contrat de bail soit arrivé à terme prématurément et sans sa faute (décès d'une des deux parties contractantes, soit que la durée du bail ait été déterminée ou qu'il se termine au décès de l'une des parties).

2º *Le droit sur les " estovers ".* — Le preneur a le droit de couper le bois nécessaire à la réparation et au chauffage de la maison (house- and firebote) construite sur l'immeuble, à la confection d'outils agricoles (ploughbote) et à l'entretien des clôtures et des barrières (hay- bote).

VIII. Aliénation du droit de retour et sous-location (under- lease). — 1º *Aliénation du droit de retour (reversion).* — Le bailleur peut en tout temps aliéner tous les droits qu'il possède sur l'immeuble ainsi que son droit de louer (reversion, cf. p. 137). L'acquéreur du droit de retour est simplement substitué à l'aliénateur à l'égard du preneur; il devient à son tour bailleur et partie au contrat sans que l'autorisation du preneur soit nécessaire (attornment) (L. P. A., 1925, s. 151). Le changement dans les parties contractantes s'opère en vertu du seul transfert de droit et sans la participation du preneur. Lorsque le droit de retour échoit à plusieurs propriétaires (severance) (par héritage par ex.), chaque propriétaire a droit à une fraction du loyer et peut réclamer l'exécution du contrat, de ses clauses et de ses conditions. Tous les autres bénéficiaires du retour ont un droit de saisie (distress) et de résiliation (re-entry). Le bailleur perd en aliénant son droit de retour les droits correspondant au loyer échu à ce moment, ainsi que tous les droits résultant des violations du contrat antérieures à l'aliénation.

Le bailleur peut, au lieu d'aliéner son droit de retour, en faire l'objet d'un nouveau bail. Le " preneur " du droit de retour a alors droit au loyer tandis que le bailleur conserve le droit de retour proprement dit et par conséquent celui de " re-entry " ou de " distress " pour autant que ceux-ci existent déjà.

2° *Aliénation du droit de tenure par bail et sous-location.* — Le preneur peut aliéner (assignment) son droit de tenure ou sous-louer, si le contraire ne résulte pas des termes du contrat.

a) *Aliénation* (assignment). Dans le cas d'une aliénation, le preneur transmet l'intégralité de ses droits à un tiers. Le tiers, l' " assignee ", intervient dans le contrat passé entre le bailleur et le preneur aux côtés de ce dernier qui reste responsable de l'exécution du contrat en tant que contractant primitif. Le bailleur conserve tant à l'égard du preneur primitif que de l' " assignee " tous les droits qui résultent pour lui du bail. Le tiers peut se soustraire à cette responsabilité en cédant plus loin ses droits. Il se libère alors de toutes ses obligations à l'égard du bailleur puisqu'il ne lui est lié ni par des liens contractuels directs (privity of contract), ni par les rapports qui pourraient naître de droits communs sur une propriété commune (privity of estate). L' " assignee " peut par contre exercer à l'égard du bailleur tous les droits qui résultent du bail. Les ayants-droit du bailleur, les acquéreurs du droit de retour sont obligés à l'égard de l' " assignee " au même titre que le bailleur.

b) *Sous-location* (underlease). On appelle sous-location (underlease), le fait pour le preneur de céder non pas la totalité mais une partie seulement de ses droits. Le sous-locataire n'est pas substitué au preneur qui est lui-même sous-bailleur, mais il est lié avec lui par un sous-contrat.

Il n'y a point de lien de droit entre le sous-locataire et le bailleur qui ne connaît que le preneur. Lorsque le contrat de bail est violé par un sous-locataire, le bailleur peut se retourner contre le preneur qui est responsable.

IX. Fin du bail. — 1° *Terme.* — Un bail temporaire (lease for years) prend fin de lui-même au terme de la durée pour laquelle il a été conclu.

2° *Résiliation.* — Un bail annuel (lease from year to year) doit être résilié; le bailleur, le preneur et leurs successeurs juridiques ont tous le droit de résilier. Le délai de résiliation est de six mois (un an pour les exploitations agricoles) (A. H. A., 1923. ss. 23, 25). Lorsque le droit de retour est partagé entre plusieurs personnes (à la suite d'une succession par ex.), et qu'une seule de ces personnes résilie de telle sorte que sa résiliation ne s'étende qu'à une partie de l'immeuble, le preneur a le droit de résilier pour le prochain terme et pour l'ensemble de la location dans le mois qui suit la réception par lui de l'avis de résiliation partielle (L. P.. A. 1925, s. 140 (2); A. H. A., 1923, s. 27).

La tenure à volonté (tenancy at will) ne comporte pas de délai de résiliation déterminé ; ce délai est court mais doit être convenable.

3º *Fin du bail par confusion (merger).* — Le bail prend fin lorsque le bailleur acquiert le droit de tenure par bail ou que le preneur acquiert le droit de retour (par héritage par ex.). Les deux droits sont confondus et le droit du bailleur renaît dans son état antérieur.

4º *Confiscation (forfeiture).* — Le preneur perd son droit lorsque le bailleur fait usage de son droit de " re-entry ". Cette confiscation (forfeiture) met prématurément fin au bail.

5º *Restitution (surrender).* — Lorsqu'en prévision de la création d'un nouveau contrat de bail le preneur rend son droit de tenure au bailleur avant le terme prévu au contrat, on parle de " surrender ". Cette renonciation a pour but d'amener le bailleur à concéder au preneur un nouveau bail.

CHAPITRE IV

DROITS RÉELS LIMITÉS

Incorporeal hereditaments.

II. Stephen : p. 219-254. — Jenks : ss. 1187-1279; 1294-1300. — Law of Property Act. 1925 (L. P. A., 1925).

I. Concept. Un droit immobilier limité (incorporeal hereditament) ne légitime ni la possession ni la propriété d'un immeuble mais donne au bénéficiaire le droit d'utilisation et de jouissance spéciale et déterminée de l'immeuble appartenant à une autre personne (droit à l'eau, au passage, au pacage, etc.). Ces droits réels limités s'opposent ainsi au droit illimité du propriétaire ou du possesseur qui peut disposer de son immeuble dans les limites de l'ordre public.

Les droits réels limités sont des droits présents tandis que les " reversions " et les " remainders " ne donnent qu'un droit futur à la possession ou à la propriété de l'immeuble. Ils se distinguent de la simple autorisation (licence) par laquelle le propriétaire autorise un tiers à faire un usage déterminé de son immeuble, cette autorisation étant purement personnnelle, révocable et non transmissible; elle ne peut donc être utilisée que par la personne à laquelle elle a été concédée et qu'à l'égard de la personne qui l'a accordée. Le droit réel limité par contre est un droit essentiellement réel, donc opposable aux tiers, et donne même à l'égard de ceux-ci les actions possessoires.

II. Règles générales. On ne peut créer des droits réels limités que selon les types déterminés existants, à l'exclusion de nouveaux; leur nombre est limité; ils créent toujours des droits sur les immeubles et les biens fonds appartenant à des tiers. Le droit anglais ne connaît pas de droits réels limités sur l'immeuble propre; c'est ainsi que tout droit de passage sur lui s'éteint par sa vente. Le transfert de la propriété du sol entraîne celui de tous les autres droits du propriétaire aussi longtemps que ceux-ci ne sont pas réservés (L. P. A., 1925, s. 62).

Le propriétaire du fonds servant (servient tenement) n'est, dans la règle, pas obligé par un droit réel limité à faire quelque chose, mais seulement à subir et à permettre quelque chose. C'est ainsi que le propriétaire d'un fonds grevé d'un droit de passage n'est pas tenu d'entretenir le passage. Les rentes foncières constituent une exception, le propriétaire du fonds servant étant personnellement responsable.

Les droits réels limités sont " appendant " lorsqu'ils proviennent des anciens droits des villageois sur les terres communes et par conséquent du droit commun; " appurtenant " lorsqu'ils ont été créés expressément par le propriétaire de l'immeuble et grèvent ses propres immeubles au profit de tiers. L'exercice du droit réel limité est, — dans les deux cas — lié à la possession du fonds dominant (dominant tenement). Un droit semblable ne peut être détaché de la possession du fonds dominant et transformé en droit personnel en faveur d'une personne déterminée qu'avec l'assentiment du propriétaire du fonds servant. Les " incorporeal hereditaments appurtenant " constituent la catégorie de droits réels limités la plus importante, tout droit nouveau étant créé non au profit du propriétaire mais en faveur du fonds à la possession duquel est lié l'exercice du droit (L. P. A., 1925, s. 187 (1)). A côté de ces droits, dont l'exercice est lié à la possession d'un immeuble, le droit anglais connaît encore les droits " in gross " qui appartiennent personnellement et indépendamment de la possession d'un immeuble à l'ayant-droit.

Le droit réel limité est assimilé à un " legal estate " lorsque l'ayant droit a des droits analogues à ceux d'un propriétaire d'un " legal estate " et si surtout ses droits sont de durée illimitée. Si tel n'est pas le cas, le droit réel limité n'est reconnu qu'en équité (L. P. A., 1925, ss. (1) (2) (a) (b) (3), 4 (1)) et soumis à tous les inconvénients d'un " equitable interest " (Cf. p. 171, 195).

III. Différentes espèces de droits réels limités. — 1° *Easements* (servitudes). — Un " easement " donne au propriétaire du fonds dominant le droit de faire un usage déterminé du fonds servant ou d'exiger du propriétaire de ce fonds un exercice déterminé de ses droits de propriété. La substance du fonds servant ne doit cependant pas être atteinte.

a) *Droits de passage (rights of way)*. Le droit de passage peut être superficiel ou souterrain (dans les mines par ex.). Dans le deuxième cas on parle de " way-leave " et le passage peut être aussi bien vertical qu'horizontal. L'étendue du droit de passage est déterminé par l'intention des parties au moment de la création du droit ou par l'usage dans le cas où la servitude a été acquise par prescription. En cas de doute, le propriétaire du fonds servant n'est pas obligé d'entretenir le passage; il doit par contre tolérer les travaux d'entretien entrepris par l'ayant-droit. Le " cart way " est un passage qui peut être utilisé avec des véhicules tirés par des animaux tandis que le " bridle " ou " drift way " ne donne droit de passage qu'aux bestiaux. Le " foot way " enfin n'est ouvert qu'aux piétons.

b) *Servitudes d'eau* (watercourses or easements of water) : les servitudes d'eau comprennent le droit de puiser l'eau, le droit à la réception et à l'écoulement ininterrompus de l'eau, le droit de faire écouler l'eau par des canaux et des tuyaux. Dans ce dernier cas, l'ayant-droit peut pénétrer dans le fonds servant pour entreprendre des réparations à la conduite.

c) *Droits à la lumière* (ancient lights). Le droit à la lumière est le droit au libre accès de la lumière aux fenêtres. Il ne disparaît pas lorsque l'immeuble construit sur le fonds dominant est démoli pour faire place à un nouvel immeuble. Le droit à la lumière ne donne pas un droit à la vue mais seulement à la lumière normalement nécessaire à l'existence. Il n'est pas violé aussi longtemps que le fonds dominant reçoit assez de lumière.

d) *Autres servitudes*. Il existe encore d'autres " easements " (droit d'étayer un bâtiment sur un terrain ou sur une construction sous-jacents ou adjacents, droit de déposer des objets mobiliers sur la propriété de tiers, droit de faire saillie sur la propriété voisine, par ex.).

2º *"Profits à prendre"*. — Un «profit» donne au propriétaire du fonds dominant le droit de prendre d'une manière déterminée certains matériaux (herbe ou tourbe) tirés du fonds servant. C'est un droit de jouissance de la propriété d'un tiers. Les «profits» peuvent comprendre l'herbe, tous les fruits sauvages, les minéraux, le gibier et le poisson, le bois; sont par contre exclues les récoltes dues au travail de l'homme.

a) *Droits de pacage* (rights of pasture). Le droit de pacage peut être créé au profit d'une seule personne (several pasture) ou exercé en commun avec le propriétaire du fonds servant ou des tiers (common of pasture). Dans ce cas il peut s'appliquer à un nombre limité des bêtes (stinted common) ou à un nombre illimité de bêtes (common sans nombre). Lorsqu'un «common sans nombre» est lié à la possession d'un fonds déterminé (appendant ou appurtenant), il ne s'exerce qu'au profit du nombre de bêtes pouvant être entretenues pendant l'hiver sur le fonds dominant (beast couchant and levant).

b) *Droits de pêche* (fishery). On appelle " several fishery " le droit de pêche exclusif dans les eaux privées, c'est-à-dire les eaux non influen-

cées par la marée. On parle de „ common of piscary '' lorsque le « profit »
est partagé avec le propriétaire du cours d'eau ou des tiers. Le droit de
pêche ne se perd pas lorsque le cours d'eau déplace peu à peu son lit.

c) *Droit de chasse* (game). On appelle „ game '' le droit de chasser sur
le fonds d'autrui. Ce droit comprend à côté de la chasse ordinaire la
chasse au faucon, aux oiseaux, à courre, etc. Il est limité par le droit
du possesseur du fonds servant de tuer le jeune gibier et de cultiver le
sol même si le gibier devait en souffrir. Lorsque le fonds servant devient
artificiellement si giboyeux que les cultures en souffrent dans une trop
grande mesure, le possesseur a le droit de détruire le gibier en excès.

d) *Autres droits.* Il existe encore d'autres « profits » : le droit de " pan-
nage '' qui permet de mener les moutons ou les porcs ramasser les fruits
des forêts, le droit de parquer des moutons sur le fonds dominant (fol-
dage), le droit d'extraire des minéraux, de tirer de la tourbe (turbary)
et celui de prélever le bois nécessaire aux besoins du fonds dominant
(estovers).

3° " *Franchises* ''. — La Couronne a autrefois remis l'exploitation de
ses privilèges à certains de ses sujets. Ces privilèges particuliers existent
encore aujourd'hui. On les appelle " franchises ''. Une " franchise '' ne
peut être créée que par la Couronne et elle lui revient en cas d'abus ou
de non-usage.

a) *Foire et marché* (fair and market). Le droit de tenir une foire ou un
marché dans un rayon déterminé peut être concédé à un particulier qui
a le droit de percevoir des redevances (tolls) des participants. La foire ou le
marché peuvent être tenus à n'importe quel endroit propice, si un endroit
précis n'a pas été fixé lors de la création de la franchise. Le propriétaire
du fonds sur lequel se tient la foire ou le marché a également le droit de
prélever des redevances pour l'établissement d'étalages ou de baraques
(stallage and pickage).

b) *Droit de pêche* (fishery). Le privilège de " free fishery '' consiste
dans le droit exclusif de pêcher dans les eaux où se fait sentir la marée.
En l'absence d'un pareil privilège, le droit de pêcher appartient à tout le
monde. Sont exceptés de ce privilège les eaux intérieures, lacs, riviè-
res, etc. Le privilège de " Royal fish '' donne le droit de prendre les
grands poissons et les amphibies, baleines, dauphins, esturgeons, etc.,
qui sont jetés à la côte.

c) *Droits de chasse* (free warren). Le bénéficiaire d'un " free warren ''
a le droit de chasser, dans les limites de la franchise, le petit gibier, tel
que lièvres et lapins, et les oiseaux tels que faisans et perdrix et de pré-
poser un garde-chasse à la protection de ce gibier.

d) *Autres droits.* La Couronne peut encore concéder des droits sur les découvertes de trésors, sur les animaux domestiques sans maître et sur les épaves, etc. Les épaves comprennent tous les objets qui ont surnagé à la suite d'un naufrage (flotsam) ou ont dans un cas de nécessité été jetés par dessus bord (jetsam). Le propriétaire des épaves a un an et un jour pour faire valoir son droit, à défaut de quoi les biens perdus sont la propriété de celui qui les trouve.

CHAPITRE V

RENTE FONCIÈRE (RENTCHARGE)

II. Stephen : S. 254-262. — Jenks : ss. 1287-1291. — Law of Property Act, 1925 (L. P. A., 1925).

I. Concept. — On appelle rente foncière (rentcharge) le paiement périodique opéré par le propriétaire d'un immeuble (débirentier) sur les revenus de celui-ci, à un tiers (crédirentier), n'ayant aucun autre droit sur l'immeuble. La rente foncière crée un droit sur l'immeuble d'autrui, en garantie du paiement. On appelle par contre " rent service " un paiement périodique dû au propriétaire du fonds; c'est donc un droit sur son propre fonds. Le loyer que le preneur doit payer au bailleur auquel l'immeuble revient à l'expiration du bail est un " rent service ".

Il peut être créé une rente foncière sur une autre rente foncière qui elle-même grève un immeuble. En cas de demeure du débirentier, la rente est garantie non plus par l'immeuble, mais par les paiements périodiques dont il est grevé (L. P. A., 1925, s. 122 (1)).

Pour valoir à titre de " legal interest ", la rente foncière doit être " in possession ", c'est-à-dire qu'elle doit être due à l'ayant-droit au moment présent et non pas seulement dans l'avenir. Elle doit avoir été créée à perpétuité ou pour un nombre déterminé d'années, et non pour la durée d'une vie (for life) ou jusqu'à l'extinction d'une famille (in tail) (L. P. A., 1925, s. 1 (2) (b)). Une rente foncière s'éteint lorsque le débirentier acquiert en tout ou partie l'immeuble grevé. Si l'acquisition en est faite au cours d'une succession, la rente foncière ne s'éteint que dans la proportion existante entre les immeubles dévolus au débiteur et l'ensemble des immeubles grevés.

II. Constitution des rentes foncières. — La rente foncière a souvent remplacé les prestations en nature que le possesseur d'un fonds devait à son seigneur ou à son propriétaire. En payant régulièrement sa rente, le possesseur se libère de toutes ses autres obligations; c'est pour cette raison que l'on parle dans ce cas d'une " quit rent ". Lorsqu'elle est due par un " freeholder ", c'est une " chief rent ". On parle de " fee farm rent " lorsqu'à l'occasion de la vente d'un bien rural le versement du prix d'achat a été remplacé par la constitution d'une rente annuelle s'élevant au moins au quart du revenu du domaine. On assimile toujours les " fee farm rents " à des rentes foncières (L. P. A., 1925, s. 205 (XXIII)). La " compensation rent " remplace les anciens droits de " copyhold " du manoir (manorial incidents, cf. p. 121). Une " rentcharge " peut également être prévue conventionnellement à titre de contre-prestation pour la vente de terrain ou pour la délivrance d'une autorisation de bâtir.

III. Droits du crédirentier. — Le propriétaire de l'immeuble grevé doit personnellement au crédirentier tous les intérêts échus pendant la durée de son droit de propriété; il est redevable du montant total des intérêts, même lorsqu'il ne possède qu'une partie de l'immeuble grevé.

1º *Saisie (distress).* — Lorsque le débirentier est en demeure pour le paiement de la rente depuis vingt et un jours à partir de l'échéance, le créancier a le droit de saisir l'immeuble grevé et de réaliser les biens saisis, en observant les prescriptions légales (Cf. p. 143). Le produit de la réalisation couvre en première ligne le paiement de la rente échue, celui de tous les arriérés et des frais et débours résultant de la saisie (L. P. A., 1925, s. 121 (2)).

Lorsque la rente foncière ne grève pas directement un immeuble mais une autre rente foncière, le crédirentier a le droit de nommer un " receiver " pour la rente foncière grevée; ce " receiver " a les mêmes pouvoirs que celui qui touche les intérêts d'une hypothèque (L. P. A., 1925, s. 122 (2) (3), Cf. p. 166).

Le crédirentier peut lorsqu'il s'agit de " rent service " saisir de plein droit (sans autorisation légale).

2º *Prise de possession de l'immeuble (entry).* — Lorsque le débirentier de la rente foncière est en demeure pour le paiement de la rente depuis quarante jours, le crédirentier peut prendre possession de plein droit de l'immeuble grevé ou en toucher les revenus jusqu'à ce que toute la rente échue soit payée. Le crédirentier est libre de constituer sur l'immeuble un droit de tenure par bail, " lease ", en le remettant à un " trustee " qui aura la tâche de le faire valoir, d'en remettre le produit au créancier et l'excédent éventuel à celui qui est à ce moment appelé à jouir de la " leasehold reversion " (L. P. A., 1925, s. 121 (3) (4)). Le droit de prendre possession du fonds grevé peut aussi être réservé au créancier pour les cas où le débiteur violerait une clause quelconque du contrat.

IV. **Droits du débirentier.** — 1° *Répartition de la " rentcharge "* (*apportionment*). — Lors de la vente d'une partie de l'immeuble grevé la charge de la rente foncière peut être répartie sur le terrain aliéné et le terrain conservé par le grevé, ou transférée en totalité sur le terrain aliéné ou sur le terrain conservé. Ces dispositions sont sans effet à l'égard du crédirentier. La rente continue à être garantie aussi bien par l'immeuble aliéné que par celui qui a été conservé et l'acquéreur est personnellement tenu au même titre que le débiteur primitif sans égard aux dispositions qu'ils ont pu prendre entre eux. Le créancier peut, en cas de demeure dans le paiement de la rente de la part de l'acquéreur ou du débiteur primitif, saisir, en garantie de la rente due, même le terrain que le débiteur et l'acquéreur avaient convenu de libérer de toute charge. Le propriétaire de ce terrain « dégrevé » a le droit de se retourner contre le **propriétaire** du fonds grevé pour les prestations supplémentaires qu'il a pu être appelé à faire. Pour garantir ce droit de recours, le propriétaire « dégrevé » peut pratiquer une saisie et la vente des objets saisis servira à couvrir le montant de son droit de recours et les frais qu'il a supportés du chef de son exercice.

Le droit à la répartition avec toutes ses conséquences juridiques existe aussi dans le cas d'un " rent service ", c'est-à-dire pour un loyer dû en vertu d'une "lease " (bail); dans les autres cas, ce loyer est soumis à des règles spéciales (Cf. p. 142, L. P. A., 1925, s. 190).

2° *Rachat de la rente foncière* (*redemption*). — Le propriétaire de l'immeuble grevé a le droit de racheter en tout temps la rente foncière qui grève son immeuble; après avis écrit envoyé un mois à l'avance, il paye au crédirentier une somme égale à celle qu'il lui faudrait payer pour acquérir une rente sur l'État de même montant et de même durée. Lorsque le crédirentier ne peut être découvert ou se refuse à accepter le paiement ou à en donner quittance, la somme due peut-être consignée en justice, ce qui aura pour effet d'éteindre la rente foncière.

Lorsque le débiteur désire dégrever une partie seulement de son immeuble, la rente foncière est répartie sur sa demande entre la partie à dégrever et le reste de sa propriété en tenant compte de la garantie que représente encore la part grevée pour le paiement du solde de la rente foncière. Le débiteur est libre de racheter la rente foncière ainsi répartie. (L. P. A., 1925, s. 191).

Les " tithe rentcharges " (dîmes) et le loyer dû en vertu d'un contrat de bail sont formellement exclus de ce droit de rachat.

CHAPITRE VI

HYPOTHÈQUES (MORTGAGES)

II. Stephen : p. 143-162. — Jenks : ss. 1398-1421. — Snell : p. 290, 330. — J. Andrew Strahan : General Law of Mortgages, 3e éd., London 1925. Law of Property Act, 1925 (L. P. A., 1925). — Land Registration Act. 1925 (L. R. A., 1925). — Land Charges Act, 1925 (L. C. A., 1925).

I. Généralités. — Le droit anglais connaît différentes manières de garantir des dettes par un immeuble :

1º En droit commun et en équité, le transfert de l'immeuble au créancier qui devenait propriétaire, à charge de retransférer la propriété au débiteur lorsque celui-ci avait payé sa dette et rempli ses obligations.

2º En vertu du récent " Law of Property Act", 1925 entré en vigueur le 1er janvier 1926 :

a) Les " legal mortgages " qui créent un " legal estate " en faveur du créancier hypothécaire :

α) L'hypothèque résultant de la création d'un droit temporaire, "term of years absolute ";

β) L'hypothèque en vertu d'une charge foncière " charge by way of legal mortgage ";

b) Les ,, equitable mortgages ", mise en gage d'un immeuble par la remise des ,, title deeds " ou d'un extrait de registre au créancier, ou par inscription de l'hypothèque au registre des charges foncières.

3º De même que le propriétaire foncier, le preneur, " lessee ", peut aussi hypothéquer son ,, estate ", c'est-à-dire les droits qui résultent pour lui du contrat de bail, selon l'une des formes mentionnées au paragraphe 2. La mise en gage du droit de tenure par bail (leasehold) ne confère au créancier que les droits d'un sous-locataire, droits qu'il peut exercer dès que le débiteur n'exécute pas ses obligations.

II. **L'ancien droit** (jusqu'à fin 1925). 1º *Les hypothèques de droit commun*. — En droit commun, une créance est garantie par la remise par le débiteur au créancier de la propriété de son immeuble; le créancier en dispose librement lorsque le débiteur n'acquitte pas ponctuellement sa dette. Dès que le débiteur remplit ses obligations, le créancier doit retransférer la propriété. Le débiteur qui avait ainsi cédé son droit de propriété au créancier ne possédait plus que les droits limités d'un " tenant at sufferance " (Cf. p. 139) et celui de réclamer le retransfert après paiement ponctuel de sa dette. S'il ne parvenait par contre pas à acquitter la dette à son échéance, il perdait tout droit sur l'immeuble qui devenait sans conditions la propriété du créancier. Le transfert de la propriété en garantie pour le créancier s'opérait comme une vente d'immeuble (Cf. p. 186). Il était cependant spécifié dans l'acte de transfert que l'immeuble serait de nouveau transféré au débiteur en cas de paiement ponctuel de la dette.

En droit commun, il n'était pas possible de créer des hypothèques nouvelles sur un immeuble déjà grevé du moment que la propriété ne pouvait en être transférée qu'une fois. Lorsqu'un débiteur voulait quand même, après constitution d'une première hypothèque, donner en gage le même terrain, cette seconde hypothèque ne pouvait créer qu'un " équitable interest " (Cf. p. 133, 162).

2º *Les hypothèques d'après l'Equité.* — Les tribunaux d'Equité atténuèrent ce que les dispositions du droit hypothécaire avaient d'unilatéral, de trop dur et de trop favorable au seul créancier; ils s'en tenaient pour cela non plus à la forme extérieure du contrat (c'est-à-dire du transfert de la propriété de l'immeuble au créancier) mais surtout au but, à la garantie recherchée. L'Equité décidait donc que, même en cas de demeure du débiteur dans le paiement des intérêts et du capital, la propriété de l'immeuble hypothéqué ne passait pas de plein droit au créancier, mais qu'au contraire il fallait accorder au débiteur même après l'échéance un délai convenable pour s'acquitter. Lorsque le débiteur payait dans les limites de ce délai, le créancier était obligé de transférer la propriété au débiteur même si ce paiement avait été effectué après l'échéance de la dette. Selon l'Equité le créancier n'était donc plus considéré comme le propriétaire propre de l'immeuble, mais comme le simple " trustee " du débiteur aussi longtemps naturellement que celui-ci remplissait correctement ses obligations.

Ce délai supplémentaire comprend douze années calculées depuis le dernier paiement d'intérêts ou depuis l'échéance du capital. Le débiteur peut, pendant tout ce temps réclamer la restitution de l'immeuble hypothéqué en payant au créancier le capital échu, tous les intérêts accumulés, et le dommage créé par sa demeure. Le débiteur doit en outre avertir le créancier 6 mois à l'avance qu'il entend faire usage des son droit de rachat. Ce droit appelé " equity of redemption ", ne peut être rendu illusoire par des conventions contraires ,, clogs on the equity of redemption ". Des conventions de ce genre sont nulles.

Ce droit de rachat a subsisté après l'entrée en vigueur des nouvelles lois. Le débiteur perd son droit de propriété lorsqu'il ne remplit pas ses obligations et n'a pas fait usage de son droit de réméré dans les limites du délai mentionné plus haut. Le créancier peut déclarer unilatéralement par acte scellé qu'il est entré en possession des droits sur l'immeuble, sur quoi son droit se confond avec ceux qu'il a acquis du débiteur (L. P. A., 1915, ss. 88 (3), 89 (3)).

Lorsqu'il s'agit d'une hypothèque créée avant 1926 sous forme d'un droit temporaire (term of years), le créancier a le droit dans les mêmes conditions et par une déclaration correspondante de transformer, en l'augmentant, son droit en un " fee simple " (L. P. A., 1925, s. 153). Le créancier a le droit de se saisir de l'immeuble lorsque le débiteur a laissé s'écouler trois mois après une mise en demeure de payer le capital ou qu'il est depuis deux mois en demeure pour le paiement des intérêts. Le créancier doit abandonner immédiatement l'immeuble lorsque le débiteur lui paye la dette augmentée de tous les intérêts arriérés, des frais et d'une indemnité pour dommage éventuel (L. P. A., 1925, ss. 103, 109). Le débiteur n'est pas obligé dans ce cas d'annoncer son intention de racheter. De plus, le créancier peut mettre fin au délai de 12 ans en faisant établir judiciairement que la propriété de l'immeuble lui est acquise, si la dette, (intérêts arriérés, frais et dommages-intérêts éventuels compris), n'est pas payée dans un délai déterminé et court, généralement six mois de la publication du jugement. Cette action en constatation est appelée " foreclosure action ". On peut aussi prévoir une vente en lieu et place du transfert de la propriété au créancier (L. P. A., 1925, s. 91, (2)).

III. **Les hypothèques selon le Law of Property Act, 1925.** — 1º *Généralités.* — La loi de 1925 sur le droit immobilier, entrée en vigueur en 1926, a apporté des simplifications considérables. La garantie n'est plus réalisée par le transfert de la propriété au créancier mais au choix :

a) Par la création d'un droit temporaire (term of years) ou *b)* par celle d'une charge foncière (charge by way of legal mortgage).

Dans les deux cas, le créancier n'a que le droit de se payer sur le fonds hypothéqué en cas de demeure du débiteur; il n'acquiert plus la propriété et n'est plus considéré comme le " trustee " du débiteur. Le débiteur conserve aux termes de la nouvelle législation son droit de propriété et par conséquent le " legal estate " de son immeuble. Le premier créancier hypothécaire ainsi que les créanciers hypothécaires postérieurs obtiennent également des " legal estates " sur ce même immeuble. Ainsi le débiteur n'est plus livré au créancier : il conserve son droit réel que reconnaît aussi la " Common law " et il ne peut être privé de son droit de propriété par une disposition abusive du créancier.

La nouvelle législation n'admet plus d'autres formes de garantie avec création de " legal estates " (transfert de propriété par ex.). Les hypothèques créées sur cette base avant 1926 ont été transformées en vertu de la loi en hypothèques de l'une ou l'autre forme prévue. Le créancier qui n'est plus propriétaire du fonds hypothéqué a pourtant conservé le droit de garder les titres concernant l'immeuble, comme avant l'entrée en vigueur de la nouvelle loi (L. P. A., 1925, ss. 85 (1) (2), 86 (1) (2)).

Toute hypothèque doit faire l'objet d'un contrat scellé et signé par les parties (deed) (L. P. A., 1925, ss. 52, 73). Lorsque le contrat a été conclu sous une autre forme, lorsque par exemple il n'est qu'oral, mais a reçu un commencement d'exécution, le créancier possède un "equitable interest" de moindre valeur que le plein " legal estate " habituel.

Toute hypothèque est soumise aux prescriptions légales suivantes même lorsque l'acte est muet à cet égard : obligation du débiteur de s'acquitter ponctuellement des intérêts et du capital, obligation en cas de demeure de payer des intérêts moratoires au taux hypothécaire, obligation enfin pour le créancier d'abandonner son droit de gage sur l'immeuble grevé en cas de paiement des intérêts et du capital ou de transmettre sur avis du débiteur l'hypothèque à un tiers (L. P. A., 1925, s. 117).

2° *Hypothèques constituées par un droit à temps (term for years absolute).* — Le créancier possède dans ce cas, un droit à temps sur le " freehold ", c'est-à-dire un " legal estate "; (Cf. p. 122, 136); ce " legal estate " est constitué, sauf clause contraire, pour une durée de trois mille ans. Le débiteur se réserve le droit de retour (leasehold reversion) et a le droit de payer la dette hypothécaire, éteignant ainsi la créance (L. P. A., 1925, s. 85).

La création d'un " legal estate " d'une durée maximum de trois mille ans ne s'explique que par des considérations historiques. L'ancienne hypothèque constituée par l'établissement d'un droit de propriété d'une durée illimitée, devait être remplacé par un droit réel de durée limitée sur l'immeuble qui permît au débiteur de rester propriétaire foncier. Le délai de « 3.000 ans » est naturellement une simple fiction : il suffit en effet de convenir d'un " term " plus court, le contrat hypothécaire prévoyant déjà un jour d'échéance plus rapproché pour la dette.

La création de plusieurs hypothèques successives sur le même fonds se réalise par l'établissement d'hypothèques qui toutes doivent être de plus longue durée (un jour au moins) que l'hypothèque précédente. Le droit à temps garantissant l'hypothèque suivante survit à la garantie de l'hypothèque précédente; il s'éteint par contre lorsque le fonds grevé doit être vendu pour couvrir le créancier hypothécaire antérieur et que disparaît du même coup la garantie de l'hypothèque postérieure.

Exemple : A, " freeholder " et débiteur, accorde à B une première hypothèque en créant un droit à temps de mille ans, à C une seconde hypothèque par création d'un droit de 1300 ans, et à N une troisième hypothèque par création d'un droit de 1400 ans.

Chaque créancier hypothécaire possède dans ce cas un " legal estate " et les trois " legal estates ", qui sont des droits à temps, " estates for years ", des créanciers hypothécaires, coexistent avec l' " estate " perpétuel (freehold) du propriétaire de l'immeuble.

3° *Hypothèques résultant d'une charge foncière* (charge by way of legal mortgage). — Une dette peut être hypothécairement garantie par une simple déclaration du débiteur, déclaration certifiant qu'un fonds déterminé garantit le paiement de cette dette. La dette grève le fonds à la manière d'une charge (charge). Une hypothèque ainsi constituée a les mêmes effets juridiques que l'hypothèque créée sous la forme d'un droit à temps (L. P. A., 1925, s. 87). C'est l'hypothèque du droit anglais qui se rapproche le plus de celle du droit continental.

4° *Transformation d'anciennes hypothèques en hypothèques conformes au droit nouveau.* — Toute les hypothèques antérieures à 1926 ont été modifiées légalement en sorte que le débiteur recouvrât la propriété qu'il avait transférée au créancier et que le créancier obtînt en retour un droit à temps (term of years) (L. P. A., 1925, Sched. I Parts VII., VIII.). Le débiteur hypothécaire qui était précédemment "freeholder" et avait dû céder son "freehold " au créancier l'a recouvré. La nouvelle hypothèque devenue un droit à temps qui résulte de cette transformation peut être muée par une déclaration écrite du créancier en une charge foncière hypothécaire (charge by way of mortgage). Le créancier jouit de la même protection et des mêmes droits que s'il était le bénéficiaire d'un ancien droit à temps (L. P. A., 1925, s. 87).

5° *Mise en gage d'un droit à temps* (leasehold). — De même que le propriétaire peut engager son " freehold estate ", le preneur (leaseholder) est en droit d'hypothéquer son droit de tenure par bail (leasehold). Il y procède par la création d'un " term for years " ou d'une charge foncière (charge by deed). Un " leasehold " peut aussi être hypothéqué de telle manière qu'il n'en résulte qu'un droit d'équité (Cf. p. 163).

Avant 1926, on ne pouvait hypothéquer un droit de tenure par bail que par la cession des droits du preneur (assignment) au créancier hypothécaire. Le créancier était substitué au preneur dans le contrat de bail et devenait responsable à l'égard du bailleur du paiement du loyer et de l'exécution des clauses du contrat. Aujourd'hui le créancier dont l'hypothèque grève un droit de tenure par bail possède un droit à temps qui expire dix jours au moins avant la fin du bail.

Le créancier d'une telle hypothèque n'a que les droits d'un sous-locataire (sub-lease) et ceux-ci prennent fin par le paiement de la dette hypothécaire (L. P. A., 1925, s. 86). Le créancier hypothécaire se trouve dans ce cas, à l'égard du bailleur principal, dans la même situation qu'un sous-locataire (subtenant); mais il ne peut exercer ses droits et remplir ses obligations de sous-locataire qu'après l'échéance et le non-paiement de la dette hypothécaire.

Au début de 1926, et en vertu de la nouvelle législation, les anciennes hypothèques par vente du droit de tenure par bail (mortgages by assignment) ont été transformées obligatoirement en hypothèques par sous-location (sublease), le droit de tenure par bail qui avait été transféré par la vente au créancier, revenant au preneur.

Les hypothèques postérieures sur " leasehold " (droits de tenure par bail) doivent durer au moins un jour de plus que l'hypothèque immédiatement antérieure et doivent prendre fin au moins un jour avant l'expiration du bail du débiteur (L. P. A., 1925, s. 86 (2) .

6° *Exemple.* — Si A loue son immeuble à B, A et B peuvent tous deux hypothéquer leurs droits. Le bailleur A peut hypothéquer son droit de retour (reversion) et le preneur B son droit de tenure par bail (leasehold). Le créancier hypothécaire de A doit respecter les droits acquis du preneur B; il ne peut donc prendre possession de l'immeuble. A l'expiration du contrat de bail, l'immeuble passe au créancier de A, pour autant que la dette hypothécaire est échue et qu'elle n'a pas encore été payée. Le créancier hypothécaire de B obtient un droit à temps, dont la durée doit être inférieure d'au moins dix jours à celle du contrat de bail hypothéqué. Les deux hypothèques peuvent également être constituées sous la forme d'une charge foncière hypothécaire.

IV. Hypothèques constituées par le dépôt des titres de propriété (equitable mortgages). — Il existe encore à côté des hypothèques du droit commun, qui donnent au créancier hypothécaire un " legal estate ", des hypothèques d'équité qui ne créent qu'un " equitable interest ". Ces hypothèques sont constituées par la remise au créancier des titres de propriété (title deeds) relatifs à l'immeuble grevé. Le créancier conserve ces titres jusqu'à paiement de sa créance ; il est complètement garanti, puisque le débiteur est incapable de disposer de l'immeuble sans être en possession des titres de propriété. Le juge peut cependant transférer le " legal estate " à un acquéreur ou au créancier pour la réalisation du gage (L. P. A., 1925, s. 90). Lorsque l'immeuble est immatriculé au Registre Foncier, l'hypothèque est constituée par la remise au créancier d'un extrait du registre (land certificate). Cette remise a les mêmes effets que le dépôt des titres de propriété (L. R. A., 1925, s. 66). L'hypothèque prend rang parmi les autres charges non pas au jour de l'inscription dans le registre foncier, mais à la date de la remise de l'extrait au créancier. Sont réservés tous les droits inscrits au registre foncier ou au registre des charges foncières à ce moment ainsi que les droits non soumis à inscription. Le créancier peut notifier au conservateur du registre foncier la remise de l'extrait du registre foncier et la création de l'hypothèque, afin que celle-ci soit inscrite au registre.

V. Inscription, rang et modification de l'hypothèque. — 1° *Inscription* (registration). — Certaines hypothèques n'ont pas besoin d'être inscrites, sans que les garanties qu'elles offrent en soient diminuées ; d'autres par contre n'ont qu'une valeur relative ou même nulle, si elles n'ont pas été inscrites dans le registre des charges foncières.

La première hypothèque grevant un immeuble n'est pas inscrite, la garantie étant entière sans inscription. Le créancier qui possède une pareille hypothèque a droit à la possession des titres de propriété (title deeds) ; ceux-ci suffisent à prouver la propriété de l'immeuble grevé. Tout acte de disposition dépendant de la possession de ces titres, le débiteur ne pourra aliéner l'immeuble qu'en se référant aux titres de propriété possédés par le créancier. C'est ainsi que le tiers auquel le débiteur hypothécaire veut céder de nouveaux droits (soit par vente ou création d'une nouvelle hypothèque) est nécessairement averti de l'existence de la première hypothèque. Le premier créancier hypothécaire est de ce fait pleinement garanti sans que son droit soit inscrit.

Toute hypothèque postérieure peut et doit être inscrite. Elle ne crée avant l'inscription qu'un " equitable interest " et n'est traitée que comme un droit d'équité (L. C. A., 1925, s. 10 (1) Class C).

Les hypothèques constituées par une société enregistrée pour garantir ses dettes sociales ou ses obligations (debentures) doivent être inscrites dans les 21 jours qui suivent leur création auprès du conservateur du registre du commerce (Registrar of Companies). L'inobservation de cette formalité leur enlève toute efficacité. (C. C. A., 1908, s. 93).

Toutes les hypothèques postérieures doivent être inscrites **dans** le registre des charges foncières (register of charges) pour être opposables au tiers acquéreur de l'immeuble et créer un " legal estate " (L. C. A., 1925, s. 13 (2); L. P. A., 1925, s. 199 (1)). A défaut de cette formalité, elles ne peuvent être opposées aux tiers acquéreurs et ne subsistent que comme créance personnelle contre le débiteur qui malgré l'existence de cette charge a vendu ou grevé l'immeuble. Lorsque l'hypothèque est constituée par un droit à temps, chaque hypothèque postérieure doit être constituée par un droit qui dure un jour de plus que le droit immédiatement antérieur; il doit pourtant, dans le cas d'une hypothèque sur un droit de tenure par bail, prendre fin un jour au moins avant la fin du bail.

Tout créancier hypothécaire acquiert ainsi un ,, legal estate " (L. P. A., 1925, ss. 85 (2), 86 2).

2º *Relations entre hypothèques concurrentes, rang hypothécaire.* — A moins de mention contraire portée au registre, les hypothèques inscrites prennent rang dans l'ordre chronologique de leur date d'inscription, sans égard à celle du contrat hypothécaire (L. R. A., 1925, s. 29). Cette prescription s'applique aussi bien aux hypothèques de droit commun qu'à celles d'équité, pour autant que le débiteur hypothécaire possède un " legal estate " sur l'immeuble grevé (L. P. A., 1925, s. 97). Toute distinction entre les charges hypothécaires de droit commun et d'équité est ainsi supprimée lorsque ces charges portent sur des " legal estates " (" freehold " et " leasehold ").

Lorsqu'une charge foncière est rayée dans le registre foncier, elle est remplacée par la charge qui la suivait immédiatement dans l'ordre chronologique. Il n'existe donc pas de situations fixes. La suppression de la charge foncière précédente se traduit par une augmentation des garanties couvrant la charge suivante. Le simple transfert de l'hypothèque à un tiers sans suppression de celle-ci n'a pas cet effet.

3º *Modifications apportées à des hypothèques.* — Toute hypothèque peut être modifiée après entente entre le créancier et le débiteur. Lorsque cette modification doit être opposable aux créanciers hypothécaires de même rang ou de rang postérieur, leur assentiment est nécessaire (L. R. A., 1925, s. 31). Il ne l'est pas lorsque la modification consiste en une augmentation de la dette hypothécaire par un nouveau prêt, et si cette augmentation est réalisée par le créancier conformément à un engagement pris dans l'hypothèque primitive ou dans l'ignorance d'une hypothèque postérieure.

Dans le cas d'une hypothèque garantissant les dettes résultant d'un compte courant, la garantie hypothécaire s'étend à toute augmentation postérieure de la dette, et est opposable aux hypothèques postérieures inscrites dans le registre des charges foncières pour autant que cette inscription a eu lieu après la création de l'hypothèque primitive ou après le dernier examen que le créancier qui accorde le prêt supplémentaire fait de ce registre (L. P. A., s. 94).

VI. Droits du créancier. — Les droits du créancier sont de deux sortes : ceux qu'il n'obtient qu'en cas de demeure du débiteur dans le paiement des intérêts et du capital et ceux qui sont indépendants de l'attitude du débiteur. Dans la deuxième catégorie rentrent le droit d'assurer l'objet hypothéqué contre le feu et celui d'interdire au débiteur d'apporter une modification (waste) quelconque à l'immeuble. Les droits de la première catégorie par contre (prise de possession de l'immeuble, nomination d'un receveur pour les revenus) ne peuvent être exercés que lorsque le capital est échu et que le débiteur sommé est en demeure depuis plus de trois mois, lorsque les intérêts échus ne sont pas payés dans les deux mois, ou enfin lorsque le débiteur viole une stipulation contractuelle et que le créancier s'était réservé d'agir dans ce cas. Le créancier est privé de ces droits en l'absence d'une de ces conditions (L. P. A., 1925, s. 103).

1º *Assurances.* — Le créancier a le droit d'assurer contre l'incendie les immeubles hypothéqués et leurs accessoires, ainsi que tous les objets assurables compris dans l'hypothèque. Les primes payées à cet effet viennent s'ajouter au montant de la dette hypothécaire ; elles portent le même intérêt, ont le même rang et les mêmes privilèges que la dette principale. Le montant de l'assurance qui n'est pas déterminé dans le contrat hypothécaire ne peut dépasser les 2/3 de la valeur de remplacement de l'objet en cas de perte complète. Lorsque le montant de l'assurance devient exigible il doit servir à la réquisition du créancier soit à reconstituer l'objet assuré, soit à payer la dette hypothécaire (L. P. A., 1925, ss. 10 (1) (II), 108).

2º *Protestation contre des détériorations de l'immeuble hypothéqué (restraint of waste).* — L'immeuble hypothéqué garantit la dette. Cette garantie ne doit pas être diminuée par les modifications que le débiteur apporte à l'immeuble. Lorsque le débiteur procède quand même à de telles modifications, le créancier peut, en droit commun, faire évincer le débiteur, ou, en équité, obtenir du tribunal une décision judiciaire (injunction) ordonnant au débiteur de s'abstenir de la transformation. Le débiteur ne peut apporter à l'immeuble que des modifications qui en conservent ou en augmentent la valeur.

3º *Prise de possession de l'immeuble.* — Le créancier a le droit de prendre possession de l'immeuble hypothéqué et de l'administrer à son profit dès le moment où le débiteur est en demeure pour le paiement du capital ou des intérêts et que le remboursement de la dette hypothécaire paraît douteux. Le créancier est dans ce cas responsable de son administration à l'égard du débiteur et doit lui rendre un compte exact de ses recettes et de ses dépenses. La prise de possession de l'immeuble hypothéqué donne encore au créancier différents autres droits :

a) Le droit aux loyers. Le créancier est en droit de toucher les revenus de l'immeuble et les loyers. S'il jouit lui-même du bien hypothéqué, il doit créditer le débiteur d'une somme équivalente.

b) Le droit de coupe. Le créancier qui a pris possession de l'immeuble a le droit de faire abattre le bois en âge d'être abattu ou de le vendre et d'en créditer le débiteur si les autres revenus du fonds ne suffisent pas à éteindre la dette hypothécaire (L. P. A., 1925, s. 101 (1) (4)).

c) Constitution d'un droit de tenure par bail (lease). Le bail créé par le créancier pour la durée de sa possession lie le débiteur sans que son assentiment soit nécessaire. Un bail pareil doit donner au plus tard douze mois après sa conclusion la possession du fonds au preneur. Sa durée ne peut dépasser cinquante ans pour les habitations et les biens ruraux, et neuf cents quatre-vingt-dix-neuf ans pour les terrains à bâtir. En renouvelant un ancien bail existant avant sa prise de possession, le créancier hypothécaire peut accepter la reddition de l'ancien bail (to accept a surrender, cf. p. 148) mais il doit faire en sorte que les stipulations du nouveau bail ne soient en aucun cas plus défavorables pour le débiteur hypothécaire que celles de l'ancien (L. P. A., 1925, ss. 99, 100).

4º *Nomination d'un receveur* (receiver). — Le créancier peut, au lieu de prendre possession de l'immeuble, nommer par acte sous seing privé, un " receiver " chargé de percevoir les revenus de l'immeuble hypothéqué; le " receiver " est juridiquement assimilé à un mandataire du débiteur; le créancier n'est obligé ni par ses omissions ni par ses actes. Cette situation est donc plus avantageuse pour lui que la procédure de prise de possession qui le rend responsable de son administration. Le receveur a la charge de toucher tous les revenus, de donner quittance valablement en lieu et place du débiteur et d'assurer les immeubles dans une mesure convenable sur la réquisition du créancier. Les revenus servent en premier lieu à acquitter tous les frais et les impôts, puis tous les intérêts et les rentes foncières dont les bénéficiaires ont des droits préférables à ceux du créancier hypothécaire, les frais du receveur et les primes d'assurance et enfin les intérêts hypothécaires dus au créancier. Le solde éventuel revient au débiteur hypothécaire (L. P. A., 1925, ss. 101 (1) (III), 109).

5° *Déclaration de forclusion* (foreclosure). — Le créancier a le droit de demander au juge de prononcer le transfert à son nom de tous les droits appartenant au débiteur de l'immeuble hypothéqué lorsque le débiteur ne rembourse pas l'hypothèque dans un certain délai (decree nisi for foreclosure). A l'expiration du bail fixé par le juge, et si le débiteur ne s'est pas acquitté, le créancier obtient une décision (decree absolute) qui transfère à son nom la " leasehold reversion " du débiteur ainsi que tous les droits des créanciers fonciers postérieurs, tout en sauvegardant tous les droits sur l'immeuble hypothéqué primant l'hypothèque pour laquelle la déclaration de forclusion a été rendue. En obtenant ainsi la " leasehold reversion " du débiteur, le créancier fait disparaître son hypothèque ainsi que tous les droits des créanciers postérieurs (L. P. A., 1925, ss. 88 (2), 89 (2).

Le débiteur peut, au cas où la valeur de l'immeuble hypothéqué dépasse le montant de la dette, demander au juge, par une action en reconnaissance de forclusion, d'ordonner la vente (L. P. A., 1925, s. 91).

6° *Droit de vente.* — Le créancier a le droit de réaliser l'immeuble hypothéqué pour le compte du débiteur lorsque celui-ci est en demeure. Le créancier peut procéder à son choix à des enchères publiques, à une vente privée, vendre en bloc ou par parcelles. Il n'est responsable des pertes qui pourraient résulter de l'exercice de son droit de vente que s'il en est l'auteur intentionnel. L'acquéreur reçoit un immeuble libéré de toutes les charges postérieures à celles du créancier vendeur; l'immeuble reste par contre soumis aux charges dont bénéficient les créanciers antérieurs. Le prix de vente est destiné en premier lieu à éteindre les charges antérieures non primées, puis au paiement des frais causés au créancier par la vente et à celui de la dette hypothécaire. Le solde éventuel appartient au débiteur (L. P. A., 1925, ss. 101 (1) (I), (2), 104-107).

VII. **Droits du débiteur.** — 1° *Droit de rachat (equity of redemption).*—Le principal droit que possède le débiteur est celui de payer la dette à son échéance et d'être rétabli librement dans son droit de propriété. L'immeuble est automatiquement dégrevé au moment où le créancier donne quittance pour solde de la dette hypothécaire. Cette quittance libère l'immeuble grevé de toutes les sommes dues en intérêts et en capital, et éteint le droit du créancier (L. P. A., 1925, ss. 115 116). Celui-ci peut être obligé, à la demande du débiteur, de transférer l'hypothèque à un tiers désigné par lui (L. P. A., 1925, s. 95).

2° *Droit d'examen des titres de propriété.* (title deeds). — Le débiteur a le droit de prendre connaissance, de prendre des copies ou des extraits de tous les actes déposés chez le créancier et relatifs à l'immeuble grevé pour autant que cela lui est nécessaire pour l'exercice des droits qui lui ont été conservés. (L. P. A., 1925, s. 96).

3° *Actions possessoires.* — Le débiteur a le droit, aussi longtemps que le créancier ne lui a pas fait part de son intention de prendre possession du fonds grevé, d'intenter en son propre nom toutes les actions destinées à protéger sa possession et son droit de propriété, ou à recouvrer les loyers en retard (L. P. A., 1925, s. 98).

4° *Contrats de bail (leases).* — Les contrats de bail passés par le débiteur lient le créancier aussi longtemps que celui-ci n'a pas pris possession de l'immeuble ou nommé un receveur; ils ont la même valeur que les contrats de bail passés par le créancier pendant la durée de sa possession ou après la nomination d'un receveur. Le débiteur est cependant obligé de communiquer au créancier une copie de ces contrats dans le mois qui suit leur conclusion. (L. P. A., 1925, s. 99 (1) (8).

VIII. **Transfert d'hypothèques (transfer).** — L'acquéreur d'un hypothèque transférée jouit de tous les droits appartenant au créancier primitif (droit de paiement de la dette et des intérêts exigibles, droit aux sûretés garantissant la dette); il est dans la même situation juridique que le créancier originaire. Une hypothèque est transférée par acte scellé et signé (deed). L'acquéreur est légalement investi des droits appartenant à l'aliénateur sans mention nécessaire dans l'acte. La cession peut aussi s'effectuer par simple remise de l'hypothèque accompagnée de la quittance justifiant du paiement par l'acquéreur du montant de la dette hypothécaire. Cette quittance a les mêmes effets que le transfert par acte scellé (L.P. A., 1925, ss. 114, 115 (2), 118 (2).

CHAPITRE VII

AUTRES DROITS RÉELS DE PREMIER RANG

1. Stephen : p. 360-363. — Jenks : ss. 1280-1286. — Land Charges Act,
1925 (L. C. A., 1925). — Tithe Acts, 1836-1918. Finance Act, 1894
(F. A., 1894).

I. Impôts (taxes). — Tous les immeubles, de même que les successions,
sont soumis au fisc. Les impôts fonciers et successoraux (death duty)
pour autant qu'ils portent sur des biens immobiliers grèvent de par la
loi les immeubles eux-mêmes (Fi. A., 1894, s. 9). Ces charges ont perdu
de leur importance du fait qu'un immeuble peut être libéré une fois pour
toutes, par un paiement unique, de tout impôt foncier (ce qui est actuellement le cas pour la plus grande partie du pays) et que l'impôt successoral
ne vaut comme " legal estate " qu'après avoir été inscrit dans le registre
des charges foncières (register of land charges) L. C. A., 1925, s. (1),
Class D).

II. Dîmes (tithe rent charges). — Les droits de dîme ecclésiastique
ont été enlevés aux couvents dès la fin du xive siècle pour être transférés
en partie à des laïques, en partie aux ecclésiastiques de l'Eglise d'Angleterre. En 1836, la dîme a été remplacée par des redevances d'argent de
valeur constante qui dépendent du prix du blé (Tithe Act, 1836); cette
redevance doit chaque année permettre l'achat d'une quantité de blé
équivalente à celle qui était due à titre de dîme avant 1836. C'est le propriétaire (c'est-à-dire le " freeholder " et bailleur) et non le possesseur
(preneur) qui est assujetti au paiement de la dîme. Toute stipulation
contraire est nulle (Tithe Act, 1891, ss. I, 9). Seul l'immeuble lui-même,
ainsi que les objets appartenant au débiteur qui s'y trouvent, garantissent le paiement de la redevance. Le débiteur n'est pas personnellement obligé sur ses autres biens (Tithe Act, 1836, s. 81; 1891, s. 2). Une
" tithe rent charge " peut être rachetée par le paiement d'une somme
équivalant à 25 redevances annuelles (Tithe Act, 1878, ss. 3, 4; 1886, s. 5).

III. **Right of entry** (Cf. p. 144). — Le droit de prendre possession à la suite d'une violation des stipulations contractuelles relatives à un bail ou à une vente foncière équivaut à un " legal estate ". Il est librement aliénable ; il peut également être constitué en faveur de tiers (L. P. A., 1925, s. 4. (3)).

EQUITABLES INTERESTS (DROITS RÉELS DE DEUXIÈME ORDRE OU DROITS D'ÉQUITÉ)

CHAPITRE I

CRÉATION DES DROITS D'ÉQUITÉ

Law of Property Act, 1925 (L. P. A., 1925).

L' " Equity " oblige les parties conformément aux règles de la bonne foi. Tous les droits basés sur la bonne foi qui ne sont pas des «legal estates» sont des droits d'équité (Cf. L. P. A., 1925, ss. I (3), 4 et Cf. p. 133). Le droit d'équité naît au moment où un " legal estate " que l'on voulait ou devait créer n'est pas entré en vigueur par suite d'un vice de forme (non inscription dans un registre, par ex.). Ce droit d'équité est d'efficacité limitée et soumis à certaines conditions déterminées; il donne cependant le droit de parfaire les conditions de forme du " legal estate "; celui-ci appartient dans l'intervalle à l'aliénateur. Lorsque le transfert a eu lieu selon les formes requises et que l'acquéreur a par conséquent acquis un " legal estate ", mais que le contrat est entaché de vices internes (il est fondé sur l'erreur ou le dol par ex.), l'aliénateur possède un droit d'équité qui lui permet de réclamer la restitution de l'objet aliéné. Il y a d'autres droits tels que les droits futurs ou éventuels qui n'existent que comme droit d'équité. La première classe de droits d'équité naît de vices de forme dans la rédaction des contrats ou de vices de volonté des parties lors de la création de " legal estates "; dans le second groupe rentrent tous les droits qui ne peuvent exister que sous cette forme. A ce dernier groupe appartiennent les "entails " et les " life interests " dont il a déjà été parlé (C. p. 123) ainsi que les " trusts " qui font l'objet du chapitre suivant. Les vices de volonté feront l'objet d'une étude plus détaillée dans la partie de cet ouvrage consacrée au droit des Obligations (vol. II). Seuls les vices de forme seront mentionnés ici.

Toute constitution du " legal estate " sur un immeuble doit faire l'objet d'un contrat scellé et signé par les parties contractantes (L. P. A., 1925, ss. 52 (1), 73). Seul le contrat de bail conclu pour une durée qui ne dépasse pas trois ans échappe à cette obligation de forme (s. 54 (2)). L'acquéreur, en cas de contrat simplement écrit n'obtient qu'un droit d'équité (s. 53). Le simple transfert oral d'un droit ne créé qu'un " estate at will " (s. 54 (1)), qui peut être révoqué en tout temps.

Une hypothèque sur des droits d'équité n'existe que comme droit d'équité et non comme " legal estate ".

La description d'institutions juridiques isolées et surtout celle de l'inscription des droits immobiliers dans les Registres fera ressortir encore davantage la différence qui existe entre les "legal estates" et les "equitable interests".

CHAPITRE II

TRUST; FIDÉICOMMIS

Lewin, Th. : A practical treatise on the law of trusts, 13. Edit., London
1926. — Godefroi, H. : On the law of trusts and trustees, 5. Edit.,
London 1926. — Sir Underhill, A. : Law of trusts and trustees, 7 Edit.,
London 1921. — Snell : p. 65-183. — Jenks : ss. 1765-1831. — II,
Stephen : p. 718-746. — David, H. : Der Schutz des Begünstigten in
der Treuhand, Zurich, 1926. — Trustee Acts, 1888-1925 (T. A.,
1888-1925). — Judicial Trustee Act, 1896(J. T. A., 1896). — Public
Trustee Act, 1906 (P. T. A., 1920). — Law of Property Act, 1925
(L. P. A., 1925).

I. **Importance économique.** — L'institution du trust permet de
mettre une personne en jouissance d'un patrimoine tout en la déchar-
geant de toute la responsabilité de l'administration. La charge et la responsabilité de l'administration retombent entièrement sur l'administrateur
du trust, le " trustee ", qui pendant le temps de son administration est
non seulement le représentant du bénéficiaire, mais aussi le " legal owner ",
le propriétaire en vertu de la Common Law, des biens constituant le trust;
le bénéficiaire n'a qu'un droit d'équité sur le trust et sur son exécution. Il
convient de distinguer entre le trust anglais et l'institution continentale
par laquelle des banques, des sociétés fiduciaires, ou des individus entreprennent de représenter à titre de fidéicommissaires les intérêts pécuniaires particuliers d'une ou de plusieurs personnes. S'il existe une certaine analogie entre les deux institutions au point de vue économique,
elles sont juridiquement totalement dissemblables. Bornons-nous à rele-
ver en effet que le " trustee " anglais devient le propriétaire des biens qui
lui sont confiés et qu'une violation de ses devoirs entraîne des pénalités
graves. Alors que le fidéicommis continental n'est pas régi par des dispositions légales spéciales, l'institution anglaise du trust est admirablement
réglée dans tous ses détails, par d'anciennes coutumes, par la jurisprudence, et par la loi. C'est grâce à cette circonstance que le trust anglais

offre aux intéressés beaucoup plus de sécurité que le fidéicommis continental.

Il convient de ne pas confondre le " trust ", désignation de l'institution même du fidéicommis en droit anglais avec le " trust ", réunion en un cartel de plusieurs entreprises économiques. Dans ce dernier cas, les actionnaires de différentes sociétés par exemple, remettent leurs actions à quelques personnes qui agissent alors comme fidéicommissaires et exercent leurs droits de vote; la transmission peut aussi s'opérer aux mains d'une société Holding spéciale, les actionnaires réduisant en ce cas leurs prétentions aux seuls dividendes afférant à leurs actions. Le transfert du droit de vote résultant de la propriété des actions à des fidéicommissaires, transfert destiné à obtenir une politique économique suivie et régulière, a lieu sous la forme d'un " voting trust ". L'administration de plusieurs sociétés devient par ce moyen indépendante des changements d'actionnaires. Une fois que la majorité des actions a été transférée aux fidéicommissaires, ceux-ci détiennent pratiquement le contrôle de toute l'administration et assurent ainsi la direction coordonnée de l'entreprise. Ces réunions et ces concentrations d'exploitations économiques (visant également à la fixation d'un prix unique) apparaissent sous les formes les plus variées; l'expression " trust " en est la désignation générique, mais ces " trusts " n'ont rien de commun avec les institutions de droit privé du même nom.

II. Concept. — Un trust est l'obligation en équité pour une personne, " trustee ", d'administrer un bien qui lui est remis (trust), pour le compte d'un tiers, le bénéficiaire (beneficiary) qui est en droit d'exiger l'accomplissement de cette obligation. Le fidéicommissaire est appelé „ trustee ", les biens constituant l'objet du trust " trust property ", le bénéficiaire " beneficiary ", " cestui que trust " ou (en Écosse seulement) " trustor ".

Le droit de propriété légal et le droit de propriété bonitaire sur les mêmes biens sont ici séparés et appartiennent à des personnes différentes. Le premier droit est un " legal estate ", le second n'est qu'un droit d'équité (Cf. p. 133). L'institution du Trust joue en Angleterre un rôle extraordinairement important. L'intervention d'un homme de confiance qui prend en mains l'administration et la disposition d'un patrimoine avec des droits presque absolus, mais aussi avec la responsabilité la plus lourde, est pour différentes raisons beaucoup plus fréquente en Angleterre que dans les autres pays. C'est ainsi qu'au temps de la propriété féodale, la dévolution de terres au profit d'héritiers n'était possible que par leur transfert à un " trustee ", transfert effectué en faveur des héritiers prévus. Par ailleurs, la femme mariée n'avait encore récemment

presque aucune capacité juridique à l'égard de ses biens puisque son mari
en avait l'entière administration et en partie aussi la propriété. Ici encore,
il paraissait utile de faire intervenir un tiers qui administrât et possédât
le patrimoine pour le compte de la femme. Les règles du trust s'appliquent
enfin à presque tous les rapports juridiques basés sur la confiance : la
banque est le " trustee " de ses clients, le mari celui de sa femme, l'avocat
celui de son client, le mandataire celui de son mandant, etc.

III. **Variétés de trusts.** — On distingue différentes sortes de trusts
selon que l'on se place au point de vue des fonctions du " trustee " ou à
celui du mode de constitution du trust.

1 *Classification selon les fonctions du " trustee ".* — Lorsque le " trustee
est simplement chargé de garder des biens, il n'est qu'un simple dépositaire passif et l'on parle alors d'un " simple trust " et d'un " bare
trustee ".

Le plus souvent, le ,, trustee " est chargé de faire des actes de disposition pour le compte du bénéficiaire et de passer des contrats. Il convient
alors de distinguer entre le cas où le " trustee " est commis à l'exécution
d'une tâche isolée et déterminée (vente d'un immeuble par ex.) ou celui
dans lequel le " trust " consiste dans l'administration d'un patrimoine
considérable, la conduite d'une entreprise, etc. Dans le premier cas, il
s'agit d'un ,, special trust ", dans le second d'un " discretionary trust ";
dans le premier, l'acte de nomination indique exactement au ,, trustee "
comment il doit procéder; dans le second le trustee agit tout à fait librement. Ses décisions sont sans recours aussi longtemps qu'il est de bonne
foi. Le bénéfice net provenant de l'administration du trust échoit au
patrimoine et non au " trustee ".

2° *Classification selon le mode de constitution.* — Le trust peut être le
fait de la volonté expresse d'une partie. Cette volonté doit s'exprimer en
termes précis et indiscutables. On se trouve alors en présence d'un
" express trust '. Lorsque cette volonté n'apparaît pas, lorsqu'il n'a été
émis qu'un désir au sujet du trust, le trust n'est qu'un " precatory trust "
et le " trustee " absolument libre d'en assumer ou d'en refuser l'exécution. La volonté de créer un trust peut se déduire des circonstances accessoires : une personne par exemple acquiert un immeuble et en fait transférer la propriété à un tiers; ce tiers devient " trustee " de l'acquéreur.
Ce trust est un " implied trust " ou un " resulting trust " puisqu'il est
créé au profit de l'acquéreur.

La personne qui administre ou veut administrer contrairement aux
règles de la bonne foi et à son profit personnel un patrimoine qui est parvenu entre ses mains sans qu'il ait été convenu expressément un trust

est considérée par les tribunaux comme un ,, constructive trustee '' et son administration comme un " constructive trust ". Sa responsabilité est celle qui résulte d'une violation des règles du trust.

IV. Constitution du trust. — L'existence d'un trust immobilier doit pouvoir être prouvée par une pièce signée de la personne qui a constitué le trust (L. P. A., 1925, s. 53 1) (b); il n'est pas nécessaire pour cela d'observer des formes spéciales (une lettre suffit par ex.). Les trusts qui résultent d'une présomption de droit (implied or resulting trusts) ou de l'opinion des juges (constructive trusts) échappent naturellement à ces conditions de forme. La forme orale suffit pour les trusts essentiellement mobiliers.

V. Obligation du trustee. — 1° *Entrée en fonction du trustee.* — Le trustee est généralement désigné dans l'acte de constitution du trust. Il peut expressément ou tacitement décliner ou accepter ces fonctions. Le trustee appose en général sa signature sur l'acte de constitution pour marquer son acceptation, lorsque le constituant est vivant. L'acceptation est tacite lorsque le trustee entreprend des actes d'administration concernant le patrimoine du trust.

Le constituant peut nommer d'autres " trustees " lorsque les premières nominations ne sont pas effectives, lorsque par exemple tous les trustees décèdent avant l'entrée en vigueur du trust ou refusent leurs fonctions. Lorsqu'il n'est plus en état de le faire, le juge désigne un trustee (judicial trustee), (T. A., 1925, s. 41; J. T. A., 1896, s. I), à la requête de l'un des intéressés.

2° *Libération ou suspension du trustee.* — Le trustee ne peut se démettre de ses fonctions que s'il y est expressément autorisé par l'acte de constitution ou s'il obtient à cet effet l'assentiment du juge. Cet assentiment est accordé d'emblée lorsque ni les personnes qui doivent désigner les trustees ni les co-trustees ne soulèvent d'objections. Il peut être pourvu au remplacement d'un trustee par les co-trustees ou par le juge (T. A., 1925, ss. 36, 39). Le juge suspend de ses fonctions le trustee qui a violé les stipulations du trust, encouru une condamnation pénale, fait banqueroute ou est devenu incapable (T. A., 1925., s. 41).

3° *Communauté de plusieurs trustees.* — En général, on nomme plusieurs trustees qui deviennent propriétaires *conjoints* (joint owners, cf. p. 129) du patrimoine (T. A., 1925, ss. 18, 40; L. P. A., 1925, s. 36 (3). Ils sont solidairement responsables à l'égard des bénéficiaires et ne peuvent disposer qu'unanimement des biens constituant le trust.

L'ensemble du patrimoine échoit, à la mort de l'un des trustees, aux trustees survivants, en vertu du droit d'accroissement (jus accrescendi)

A la mort du dernier trustee et jusqu'à la désignation de nouveaux trustees, le patrimoine est dévolu à l'exécuteur testamentaire (T. A., 1925, s. 18), qui a également le droit de nommer de nouveaux trustees (T. A., 1925, s. 36 (1)).

4º *Public Trustee*. — La difficulté de trouver des trustees capables pour les trusts de peu d'importance provoqua la création en 1906 d'un Bureau du Public Trustee; celui-ci est un fonctionnaire public. Il est uniquement chargé d'administrer des trusts [1]. Son activité fut très considérable pendant la guerre car il eut la charge de l'administration des patrimoines de tous les étrangers ennemis. Il ne saurait refuser d'être désigné pour l'administration d'un trust à raison de la petitesse du patrimoine en question. Il ne fait que conserver tous les documents relatifs au patrimoine lorsqu'il n'est qu'un " custodian trustee "; ce sont alors d'autres trustees, les " managing trustees ", qui entreprennent toute l'administration proprement dite (P. T. A., 1906, ss. 2, 4).

5º *Indemnisation du trustee*. — L'institution du trust étant basée sur la confiance, et l'absence d'intérêt personnel étant la meilleure garantie d'une bonne administration, le trustee n'est en principe pas rétribué pour son travail; l'indemnité doit être prévue dans l'acte constitutif. Le trustee n'a pas droit à être indemnisé pour le temps perdu et pour son activité lorsqu'il a accepté ses fonctions sans qu'une indemnité ait été prévue.

Celui qui refuse de fonctionner comme trustee gratuit peut se faire désigner à titre de "judicial trustee" par le tribunal; il a droit dans ce cas à une indemnité (J. T. A., 1896, s. I (5)). Une indemnité peut être allouée par une décision unanime des bénéficiaires postérieure à l'acte constitutif. Le Public Trustee et les sociétés fiduciaires ont légalement droit à une indemnité (P. T. A., 1906, s. 9; 1925, s. 42).

. VI. **Devoirs du trustee.** — Le trust est fondé sur la confiance que le constituant aussi bien que le bénéficiaire éprouvent pour le trustee. Le premier compte sur l'exécution de ses stipulations, le bénéficiaire sur la défense de ses intérêts. Cette confiance oblige le trustee à accomplir ses obligations personnellement et avec les plus grands soins. Il ne peut faire appel à des auxiliaires que lorsque l'usage l'y autorise ou que les connaissances spéciales nécessaires lui manquent. Le trustee n'est pas responsable des pertes causées par les auxiliaires consciencieusement choisis (T. A., 1925, s. 23). Il est cependant obligé de les surveiller et de veiller à

---

1. Ses bureaux sont situés dans King's Way, Londres W. C. 2 et à Manchester, Albert Square. On obtient les publications concernant toutes les questions relatives au Public Trustee en s'adressant à King's Way.

ce qu'ils ne détiennent pas plus longtemps qu'il est nécessaire des biens faisant partie du patrimoine. Le trustee a le droit de confier l'administration du trust à des tiers lorsqu'il s'absente pour un temps prolongé à l'étranger. Il est, dans ce cas, responsable des actes de son remplaçant. Celui-ci a tous les droits du trustee à l'exception de celui de confier son activité à un tiers (T. A., 1925, s. 25). La procuration doit être enregistrée au Central Office de la High Court lorsqu'il s'agit d'immeubles non immatriculés, ou à la Land Registry lorsqu'il n'est question que d'immeubles immatriculés (L. P. A., 1925, s. 125 (1)).

Les intérêts du trustee ne doivent pas s'opposer à ceux du bénéficiaire : c'est là une condition essentielle pour une administration correcte du trust et la sauvegarde du but posé par le constituant. Les obligations et les intérêts du trustee ne doivent pas être en conflit. Les conventions passées entre trustees et bénéficiaires au sujet du patrimoine qui fait l'objet du trust ne sont valables que si elles sont faites dans l'intérêt du bénéficiaire et observées avec la plus grande conscience; elles sont annulables lorsque le trustee fait intervenir un homme de paille.

Le trustee doit administrer le patrimoine et l'investir selon les prescriptions de l'acte constitutif et de la loi (T. A., 1925, s . 1-7). Cet investissement doit surtout consister en valeurs d'État. C'est ainsi que l'État peut placer une partie de ses emprunts chez des orphelins ou des mineurs. Des prêts ne peuvent être consentis que contre une garantie hypothécaire, et ne peuvent dépasser les deux tiers de la valeur de l'immeuble grevé.

Le trustee doit faire aux bénéficiaires et à ses représentants un rapport exact sur la situation du patrimoine qu'il administre. Il a l'obligation de rendre des comptes. Le bénéficiaire peut demander au tribunal de faire vérifier ces comptes lorsque le trustee néglige ses obligations.

Le trustee se rend coupable d'une violation de trust (breach of trust) lorsqu'il viole un de ses devoirs, lorsque surtout il n'investit pas le patrimoine en valeurs admises. Il est responsable de tout le dommage qui en résulte.

VII. **Droits du bénéficiaire.** — Le trust confère au bénéficiaire la jouissance d'un patrimoine tout en lui en enlevant l'administration et la disposition. Le bénéficiaire peut réclamer du trustee une exécution régulière du trust. Il peut au besoin faire intervenir le juge. Il a le droit, lorsque le trust prend fin par l'écoulement du temps prévu, ou pour toute autre raison, de réclamer au trustee le transfert à son nom du patrimoine ou des actes de dispositions conformes à ses instructions (Cf. L. P. A., 1925, s. 3 (3)).

VIII. **Protection du bénéficiaire.** — Les tribunaux d'équité ont établi, pour protéger le bénéficiaire contre les pertes éventuelles, plusieurs règles qui toutes visent à permettre au bénéficiaire de recouvrer le patrimoine même lorsqu'il est parvenu aux mains de tiers ou à lui donner un privilège à l'égard des autres créanciers du trustee.

1° *Privilège dans la faillite du trustee.* — Tout ce qui a été acquis avec des biens faisant partie d'un trust échoit à celui-ci. Le patrimoine peut être librement transformé. Le bénéficiaire conserve ses droits même à l'égard d'un patrimoine qui n'existe plus sous sa forme primitive et il peut les faire valoir à l'égard des nouveaux créanciers. Il peut réclamer dans la faillite du trustee que les biens du trust lui soient réservés. Il ne perd ce privilège que lorsque tant le patrimoine primitif que le patrimoine dérivé ont complètement disparu; dans ce cas il n'a plus qu'une créance personnelle contre le trustee. Le droit réel sur le patrimoine a disparu. Cette créance personnelle ne jouit plus d'aucun privilège vis-à-vis des autres créances.

2° *Droit de gage sur des biens non spécifiables.* — Lorsque le trustee a placé le patrimoine, dans une banque par exemple, de telle manière qu'il ne soit plus possible de le distinguer des biens personnels du trustee ou de ceux d'autres bénéficiaires, le bénéficiaire a un droit de gage privilégié sur l'ensemble. Le bénéficiaire est couvert aussi longtemps que le compte total dépasse le montant du patrimoine; on présume en effet que le trustee est un honnête homme et qu'en cette qualité il a employé ses propres fonds avant de prélever sur les biens du trust. Lorsque la valeur du compte général a diminué à la suite d'évènements d'ordre économique (variations de cours, par ex.), ou de prélèvements normaux, et que la créance du bénéficiaire n'est par conséquent plus couverte, le solde est partagé proportionnellement entre tous les bénéficiaires; lorsque par contre le patrimoine a été diminué par des prélèvements illicites du trustee, le solde est partagé entre les bénéficiaires conformément à la " rule in Clayton's Case ", dans l'ordre inverse des versements opérés; on admet en effet, que les sommes versées en premier lieu au trustee ont été également prélevées en premier, les versements postérieurs étant encore existants.

3° *Trust constructif (constructive trust).* — Un patrimoine qui n'est pas expressément soumis à un trust peut faire l'objet d'un trust constructif en vertu de la jurisprudence ou de la loi. Tout individu qui s'enrichit illégalement aux dépens d'un tiers est considéré par le tribunal comme le trustee du tiers, pour le montant de l'enrichissement illégitime. Cette fiction fut un des moyens les plus efficaces dont disposèrent les tribunaux d'équité pour garantir des prétentions basées sur l'équité.

C'est ainsi que toute personne qui s'est immiscée intentionnellement dans l'administration d'un trust sans avoir été désignée à cet effet est assimilée à un trustee constructif. L'acquéreur de biens faisant partie d'un trust est lié par les dispositions de l'acte constitutif lorsqu'il en avait ou devait en avoir connaissance et qu'il serait contraire à la bonne foi d'admettre que cette acquisition fût définitive. L'acquéreur est soumis aux stipulations du trust même lorsqu'il en ignorait l'existence, lorsqu'il a acquis sans contre-prestation (il a acquis à titre gratuit ou gagné au jeu) par ex. Il n'est cependant obligé de rendre que les biens qu'il a reçus ou leur valeur de remplacement. Le trustee désigné est considéré comme un trustee constructif pour le montant des revenus qu'il s'est illicitement approprié aux dépens du patrimoine. Il est obligé de verser au trust tous les gains accessoires qu'il en retire. C'est ainsi qu'il ne saurait conserver des provisions ou des commissions.

Est également assimilée à un trustee constructif, la personne qui a régulièrement acquis un terrain mais devrait l'administrer en trustee, alors que le trust n'a pas été régulièrement constitué (la forme écrite n'a pas été observée par ex.). Il manque à ce transfert pour qu'il soit absolu et valable une cause juridique : l'acquéreur devient en conséquence le trustee de l'aliénateur et des héritiers de celui-ci, mais non pas celui de l'ayant-droit prévu. Seule une personne sur le point de décéder est en droit de constituer oralement un trust; ce n'est que dans ce cas que le bénéficiaire sera autorisé à réclamer l'exécution du trust. Cette différence de traitement s'explique par le fait qu'alors que, dans le premier cas, l'aliénateur peut postérieurement encore créer un nouveau trust qui aura des effets juridiques, cette constitution n'est plus possible dans le cas de la personne dont le décès est imminent.

IX. **Responsabilité du trustee.** — 1º *Responsabilité à l'égard des tiers pour les contrats relatifs aux biens du trust.* — Le trustee, propriétaire formel du trust, est par conséquent personnellement responsable des contrats conclus par lui et concernant ce trust; il est également personnellement responsable du dommage résultant de l'état du patrimoine (une maison menace ruine, ou des dettes grèvent ce trust : l'obligation par exemple de verser le solde d'actions partiellement libérées). Le trustee qui a rempli ces obligations peut se rembourser sur le patrimoine, sur les revenus d'abord, sur le capital ensuite. La créance du trustee est privilégiée par rapport à celles du bénéficiaire et des créanciers de celui-ci. Le bénéficiaire est personnellement tenu lorsque le patrimoine ne suffit pas à dédommager le trustee.

2º *Responsabilité résultant de violations du trust.* — Le trustee est obligé de suivre à la lettre les prescriptions du trust. Toute inobservation de ces prescriptions constitue une violation du trust, et il est responsable du dommage qui en résulte. Il est surtout obligé d'investir convenablement le trust. Les pertes grèvent le patrimoine lui-même aussi longtemps que le trustee ne commet aucune faute de ce chef. Mais il est responsable de tout dommage causé par l'inobservation des prescriptions de l'acte constitutif ou de celles de la loi. Le patrimoine n'est pas considéré comme un tout; les pertes subies par une partie des placements ne peuvent donc compenser les gains réalisés sur d'autres biens. Le bénéficiaire a le droit d'accepter ou de refuser des placements qui ne sont conformes ni aux stipulations de la loi ni à celles du trust; la responsabilité du trustee s'éteint dès le moment où le bénéficiaire les accepte. Le trustee n'est responsable que des pertes résultant du surplus lorsque les biens acquis sont en eux-mêmes des placements autorisés mais que le dommage résulte de placements dépassant le maximum autorisé par la loi (des hypothèques ont été consenties pour plus des 2/3 de la valeur d'un immeuble, par ex.).

Le trustee est en outre pénalement responsable pour des violations dolosives du trust; il faut cependant pour cela le consentement du juge qui connaît de ces violations au point de vue civil, ou celui du ministère public (Larceny Act, 1916, p. 21).

3° *Responsabilité à raison des actes des co-trustees.* — Il résulte de la situation juridique de propriétaires conjoints (joint tenancy) des trustees, que ceux-ci doivent agir en commun accord. Le co-trustee est responsable des actes ou omissions du trustee auquel il a confié le pouvoir de disposer des biens du trust comme des siens; il s'est rendu en effet responsable d'une violation du trust. Lorsque l'un des trustees exerce l'administration effective, ses co-trustees ont l'obligation de s'enquérir de ses actes et de le surveiller. Le co-trustee n'est libéré de sa responsabilité que s'il prouve qu'il n'a non seulement pas pris part à l'acte incriminé mais encore qu'il ne l'a pas rendu possible par un défaut de surveillance. Un trustee n'est pas responsable pour les espèces et les autres valeurs reçues par son co-trustee bien qu'il ait formellement contresigné la quittance donnée (T. A., 1925, s. 30). Mais il a l'obligation de veiller à ce que cet argent soit convenablement investi dans le plus bref délai.

X. Protection du trustee. Droit de recours contre les co-trustees. — Tous les trustees sont solidairement responsables des pertes résultant de violations du trust. Le trustee co-responsable qui a été poursuivi pour le montant de la perte totale peut se retourner contre les co-trustees complices de sa faute. Lorsqu'un trustee est seul à avoir causé un dommage, il doit supporter seul aussi la perte qui en résulte dans les relations entre trustees. Il doit couvrir les autres co-trustees. Lorsqu'un trustee fautif est simultanément bénéficiaire du trust, la perte est en premier lieu couverte par sa part de bénéficiaire au trust.

2º *Droit de recours contre les bénéficiaires.* — Le bénéficiaire qui incite le trustee à violer le trust ou approuve cette violation est responsable pour le dommage ainsi causé sur la part à laquelle il a droit, pour autant qu'il connaissait la portée de ses actes (T. A., 1925, s. 62). Les tiers qui agissent de même ou tirent sciemment profit d'une violation du trust, sont également responsables.

3º *Prescription.* — Le droit du bénéficiaire se prescrit s'il n'en fait usage dans un certain délai après avoir eu connaissance de la violation du trust. Ce délai se calcule principalement sur la base des relations qui unissaient les parties. Si ces relations étaient inamicales et les droits du bénéficiaire contestés, celui-ci doit agir dans le plus bref délai; si par contre les relations étaient amicales, il n'avait pas à présumer qu'on lui causerait du dommage. Les délais sont également différents selon qu'il s'agit de commerçants ou de particuliers.

Les délais de prescription habituels sont applicables. Sauf délais spéciaux, l'action en raison de la responsabilité du trustee se prescrit par 6 ans (T. A., 1888, s. 8). L'action est imprescriptible lorsque la violation du trust est dolosive, lorsque le trustee est encore en possession du patrimoine qui lui est réclamé, et enfin lorsque le trustee l'a consommé pour son propre usage (T. A., 1888, ss. 1, 8).

4º *Libération par le tribunal.* — Le tribunal peut libérer le trustee de sa responsabilité pour violation de trust lorsqu'il a agi dans un but honorable et d'une manière conforme aux circonstances. Le tribunal prononcera librement (J. T. A., 1896, s. 3; T. A., 1925, s. 61).

QUATRIÈME SECTION

ACQUISITION ET PERTE DES DROITS
SUR LES IMMEUBLES

CHAPITRE PREMIER

OCCUPATION, USUCAPION ET PRESCRIPTION

(Occupancy, adverse possession and limitation).

I]. STEPHEN : p. 264-272. — JENKS : ss. 1429-1436, 159. — Land Registration Act, 1925 (L. R. A., 1925). — Administration of Estates Act,
1925 (A. E. A., 1925). — Real Property Limitation Acts, 1833 and
1874 (R. P. L. A., 1833 and 1874). — Trustee Act, 1888 (T. A. 1888).

I. **Occupation (occupancy).** — L'occupation (occupancy) consiste
en la prise de possession d'une chose sans maître. Ce droit est réservé
à la Couronne (Cf. L. R. A., 1925, s. 80). Ce dernier principe est expressément consacré en ce qui concerne les successions vacantes (A. E. A.,
1925, s. 46 (1) (VI)) [1]. Les terres nouvellement formées appartiennent, à
l'intérieur du pays, aux riverains ; sur la côte ou en mer (îles), à la Couronne pour autant qu'il s'agit de terrains d'une certaine importance.
Lorsque la formation de terres nouvelles n'est que lente et progressive,
la propriété en revient au propriétaire de la côte.

II. **Usucapion (adverse possession).**—Le possesseur d'un fonds en
est présumé propriétaire. Cette présomption est opposable à tous les
tiers qui n'invoquent pas des droits préférables. Le droit préférable du
tiers se prescrit lorsqu'il n'en a pas été fait usage dans un certain délai;
il s'éteint tandis que le droit du possesseur se complète et que ce dernier
devient propriétaire même à l'égard de l'ancien propriétaire.

---

1. Ce principe est également formulé expressément pour les épaves sans maître (unclaimed **wrecks**)
(Merchant Shipping Act, 1894, s. 623).

Pour usucaper, le possesseur ne doit pas avoir acquis sa possession furtivement, frauduleusement, ou grâce à une autorisation du propriétaire. Cette possession doit être nettement contraire (adverse) au droit du propriétaire. Le preneur ne peut acquérir par prescription aussi longtemps que le bail n'est pas arrivé à terme ou que le bailleur pourrait faire évincer le preneur à raison de retard dans le paiement du loyer ou de violation du bail, mais ne fait pas usage de ce droit. Le bailleur conserve sa propriété à l'égard d'un tiers qui, contre le preneur, a acquis par prescription le fonds loué, jusqu'à l'extinction du bail et l'expiration du délai de prescription nécessaire dès ce moment; il importe peu ici que le tiers n'ait jamais reconnu le droit du bailleur et que sa possession se soit opposée dès le commencement à celle du bailleur. La prescription n'agit qu'à l'égard de celui dont le droit a été détruit par elle. Un tiers peut par exemple acquérir par prescription aux dépens d'un usufruitier à vie; mais ce droit peut être contesté avec succès par le propriétaire ou par le successeur juridique de l'usufruitier après le décès de celui-ci, pour autant que le tiers n'a pas assuré son acquisition par une nouvelle prescription débutant au décès de l'usufruitier à vie.

Le délai d'usucapion est le même que le délai de prescription. Le droit du propriétaire s'éteint au moment où disparaît son action; le possesseur acquiert simultanément la propriété par une possession ininterrompue de même durée. Il est fait une exception à ce principe pour les immeubles immatriculés. Dans ce cas l'acquéreur par prescription n'obtient pas, à l'expiration du délai de prescription, les droits du propriétaire immatriculé mais le droit d'être inscrit au Registre Foncier comme propriétaire. Le propriétaire immatriculé est jusqu'à ce moment fondé à disposer librement de l'immeuble au Registre Foncier (L. R. A., 1925, s. 75 (1) (2)). L'acquéreur qui a acquis de bonne foi un immeuble du propriétaire immatriculé est protégé à l'égard de l'acquéreur par prescription.

III. **Prescription (limitation).**—La prescription correspond à l'usucapion. Le droit sur un fonds ou à une rente foncière se prescrit par douze ans (R. P. L. A., 1874, s. 1). Lorsque la personne dont le droit se prescrit est incapable d'agir du fait de sa minorité ou d'une maladie mentale, le délai de prescription commence à courir dès la fin de l'incapacité ou dès le décès de l'incapable pour ses héritiers; dans ce dernier cas le délai n'est plus que de six ans lorsque le délai primitif de douze ans ne va pas plus loin (R. P. L. A., 1874 s. 3). Le délai de prescription ne saurait en aucun cas dépasser trente ans même si l'incapacité subsistait pendant tout ce temps (R. P. L. A., 1874 s. 5); il en est de même à l'égard du successeur incapable d'une personne incapable elle-même (l'héritier d'un aliéné par ex. est lui-même aliéné) (R. P. L. A., 1833, s. 18). La prescription commencée n'est pas interrompue par la survenance d'une incapacité (R. P. L. A., 1874, s. 3).

Lorsque le propriétaire a perdu son droit par dol, le délai de prescription court dès l'instant ou le dol est découvert; mais le tiers qui a acquis de bonne foi de l'auteur du dol est maintenu dans son droit (R. P. L. A., 1833, s. 24). Les mêmes délais de prescription sont applicables aux droits d'équité qu'aux legal estates de même catégorie (R. L. P. A., 1833, s. 24). Il est fait une exception en faveur de l'acquéreur d'un trust qui n'a pas connaissance de l'existence de ce trust; la prescription commence dès la vente du trust par le trustee et non pas seulement à la découverte par les bénéficiaires de l'acte de disposition illicite (R. P. L. A., 1833, s. 25). L'action contre le trustee qui s'est approprié le trust est imprescriptible lorsque le trustee est en possession des biens du trust ou les a consommés (T. A., 1888, s. 8).

La prescription de l'objet du contrat de bail commence dès l'extinction du bail; celle des baux oraux, renouvelables annuellement, commence à l'expiration de la première années ou au plus tard lors du dernier paiement du loyer; pour les baux écrits, au terme prévu. Lorsque le loyer est payé à un tiers non légitimé à recevoir, la prescription commence avec le premier paiement à ce tiers (R. P. L. A., 1833, ss. 7-9).

Le droit de rachat du débiteur hypothécaire s'éteint dans les douze ans qui suivent la prise de possession par le créancier hypothécaire (Cf. p. 166). Le créancier perd son droit à la prise de possession dans le même délai. La prescription commence avec la dernière reconnaissance écrite par le débiteur des droits du créancier, ou avec le dernier paiement d'intérêts. L'incapacité d'agir de l'une des parties ne saurait prolonger cette prescription spéciale.

Le " tenant for life " d'un "entail" peut suspendre les droits de l'ayant droit éventuel (remainderman) par une simple déclaration. La prescription des droits du " tenant for life " est par conséquent opposable à l'ayant droit. Celui-ci n'a une action que tant que le délai de douze ans n'est pas encore écoulé (R. P. L. A., 1833, ss. 21. 22).

CHAPITRE II

ALIÉNATION DES DROITS IMMOBILIERS

(*Title by alienation*)

II. Stephen : p. 284-324. — Jenks : ss. 1386-1397. — Deane, H. C. and
Spurling, C. : Elements of Conveyancing, 4. Ed. London 1925. — Law
of Property Act, 1925 (L. P. A., 1925). — Real Property Limitation
Act, 1874 (R. P. L. A., 1874). — Bankruptcy Act, 1914 (B. A., 1914). —
Settled Land Act, 1925 (S. L. A., 1925). — Administration of Estates
Act, 1925 (A. E. A., 1925). — Land Charges Act, 1925 (L. C. A., 1925).
— Land Registration Act, 1925 (L. R. A., 1925).

I. Formes de l'aliénation. — La vente d'un immeuble a lieu dans les
mêmes formes à quelques détails près que l'établissement d'une hypothèque ou la conclusion d'un contrat de bail. Les mêmes formalités sont
applicables au transfert de tous les " legal estates " immobiliers.

Nous prenons ici l'exemple de la vente d'un immeuble, exemple qui
montre d'une façon générale l'aliénation ou constitution des droits immobiliers.

Les parties signent avant de procéder à la tradition, un contrat préparatoire contenant toutes les conditions de vente. Ce contrat préparatoire
oblige le vendeur à transférer l'immeuble aux conditions prévues et
l'acheteur à l'accepter pour autant que le vendeur peut lui fournir la
preuve de l'existence de son droit d'aliéner ou de celui de constituer le
droit prévu. Le Registre Foncier n'existant actuellement que dans le
Middlesex (Londres), le Yorkshire et le Bedford Level, cette preuve doit
être administrée dans le reste de l'Angleterre par des titres spéciaux relatifs aux droits du vendeur. Le vendeur doit être en mesure d'établir pour
les trente dernières années tous les faits et actes juridiques concernant
son droit de propriété. Cette documentation, appelée " abstract of title ",
contient toutes les données propres à administrer la preuve de l'existence
des droits relatifs au fonds en question, les mentions des ventes antérieures, des legs, des hypothèques, des contrats de bail conclus, des suc-

cessions, des donations, et donc de toutes les particularités qui définissent l'étendue et le contenu du droit du vendeur. L'acheteur vérifie (investigation of title) cette documentation sur la base des actes originaux et requiert s'il est nécessaire des renseignements supplémentaires (requisitions).

L'acheteur prendra la précaution d'examiner tous les registres dans lesquels pourraient éventuellement être inscrites des charges foncières· Ces recherches portent le nom de " searches ". Le droit du vendeur est alors clairement délimité; le vendeur ayant fait sa preuve, on dresse le contrat réel (conveyance), dont l'établissement et la remise rendent la vente parfaite.

II. **Le contrat préparatoire (contract for agreement for sale).**— 1º *Contenu.* — Les parties concluent un « contrat ouvert » (open contract) lorsque le contrat préparatoire ne mentionne que le prix de vente. l'objet de celle-ci et les parties au contrat. On complète le contrat en y insérant les conditions usuelles pour les ventes immobilières telles qu'elles sont déterminées de temps en temps par le Lord Chancelier (L. P. A., 1925, s. 46). Celles-ci sont cependant subordonnées aux stipulations des parties. Il est sous-entendu, à défaut de conditions spéciales, que le vendeur s'est engagé à faire la preuve de la validité de son droit sur l'immeuble, à fournir à l'acheteur la documentation propre à établir ce droit, à supporter tous les frais de transfert, et à remettre à l'acheteur tous les actes relatifs à l'immeuble pour autant qu'ils ne lui sont pas nécessaires à d'autres titres (L. P. A., 1925, s. 45). L'acheteur n'a cependant pas le droit d'examiner les actes passés avant le délai légal de trente années.

Tous les droits immobiliers se prescrivent par trente ans (R. P. L. A., 1874, s. 5). L'acheteur ne peut donc être troublé dans son acquisition lorsque le vendeur a été en état de prouver que rien n'a mis en question son droit de propriété pendant les trente dernières années.

L'acheteur peut invoquer la prescription à l'égard de tout tiers qui aurait acquis un droit sur l'immeuble avant le commencement de cette même période. C'est la raison pour laquelle la loi spécifie que l'acheteur n'est pas légitimé à réclamer du vendeur des titres datant de plus de trente ans en arrière. Cette preuve du droit de propriété doit pourtant être basée sur un titre propre à constituer le point de départ du droit dont le transfert est en cause (a good root of title) (L. P. A., 1925, s. 44) (1)). Ce titre doit mettre l'aliénateur ou ses prédécesseurs juridiques en possession d'un droit de propriété illimitée lorsqu'il s'agit d'un " estate in fee simple ". Le vendeur doit présenter un contrat de bail lorsqu'il s'agit d'un immeuble loué (leasehold). Lorsque le bail n'a pas encore duré trente ans, le vendeur peut se contenter d'établir la preuves des contrats passés depuis sa constitution. L'acheteur d'un leasehold n'a pas le droit d'examiner les preuves du droit du bailleur (leasehold reversion) (L. P. A., 1925, s. 44 (2)).

Le vendeur est obligé, dès le moment où il a apporté la preuve qui lui est demandée, de transférer le fonds à l'acheteur qui doit lui remettre le prix d'achat en même temps qu'est dressé l'acte de transfert (conveyance).

Le contrat est censé être rompu par le vendeur lorsque la description de l'immeuble à vendre est grossièrement inexacte. Le vendeur a le droit cependant, lorsque cette erreur matérielle peut être réparée par un paiement en nature, de réclamer l'exécution du contrat (specific performance) si un paiement compensatoire est opéré. Les deux parties peuvent réclamer l'exécution du contrat lorsque les inexactitudes de la description sont insignifiantes. Les risques passent à l'acheteur dès la conclusion du contrat, tandis que le vendeur qui reste en possession de l'immeuble jusqu'au moment du transfert définitif en a l'usage tout en étant chargé du paiement des dépenses et des réparations courantes. L'acheteur et le vendeur se partagent les loyers qui n'échoient qu'après le transfert définitif. L'acheteur doit un intérêt moratoire de 4 % sur le prix d'achat lorsqu'il est en demeure après le jour fixé pour le transfert définitif; il a par contre droit à la jouissance de l'immeuble et peut exiger du vendeur resté en possession un loyer. En cas de demeure du vendeur, l'acheteur échappe à l'obligation de payer des intérêts en consignant le prix d'achat dans une banque au nom du vendeur.

Lorsque la vente de l'immeuble a lieu non par l'effet d'un contrat privé, mais à l'occasion d'enchères publiques, le contrat contiendra habituellement des dispositions particulières; par exemple : l'acheteur devra payer une certaine fraction du prix d'achat au moment de l'adjudication et le solde lors du transfert définitif; le vendeur se réserve le droit de ne procéder à l'adjudication qu'au moment où un prix minimum aura été atteint, ou celui d'enchérir également; le bois et les accessoires devront être repris à un prix fixé par une estimation à faire d'un commun accord; l'acompte immédiatement versé est acquis au vendeur comme peine si l'acheteur n'observe pas les conditions de vente.

2° *Formes et conclusion.* — Il n'est pas nécessaire d'observer une forme spéciale lorsque les négociations en vue d'un contrat préparatoire privé ont permis aux parties de fixer des points essentiels et que l'objet de la vente et la contre-prestation (consideration) ont été déterminés par écrit (L. P. A., 1925, s. 40).

L'accord des volontés peut résulter d'un simple échange de lettres. L'engagement doit cependant être signé par la partie qu'il lie. Dans le cas d'enchères publiques, le contrat est parfait par l'adjudication. Le commissaire-priseur a le droit de signer le contrat préparatoire au nom du vendeur.

3° *Effets*. — En Equité, l'acheteur devient le propriétaire de l'immeuble dès la conclusion du contrat préparatoire. Le vendeur exerce un droit de rétention (lien) sur l'immeuble; ce droit lui garantit le paiement du prix de vente. Les risques passent à l'acheteur. Lorsqu'au cours de l'examen des titres du vendeur une assurance devient exigible, à la suite d'un incendie par exemple, cette somme remplace l'objet de la vente (L. P. A., 1925, s. 47 (1)). Lorsqu'une partie décède après la conclusion du contrat préparatoire mais avant le transfert définitif, ses héritiers sont légitimés à réclamer l'exécution du contrat ou des dommages-intérêts pour le cas où le contrat aurait été rompu. Lorsque dans le même intervalle de temps, le vendeur fait banqueroute, son action passe au liquidateur de ses biens (trustee in bankruptcy) qui peut à son choix exécuter le contrat ou en refuser l'exécution. Dans le second cas, le liquidateur doit faire sortir l'immeuble de la masse (B. A., 1914, s. 54); l'acheteur est alors légitimé à réclamer judiciairement le transfert de l'immeuble. Lorsque l'acheteur fait faillite et que son liquidateur s'oppose à l'exécution du contrat, le vendeur reste en possession des acomptes payés; il peut de plus produire dans la faillite pour les dommages-intérêts qui résultent pour lui de l'inexécution du contrat.

III. **Abstract of title (Répertoire des actes juridiques concernant un immeuble).** — Ce répertoire (abstract of title) doit contenir toutes les circonstances qui ont pu influer sur le droit du vendeur sur son immeuble au cours des trente dernières années. L'acheteur qui ne peut se rendre compte des charges qui pèsent sur l'immeuble et de la validité du droit du vendeur en consultant simplement un registre foncier à jour, est obligé de se livrer à un examen attentif de toutes ces pièces. Ce répertoire doit naturellement commencer par un acte qui donne au vendeur ou à son auteur un droit préférable ou au moins égal au droit que le vendeur prétend aliéner. La légitimation du vendeur doit « avoir une bonne racine » (a good root of title) qui remonte au moins à trente années en arrière à moins de stipulation contraire. Cette « bonne racine » propre à baser la preuve des droits du vendeur peut être constituée par exemple par un testament contenant des dispositions précises concernant l'immeuble, un contrat de vente antérieur ou un contrat de bail dans le cas de la vente d'un immeuble loué. Sur cette base viennent se greffer tous les actes postérieurs qui ont modifié le droit du vendeur (constitution de droits réels limités, d'hypothèques, ventes, successions, donations, etc.). L' " abstract of title " pour être complet doit naturellement s'étendre jusqu'au jour de la vente. Voici par exemple quelle peut être la composition d'un " abstract of title ". (Cf. L. P. A., 1925, Sched. VI, specimen number 2) :

Abstract of Title
Concernant la propriété de Greenacre.

2 *janvier* 1910 : La propriété de Greenacre est constituée par James Smith en garantie hypothécaire d'un prêt de £ 1000 consenti par la Société M.

4 *février* 1910 : Testament de James Smith par lequel il institue ses dix enfants héritiers de Greenacre par parts égales et nomme E exécuteur testamentaire.

1er *mars* 1910 : Décès de James Smith: ses dix enfants lui survivent.

3 *avril* 1910 : E obtient la confirmation judiciaire de sa nomination comme exécuteur testamentaire (probate).

4 *décembre* 1910 : L'exécuteur testamentaire valide l'institution d'héritiers des dix enfants.

1er *janvier* 1926 : Le Law of Property Act, 1925, entre en vigueur; la propriété de Greenacre est transférée par l'effet de la loi au Public Trustee sous forme de trust (cette loi supprimant la propriété conjointe, (Cf. p. 131 et Law of Property Act, 1925, s. 34 (1)) jusqu'à la nomination de nouveaux trustees chargés de la vente. L'hypothèque de 1910 qui porte sur la totalité du fonds est réservée; elle est cependant transformée en un " term for years " d'une durée de 3000 ans (Cf. L. P. A., 1925, s. 85 (2) et 1. Sched, part. IV).

4 *juin* 1926 : Décision du tribunal (Chancery Division) qui nomme à la requête d'héritiers qui ont droit ensemble aux 6/10e de l'immeuble M. et N trustees pour la propriété de Greenacre en remplacement du Public Trustee.

7 *mai* 1927 : Vente et transfert de la propriété de N et M à Walter Robinson; la société M. est remboursée avec une partie du prix de vente et prend part à la vente en transférant le " term " (non encore révolu) de 3000 ans (Cf. p. 117. 167).

20 *avril* 1928 : X et Y obtiennent la confirmation judiciaire de leur nomination comme exécuteurs testamentaires de Walter Robinson (la propriété de Greenacre est censée leur être transférée, Cf. L. P. A., 1925, s. 11 (2)).

3 *mai* 1928 : X et Y donnent leur assentiment au transfert en trust du droit de propriété à John Robinson (l'héritier institué); ils déclarent être les trustees chargés de l'exécution du testament (Cf. S. L. A., 1925, ss. 6. 8. 30 (3)).

12 *juin* 1930 : X et Y obtiennent la confirmation judiciaire de leur nomination comme exécuteurs testamentaires pour la propriété de Greenacre (John Robinson étant décédé dans l'intervalle) (Cf. A. E. A., 1925, s. 22 (1)).

25 *juillet* 1930 : X et Y ratifient le transfert à eux sous forme de trust de la propriété de Greenacre aux fins de vente; le produit net de la vente doit être administré sous forme de trust conformément au testament de Walter Robinson (Cf. S. L. A., 1925, s. 36 (1)).

7 *janvier* 1931 : Transfert de Greenacre de X et Y à Frank Smithers en propriété illimitée.

9 *janvier* 1932 : Frank Smithers loue une partie de Greenacre à sa femme pour la durée de la vie de celle-ci contre paiement d'un loyer (un contrat de bail conclu pour la vie du preneur est assimilé à un bail de quatre-vingt-dix-neuf ans qui peut, à la mort du preneur être résilié par ses héritiers ou par le bailleur, Cf. L. P. A., 1925 s., 149 (6)).

22 *juin* 1933 : Frank Smithers transfère Greenacre en trust à une société fiduciaire K à charge pour celle-ci de vendre la propriété en réservant le contrat de bail conclu en faveur de sa femme (tous les droits d'équité créés dans l'intervalle sur l'immeuble sont ainsi supprimés en faveur de l'acquéreur, Cf. L. P. A., 1925, s. 2 (1), (I)).

Date   *Signatures*

La présentation des actes originaux, des title deeds, des attestations officielles telles que certificats de décès ou de succession ou extraits de registres publics fournit la preuve de l'exactitude de l' " abstract of title ".

IV. Recherches supplémentaires et établissement des charges foncières immatriculées (requisitions and searches). — L'acheteur a le droit de demander par écrit que ce répertoire et les moyens de preuve soient complétés et expliqués. Il doit veiller à ce que les titres présentés soient revêtus du timbre et à ce que les impôts immobiliers et successoraux aient été payés. Le droit de demander des renseignements supplémentaires tombe lorsque l'acheteur prend possession de l'immeuble ou lorsque, après réception de l'"abstract of title ", il laisse s'écouler un temps considérable avant d'en réclamer au vendeur. Le contrat préparatoire stipule ordinairement que le vendeur a le droit de se départir sans indemnité du contrat lorsqu'il n'a pas la possibilité ou le désir de donner à l'acheteur des renseignements complémentaires. En cas de divergences (au sujet de demandes de renseignements complémentaires ou d'objections quelconques) ou lorsque l'une des parties réclame une indemnité pour une différence en plus ou en moins dans la contenance de l'immeuble, chaque partie peut, par une procédure sommaire (vendor and purchaser summons), porter le conflit devant les tribunaux. Cette procédure n'est applicable que lorsqu'il s'agit de questions intéressant la validité ou le contenu du contrat (L. P. A., 1925, s. 49 (1)); on ne saurait y recourir lorsqu'une partie conteste l'existence même du contrat à raison d'un vice de forme ou d'un défaut d'accord des volontés des parties sur un point essentiel.

L'acheteur profitera du temps nécessaire à l'examen des titres pour rechercher, en examinant les différents registres publics, les charges foncières existantes susceptibles d'y être immatriculées. Le conservateur du registre se charge de ces recherches (searches) à la requête d'un intéressé et dresse un certificat dont les constatations ont force légale (L. C. A., 1925, ss. 16, 17).

V. Le transfert (conveyance). — *Opérations préliminaires.* — Une fois que l'acheteur a vérifié l'"abstract of title " du vendeur et s'en est déclaré satisfait, il rédige l'acte de transfert (conveyance deed) et le soumet à l'approbation du vendeur. Les parties participant au transfert sont déterminées grâce à l'examen de l' " abstract of title " (investigation of title). Toute personne qui a un droit sur l'immeuble en question doit participer au transfert, faute de quoi le droit de l'acheteur est menacé. Le fonds est-il grevé de charges foncières, l'acheteur pourra, en versant les sommes nécessaires à la caisse du tribunal, en obtenir l'annulation (L. P. A., 1925, s. 50). C'est habituellement le représentant du vendeur qui rédige l'acte de transfert. Le prix de vente ou son solde et les actes concernant le fonds (title deeds) sont simultanément échangés.

2º *L'acte de transfert (conveyance deed).*

a) Forme. — Le contrat réel ayant pour objet le transfert d'un " legal estate " doit être rédigé sous la forme d'un contrat scellé et signé par les parties (L. P. A., 1925, ss. 52 (1), (73)). Ce contrat est un " deed ". Cette forme exclut toute discussion ultérieure de la part des parties contractantes sur les faits contenus dans le contrat; les parties ne sauraient en particulier faire une preuve contraire à celle contenue dans l'acte. Le droit d'agir en justice en vertu d'un contrat conclu dans cette forme se prescrit par vingt ans. (C. P. A., 1833, s. 3). Les modifications au contrat primitif sont possibles mais subordonnées à l'observation des mêmes conditions de forme. Un contrat bilatéral en deux exemplaires est appelé " indenture ", une déclaration unilatérale de l'une des parties contractantes " deed poll ".

b) Contenu. — L'acte de transfert débute par l'indication de la date; celle-ci ne constitue cependant pas un élément essentiel de l'acte puisqu'un acte scellé ne déploie tous ses effets que dès le moment où il est remis à la partie contractante. Une indication de date erronée peut toujours être rectifiée par preuve contraire orale. Au quantième succèdent les indications relatives aux parties et un bref résumé des renseignements contenus dans l' " abstract of title " fourni par le vendeur. Cet aperçu historique sur les droits qui font l'objet de la vente, appelé " recitals ". peut aussi être laissé de côté. Il contient deux parties : l'énumération dont il a déjà été parlé (narrative recitals) et les motifs qui sont à la base du contrat (introductory recitals); ils acquièrent force probante après un délai de vingt ans (L. P. A., 1925, s. 45 (6)). L'acte renferme ensuite une déclaration (testatum) confirmant la passation du contrat. Il y est indiqué que le fonds est transféré à l'acquéreur (operative words) en vertu de sa contre-prestation (consideration) dont l'acte lui-même porte quittance (receipt clause). Le transfert s'obtient aussi sans l'indication de la contre-prestation; cette indication est cependant utile, le transfert pouvant sans cela être assimilé à une donation (voluntary conveyance) et attaqué par les créanciers du vendeur dans le cas de sa faillite (B. A., 1914, s. 42), dans celui de son insolvabilité au moment du transfert, ou par des tiers acquéreurs lésés (L. P. A., 1925, ss. 172, 173, (1)). Un transfert sous forme de donation laisse par ailleurs supposer la création de la part du donateur d'un trust en sa faveur (resulting trust, mais Cf. L. P. A., 1925, s. 60 (3) et p. 175). Lorsque le texte de l'acte contient quittance du paiement du prix d'achat, l'acquéreur postérieur est fondé à croire que cette somme a réellement été payée même si tel n'est pas le cas (L. P. A., 1925, s. 68). L'acte contient enfin une description de l'immeuble (parcels), et de ses dépendances et éléments (L. P. A., 1925, s. 62). On mentionne dans les choses exceptées de la vente (exceptions) les objets exclus du transfert (le bois, les minéraux par ex.), et dans les choses réservées (reservations) les droits que le vendeur constitue à nouveau à son profit à l'occasion du transfert (droit de passage, rente foncière, par ex.).

Dans la disposition suivante appelée " habendum ", on délimite l'étendue du droit transféré à l'acheteur. Il y est dit par exemple, que l'acheteur acquiert un droit de gage hypothécaire, ou un droit de tenure par bail ou enfin un droit de propriété illimitée. Le vendeur affirme enfin d'une manière expresse (covenants) qu'il est légitimé à transférer l'immeuble à l'acheteur, qu'il ne troublera pas la possession de celui-ci, que l'immeuble est libre de toutes servitudes, enfin qu'il est prêt à rédiger de nouveaux actes de transfert si la nécessité s'en fait sentir (L. P. A., 1925, ss. 76, 77, II Sched.).Au cas où le vendeur est obligé de conserver certains actes (title deeds) relatifs au fonds parce que ceux-ci lui sont personnellement nécessaires, il doit s'engager à les garder avec soin (undertaking for safe custody) et reconnaître expressément à l'acheteur (acknowledgment) le droit d'examiner ces actes et d'en demander la production (L. P. A., 1925, s. 64). Le contrat est terminé par le " testimonium ", par lequel les parties déclarent confirmer la passation de l'acte par l'apposition de leur signature et de leur sceau.

c) Exemple : Tel est approximativement le contenu de l'acte de transfert correspondant à l' " abstract of title " donné dans l'exemple précédent :

Conveyance of Freehold.

Date :   Ce contrat a été conclu le 23 juin 1933

Parties :   Entre Frank Smithers à Greenacre d'une part et la Société Fiduciaire K, d'autre part :

Narrative recitals :   Attendu que la propriété de Greenacre a été dévolue en vertu du testament de James Smith du 4 février 1910, à ses 10 enfants par parts égales;

Que le dit James Smith est décédé le 1er mars 1910;

Que les trustees K et N ont transféré par acte du 7 mai 1927 l'entière propriété de Greenacre à Walter Robinson;

Que les exécuteurs testamentaires X et Y de Walter Robinson ont fait valider leur nomination par le Tribunal le 20 avril 1928;

Que les exécuteurs testamentaires X et Y ont transféré l'entière propriété de Greenacre à Frank Smithers par acte du 7 janvier 1931;

Introductory recitals : Attendu que le dit Frank Smithers s'est mis d'accord avec la Société Fiduciaire K pour lui transférer la propriété entière et libre de toutes servitudes de Greenacre pour le prix de 10.000 £;

Testatum :
Consideration : Il est constaté et prouvé par cet acte, qu'en accomplissement de cet accord et qu'en considération de la contre-prestation de 10.000 £ faite par la Société Fiduciaire K audit Frank Smithers (somme dont quittance est ici donnée par ledit Frank Smithers) ledit Frank *Receipt :* *Operative words :* Smithers, propriétaire, transfère à ladite Société Fiduciaire K : la *Parcels :* totalité de la propriété de Greenacre sise dans la paroisse de Barrow-on-Trent dans le comté de Derby avec toutes les terres qui y sont comprises, telles qu'elles sont décrites dans la première annexe à cet acte et coloriées en rouge sur le plan ci-joint.

Exceptions and Reservations : Etant réservé audit Frank Smither et aux autres propriétaires et habitants de Blackacre, le passage de jour ou de nuit pour tous motifs, avec ou sans chevaux, avec ou sans chariots, véhicules ou attelages chargés ou non chargés, sur la bande de terrain délimitée sur le plan par des lignes pointillées ou de mener par ledit passage des bestiaux, moutons ou toutes autres bêtes.

Habendum : Et, afin que la Société fiduciaire K possède cet immeuble en pleine et entière propriété,

Acknowledgment and undertaking : Ledit Frank Smithers reconnaît ici à la Société Fiduciaire K, le droit d'examiner, de prendre des copies et de produire les actes mentionnés dans la deuxième annexe à cet acte et s'engage à veiller à la conservation desdits actes.

Testimonium : En foi de quoi les parties ont signé de leur main cet acte et ont apposé ici leur sceau.

Sig. : FRANK SMITHERS   *Pr. la Société Fiduciaire K*
                                          Sig. : H. D.   A. C.

IV. Sanctions juridiques des violations du contrat. — L'acheteur peut réclamer au vendeur qui ne s'exécute pas tous les acomptes payés avec leurs intérêts ainsi qu'une indemnité pour les frais occasionnés par l'examen des actes. Il ne peut réclamer des dommages-intérêts pour bénéfice non réalisé que si la carence du vendeur résulte de négligence ou de dol. Si le transfert de l'immeuble est rendu impossible par la faute de l'acheteur, le vendeur est en droit de vendre l'immeuble à un tiers pour le compte de l'acheteur en rendant celui-ci responsable d'un rabais éventuel. Les acomptes déjà versés ne sont pas annulés dans ce cas mais portés au crédit de l'acheteur. Une différence positive entre les deux prix de vente appartient au vendeur.

Le droit d'équité connaît en outre une action en exécution du contrat.

Le demandeur doit être en mesure de prouver que le défendeur n'exécute
pas un contrat parfait et obligatoire pour les parties. La demande est
écartée lorsque l'objet du contrat n'est pas déterminé par écrit ou lorsque
les indications portées dans le contrat préparatoire sont erronées. Le vendeur jouit, après le transfert, d'un droit de gage privilégié (lien) pour le
montant encore dû par l'acheteur sur le prix d'achat; ce droit peut être
réalisé par la vente de l'immeuble opérée avec le concours du Tribunal.
Cette vente n'annule pas le contrat primitif; le bénéfice éventuel appartient donc à l'acheteur. L'acheteur jouit également, et jusqu'au transfert
de l'immeuble, d'un droit de gage privilégié qui le couvre pour tous les
accomptes payés et leurs intérêts ainsi que pour ses frais. Ce droit de gage
est réalisable dans les mêmes conditions que celui du vendeur. Ces droits
de gage privilégiés doivent être immatriculés dans le registre des charges
foncières pour être opposables à des tiers acquéreurs de bonne foi (L. C. A.
1925, s. 13 (2)).

VII. **Vente d'un immeuble immatriculé.** — Le propriétaire inscrit,
ou le tiers qui a le droit de se faire immatriculer comme propriétaire, peuvent
aliéner un immeuble en observant les formes prévues par l'Ordonnance
concernant le registre foncier de 1903 (L. R. A., 1925, s. 147 (1) (b)). La
vente s'opère par l'inscription du nouveau propriétaire dans le registre.
L'aliénateur est seul propriétaire du fonds antérieurement à cette trans-
cription (L. R. A., 1925, ss. 19, 22). Le conservateur du registre foncier
délivre un extrait du registre foncier (land certificate) à l'acquéreur; cet
extrait fait la preuve de son droit. Dans le cas d'un transfert de propriété
opéré en échange d'une contre-prestation appréciable (valuable consideration) (la promesse de mariage est pour l'Anglais une valuable consideration), l'acquéreur acquiert la propriété de l'immeuble, les droits immatriculés et les droits qui n'ont pas à l'être étant réservés (L. R. A., 1925,
ss. 20, 23). Lorsque par contre le transfert a lieu à titre gratuit, dans le cas
d'une donation par exemple, les droits non immatriculés, mais qui
devraient l'être, restent opposables au nouveau propriétaire (L. R. A.
1925, ss. 20 (4), 23 (5)). L'exécuteur testamentaire qui en cette qualité
reçoit un immeuble est immatriculé comme propriétaire; il en est de
même du liquidateur en cas de faillite (L. R. A., 1925, ss. 41, 42 (1)).

VIII. **Acquisition de droits d'équité.** — On ne peut constituer ou
aliéner des " legal estates " réels qu'en vertu de contrats scellés; les
droits d'équité par contre peuvent être créés et cédés par simple acte
écrit. L'acte doit porter la signature de l'aliénateur. Le bénéficiaire d'un
trust peut également disposer de son droit par une simple déclaration
écrite (L. P. A., 1925, s. 53).

CHAPITRE III

RANG DE DROITS DIFFÉRENTS ET CONCURRENTS

SNELL : p. 25-64. — II. STEPHEN : p. 418-423. — Law of Property Act, 1925 (L. P. A., 1925). — Land Registration Act, 1925 (L. R. A., 1925). — Companies (Consolidation) Act, 1908 (C. C. A. 1908).

I. **Rang des '' legal estates ''.**—Plusieurs "legal estates" ne peuvent en général coexister que dans le cas où plusieurs hypothèques grèvent concurremment le même immeuble. Leur rang est établi par l'ordre de leur inscription au registre des charges foncières (L. P. A., 1925, s. 97; L. R. A. 1925, s. 29). L'hypothèque créée à la charge d'une société enregistrée conformément aux Companies (Consolidation) Act, 1908 doit être immatriculée au Registre du Commerce et non pas au registre des charges foncières (L. C. A., 1925. s. 10 (5); C. C. A., 1908, s. 93).

II. **Rang des droits d'équité.**—Le rang des droits d'équité est déterminé par celui dans lequel le propriétaire du legal estate grevé a eu connaissance de la création de ces droits ou de leurs cessions par le possesseur actuel à un tiers. Le moment décisif n'est donc pas celui où le droit a été créé ou aliéné mais bien celui où le propriétaire a pris connaissance de cette création ou de cette aliénation (L. P. A., 1925 s. 137 (1)). Cette communication doit avoir été faite par écrit. Elle est inscrite sur l'acte qui a créé le droit d'équité aliéné lorsque le propriétaire actuel du legal estate est inconnu (L. P. A., 1925, s. 137 (3)-(6)). Le droit susceptible d'être immatriculé prend rang au moment de son inscription et non pas à la date de création (L. R. A., 1925, s. 29). Les droits d'équité créés avant l'entrée en vigueur du Law of Property Act, 1925, sont classés dans l'ordre chronologique de leur date de constitution (L. P. A., 1925, s. 137 (7)).

III. **Rang des legal estates et droits d'équité concurrents.** — 1° *Rang au cas où aucun des droits n'est immatriculé.* — L'acquéreur d'un legal estate en échange d'une contre-prestation appréciable (valuable consideration) qui ignore l'existence d'un droit d'équité acquiert le legal estate libéré de ce droit d'équité; celui-ci s'éteint à son égard. L'acquéreur est présumé avoir eu connaissance de l'existence d'un droit d'équité lorsqu'un examen attentif des titres de l'aliénateur lui aurait révélé cette existence. Il est légalement présumé que l'acheteur connaît toutes les circonstances de fait qu'il aurait pu apprendre avec les moyens dont il disposait ou par des recherches apparaissant indiquées, et par conséquent l'existence du droit d'équité suspendu par l'acquisition du legal estate. Un acquéreur ne saurait sciemment négliger l'étude des titres qui lui sont soumis pour éviter de prendre connaissance de circonstances fâcheuses pour lui; une pareille attitude serait dolosive; l'acquéreur est donc lié dans ce cas. Le représenté est lié par ce qu'un représentant a appris ou aurait dû apprendre au cours des négociations relatives au marché en question (L. P. A., 1925, s. 199 (1) (II)). L'acquéreur d'un legal estate acquis d'un premier acquéreur qui connaissait l'existence d'un droit d'équité concurrent est protégé à l'égard du possesseur du droit d'équité, s'il ignorait l'existence de celui-ci. Le droit du tiers-acquéreur du legal estate est préférable au droit d'équité même lorsque l'acquéreur connaissait l'existence du droit d'équité, mais qu'il n'en était pas de même de l'aliénateur.

Dans tous les cas, il importe de savoir si un droit d'équité opposable s'es' éteint à l'égard d'un acquéreur de bonne foi. L'extinction en est alors définitive même au cas où l'acquéreur postérieur a connaissance de l'existence antérieure d'un droit d'équité. Il ne s'agit que de savoir si parmi les acquéreurs successifs il y en a un de bonne foi.

2º *Rang dans le cas où seul le legal estate est immatriculé.* — Un droit d'équité immatriculable mais non immatriculé, grevant un immeuble immatriculé, disparaît lorsque l'acquisition a été faite avec contre-prestation appréciable par l'acquéreur du legal estate sans qu'il soit nécessaire de savoir si cet acquéreur avait connaissance ou non de ce droit (L. P. A., 1925, s. 199 (1) (I); L. R. A., 1925, ss. 20, 23). Sont exceptés de cette règle les droits non soumis à immatriculation (overriding interests); ces derniers droits sont opposables à l'acquéreur de bonne foi qui n'en aurait pas eu connaissance; ce sont non seulement les droits d'équité (tels ceux qui appartiennent au possesseur de fait), mais aussi les obligations de droit public (entretien de routes et de murs de quai) et des legal estates (contrats de bail dont la durée ne dépasse pas vingt et un ans et servitudes foncières qui n'existent pas qu'en vertu de l'équité) (L. R. A., 1925, s. 70).

Le transfert d'un legal estate reposant sur un immeuble non immatriculé annule tous les droits d'équité — sans qu'il importe de savoir si l'acquéreur en a eu ou non connaissance — lorsque le transfert a eu lieu

conformément au Settled Land Act, 1925, par des trustees préposés à la
vente, par un créancier hypothécaire, ou par le tribunal, et qu'en même
temps les dispositions légales concernant le paiement du prix d'achat ont
été observées. Le droit d'équité qui est appelé à disparaître ne doit
cependant pas primer le transfert (L. P. A., 1925, s. 2 (I)). Celui qui
achète un immeuble à un trustee l'acquiert libre de tous les droits
d'équité nés au moment de l'acquisition de l'immeuble par le trustee ou
postérieurement mais grevé de tous les droits antérieurs à cette acquisition ou préférables à elle à un titre quelconque (Cf. ci-dessus au nº 1).

Lorsque le legal estate n'appartient pas déjà, au moment de la création du droit d'équité, à des trustees préposés à sa vente ou n'est pas déjà
constitué en fondation (Cf. p. 216), le propriétaire peut annuler un droit
d'équité existant en remettant le legal estate à des trustees chargés de le
vendre. Le droit d'équité ne grève que le produit de la vente et les revenus de l'immeuble antérieurs à la vente (L. P. A., 1925, s. 2 (2)). Mais
tous les droits d'équité garantis par le dépôt des actes relatifs à l'immeuble, les servitudes, les charges foncières d'équité, les contrats préparatoires à la création ou à la disposition d'un legal estate et les droits
d'équité immatriculés sont exceptés de ces dispositions et ne peuvent
plus être annulés par une disposition semblable (L. P. A., 1925, s. 2 (3)).
Lorsque ces droits ont été créés avant l'entrée en vigueur du Law of
Property Act, 1925, ils disparaissent à l'exception des droits garantis par
le dépôt des actes si l'acquéreur n'avait pas ou n'aurait pas dû avoir
connaissance de leur existence (L. P. A., 1925, s. 2 (5)).

Tous les droits d'équité opposables à l'aliénateur subsistent lorsque
l'acquéreur acquiert à titre gratuit. Les actes de disposition de l'acquéreur à titre gratuit sont soumis aux mêmes règles que ceux de l'acquéreur à valuable consideration (L. R. A., 1925, s. 20 (4); 23 (5)).

3º Rang dans le cas où les deux catégories de droits sont immatriculées. —
Le rang des legal estates comme des droits d'équité est déterminé par
la date de l'immatriculation; il importe peu que l'acquéreur en ait eu ou
non connaissance (L. R. A., 1925, s. 29). L'acquéreur est légalement mis
au courant de l'existence d'un droit immatriculé par le fait de l'inscription. Les indications du registre ont force probante (L. P. A., 1925, s. 198).

CHAPITRE IV

ACQUISITION ET PERTE DE DROITS RÉELS LIMITÉS

II. Stephen : p. 401-410. — Jenks : ss. 1437-1452. — Law of Property
Act, 1925 (L. P. A., 1925). — Prescription Act, 1832 (Pr. A., 1832).

I. Acquisition par constitution ou transfert. — On peut constituer
un droit réel limité par un acte scellé spécial ou le réserver à l'occasion
d'un transfert immobilier (L. P. A., 1925, ss. 52 (1), 65 (1)). Un droit réel
limité d'équité opposable à l'acquéreur qui en a connaissance, ou aux
donataires seulement, peut être constitué et transféré par simple déclaration écrite du constituant (L. P. A., 1925, s. 53 (1)). La forme orale est
insufffisante car tous les droits réels doivent revêtir la forme écrite;
la forme orale met l'acquéreur en possession d'un simple droit précaire
(L. P. A., 1925, s. 54 (1)).

On acquiert des charges foncières (charges) grevant un immeuble
immatriculé en vertu d'un contrat scellé; celui-ci crée sur l'immeuble un
droit de gage garantissant une créance de n'importe quel ordre. Le contrat doit désigner l'immeuble avec suffisamment de clarté pour qu'il ne
soit pas nécessaire de recourir à d'autres actes pour inscrire la charge
dans le Registre. Toute disposition qui enlève au propriétaire du fonds
grevé la disposition de son immeuble ou qui concerne un autre fonds ou
une autre charge est inadmissible et sans effet. Le droit de gage naît avec
l'inscription effectuée dans le Registre des charges foncières (L. R. A.,
1925, ss. 25, 26). Le transfert d'une charge foncière immatriculée ne
devient effectif que par l'inscription du nouvel ayant droit; l'aliénateur
reste antérieurement à ce moment bénéficiaire de la charge (L. R. A.,
1925, s. 33 (1) (2)).

**II. Acquisition par usucapion ou en vertu d'usages locaux
(prescription and custom).** — 1º *Prescription*. — On appelle « prescription » l'usucapion de droits réels limités. Elle se distingue de l'usage
local par le fait que dans le premier cas il n'y a usage que de la part d'une
personne et de ses prédécesseurs juridiques, tandis que l'usage local est

le fait d'une communauté juridique. Les seuls droits créés d'une manière expresse par « grant » sont soumis à l'usucapion. L'usucapion d'une rente foncière grevant l'immeuble propre (rent service Cf. p. 154) est par conséquent impossible puisque ces droits sont réservés en tant qu'ils grèvent le propre fonds et qu'ils ne peuvent être créés au profit de tiers, comme des " rent charges". La dîme ecclésiastique (tithe rent charge) est également exclue; bien qu'elle soit un droit sur le fonds d'autrui, elle est cependant fondée sur un droit d'usage et non sur une disposition constitutive. On ne peut de même acquérir des " rights appendants " (Cf. p. 150) par prescription du moment que ceux-ci tirent leur origine des droits des communiers villageois sur les terres communes et par conséquent du droit commun seulement. On acquiert des « rights appurtenant " (qui appartiennent au propriétaire actuel du fonds) en invoquant la possession du prédécesseur juridique qui a cédé le fonds au propriétaire actuel. L'usucapion ne s'applique qu'aux droits dont l'exercice est lié à la propriété du fonds, puisqu'aussi bien celui qui l'invoque s'appuie sur son droit et celui de ses prédécesseurs. On ne pourra donc acquérir par prescription des " rights in gross ", qui appartiennent personnellement à chaque ayant droit et ne sont point liés à la propriété du fonds, que lorsque le délai de prescription légal a été atteint en tenant compte seulement de l'usage du prédécesseur immédiat de celui qui invoque la prescription. L'exercice du droit acquérable par prescription devait primitivement remonter à des temps immémoriaux (time immemorial), c'est-à-dire avoir commencé au plus tard avant l'élévation au trône de Richard I en 1189. Toute prétention basée sur la prescription pouvait donc en vertu de l'ancienne jurisprudence être repoussée s'il était prouvé qu'à un moment donné quelconque, après cette année 1189, la prescription avait été interrompue. Le Prescription Act., 1832, a fixé les délais de prescriptions applicables aux droits réels limités.

a) "*Profits à prendre*". — On ne peut plus faire écarter un droit de cette espèce en prouvant qu'il ne remonte pas à l'année 1189 lorsque ce droit a été exercé pendant trente ans avant l'introduction de l'action en contestation. La prescription est par contre annulée lorsqu'il est prouvé que le propriétaire du fonds grevé a autorisé l'exercice du droit pour un temps limité ou qu'il l'a ignoré. Le droit acquis par l'ayant droit ou ses prédécesseurs juridiques est absolu et indiscutable (Pr. A. 1832, s. 1) après une prescription de 60 ans. La prescription est interrompue par la suspension de l'exercice du droit pendant une année au moins; un nouveau délai de prescription commence à courir après la suspension. (Pr. A, 1832. s. 4). Le non-exercice du droit n'équivaut cependant pas à la suspension de cet exercice. Dans le délai de trente ans ne rentre pas le temps pendant lequel le propriétaire était faible d'esprit ou mineur; ce délai est également suspendu par l'introduction d'une action en justice relative à la prescription (Pr. A., 1832 s. 7). Il n'est par contre pas nécessaire que le propriétaire ait eu la capacité d'agir au début de la prescription acquisitive; il suffit qu'il l'ait acquise par la suite.

b) *Easements.* — Les easements sont soumis aux mêmes dispositions que les profits à prendre. Les délais de la prescription acquisitive ne sont cependant respectivement que de vingt et quarante ans, de sorte qu'un droit de passage ou d'eau s'acquiert plus rapidement (Pr. A., 1832, s. 2). Lorsque l'objet du droit est loué par l'usucapiens, la durée du bail n'entre pas en ligne de compte dans le calcul de la prescription de quarante années, lorsque le possesseur du droit de retour (reversion) conteste le droit de l'usucapion dans les trois années qui suivent le terme du contrat de bail.

c) *Droit à la lumière.* — Le droit à la lumière s'acquiert par une usucapion de vingt ans; passé ce délai on ne saurait opposer à l'acquisition des usages locaux contraires (Pr. A., 1832, s. 3). Elle ne peut être sérieusement contestée qu'en prouvant que le droit litigieux n'a été concédé expressément que pour un temps limité. Bien qu'en général un preneur ne puisse acquérir par prescription un droit réel limité aux dépens de son propriétaire (par ex. par l'utilisation d'un chemin passant sur un fonds appartenant au propriétaire), il lui est loisible d'acquérir un droit de jour même contre lui et également lorsque le propriétaire, ayant loué l'immeuble grevé, n'en avait plus la possession effective.

2º *Coutume* (custom). — Un droit réel limité peut être acquis en vertu d'une coutume très ancienne. Ce mode d'acquisition profite à une classe de personnes déterminée par un rapport de lieu (les communiers d'un village, les pêcheurs d'un endroit) sans être lié à la propriété ou possession d'un immeuble. Ces droits réels limités basés sur la coutume se distinguent des autres droits de cette espèce en ce qu'ils sont inaliénables et détachés de la possession d'un immeuble. Il ne s'agit pas ici de droits de caractère public puisque l'exercice en est limité à une catégorie donnée de la population d'un territoire déterminé. Ces droits doivent être de contenu et d'étendue raisonnables et ne pas réduire à néant le droit du propriétaire. C'est pour cette raison qu'on ne peut revendiquer des « profits » en se basant sur des coutumes locales.

III. **Perte de droits réels limités.** — Les droits réels limités peuvent s'éteindre par renonciation du titulaire (sous la forme d'un contrat scellé — deed of release — ou d'une simple déclaration écrite lorsqu'il s'agit d'un droit d'équité). Ils peuvent aussi disparaître, à défaut de renonciation expresse, par le simple abandon (abandonment) du droit, abandon réalisé par le non-usage pendant un temps prolongé. On présuppose l'abandon du droit — par analogie avec la prescription — lorsqu'il n'a pas été exercé pendant douze ans. Le droit réel limité s'éteint également par la réunion du fonds servant et du fonds dominant dans les mains d'un même propriétaire; le propriétaire n'exerce alors plus un droit sur le fonds d'autrui mais un droit qui résulte de son droit de propriété. Le droit réel limité disparaît à l'occasion d'une aliénation subséquente s'il n'est pas à nouveau expressément réservé. Si le propriétaire du fond dominant acquiert la possession du fonds servant, l'ancien droit réel limité revit à la fin de la possession.

La charge foncière immatriculée disparaît par sa radiation du registre foncier à la requête de l'ayant droit ou lorsque la preuve de la disparition du droit est suffisamment rapportée (L. R. A., 1925, s. 35 (1)).

CHAPITRE V

ALIÉNATIONS NULLES OU ANNULABLES

II. STEPHEN : p. 195-203. — JENKS : ss. 1712-1742. — Mortmain and
Charitable Uses Acts, 1888 and 1891 (M. C. U. A., 1888 and 1891).
— Universities and Colleges Estates Act, 1925 (U. C. E. A., 1925).
— Settled Land Act, 1925 (S. L. A., 1925). — Education Act, 1918
(E. A., 1918). — Law of Property Act, 1925 (L. P. A., 1925). —
Companies (Consolidation) Act, 1908 (C. C. A., 1908). — Bankruptcy
Act, 1914 (B. A., 1914).

I. **Législation contre la " mainmorte " (mortmain).** — Les immeubles aliénés à des associations religieuses ou à des sociétés de durée
théoriquement illimitée deviennent en principe la propriété du seigneur. Le seigneur immédiat peut exercer ce droit pendant l'année qui
suit l'aliénation. S'il ne le fait pas, un délai de six mois est accordé aux
mêmes fins au suzerain à l'échelon supérieur. En l'absence de seigneur
direct ou lorsque celui-ci n'exerce pas son droit, la propriété de l'immeuble
échoit à la Couronne (M. C. U. A., 1888, s. 1). Ce droit de reprise (forfeiture) disparaît lorsque la société ou l'association religieuse a obtenu de
la Couronne le droit d'acquérir l'immeuble en question, ou qu'elle est
comprise dans une autorisation générale légale (M. C. U. A., 1888, s. 2).
C'est ainsi par exemple que les universités de Cambridge, d'Oxford et
de Durham, ainsi que les collèges de Winchester et d'Eton ont le droit
d'échanger des immeubles contre d'autres immeubles ou d'acquérir
avec le prix de vente d'un immeuble d'autres immeubles. (U. C. E. A.,
1925, ss. 1, 2, 26 (1) (X)). Ce n'est qu'avec l'autorisation du Ministère
que ces établissements peuvent vendre des immeubles à d'autres conditions (s. 21). Les Sociétés enregistrées au Registre du Commerce ont
l'autorisation générale de posséder des immeubles et ne sont pas soumises aux restrictions concernant la mainmorte (C. C. A., 1908. s. 19).

On ne peut aliéner des immeubles à une société de bienfaisance que
si cette aliénation est effective; lorsqu'il y a eu donation, il faut encore

que celle-ci soit devenue effective au plus tard un an avant la mort du
donateur. L'inobservation de ces conditions entraîne la nullité de l'aliénation sans que pour cela l'immeuble retourne au seigneur. La loi prescrit que l'aliénation doit être annoncée, dans les six mois qui suivent
l'acte, à la commission de surveillance des sociétés de bienfaisance (Cha-
rity Commissionners) (M. C. U. A., 1888, s. 4; L. A., 1925, s. 19 (4)).

Les donations testamentaires d'immeubles à des sociétés sont valables;
mais la société est obligée de vendre l'immeuble dans le délai d'une année
(1891, ss. 5, 7). Elle peut cependant solliciter de la commission de surveillance ou du tribunal l'autorisation d'en conserver la propriété lorsque
celle-ci est utile à la réalisation de son but social (1891, s. 7).

Les principes que nous venons d'énoncer comportent de nombreuses
exceptions. C'est ainsi que toutes les aliénations d'immeubles faites à
des fins éducatives sont autorisées (construction d'écoles et d'instituts)
(E. A., 1918, s. 46).

II. **Rule against perpetuities (dispositions contre les droits
perpétuels).** — Est nul tout acte de disposition en vertu duquel un droit
immobilier pourrait prendre naissance plus de vingt et un ans après le
décès d'une personne vivant au moment où cette disposition a été prise.
B lègue, par exemple, par testament un immeuble à celui des fils de A
qui atteindra le premier l'âge de 21 ans; la propriété doit lui revenir au
moment de sa majorité; cette disposition est valable, puisque chaque
enfant de A deviendra majeur en tout cas à 21 ans et peut ainsi acquérir la propriété de l'immeuble. Mais si seuls les petits-fils de A sont institués, la disposition est nulle, car il est possible qu'il naisse des petits-
enfants de A plus de vingt et un ans après son décès. La disposition est
nulle même si ce cas ne devait pas se présenter en fait.

Sont également nulles toutes les stipulations destinées à remplacer des
dispositions devenues elles-mêmes nulles (absence des héritiers institués).
Lorsqu'un immeuble est légué aux petits-enfants de A à la condition
qu'à défaut de petits-enfants il revienne à B, cette seconde disposition
est aussi nulle que la première. Il importe peu que ce principe soit violé
en réalité; il suffit qu'il puisse l'être au moment où la disposition est
prise. Est également nulle la disposition conditionnelle prévue pour le
cas où l'ayant droit survivrait à ses descendants ou n'en aurait pas; la
nullité date du moment où l'un des descendants atteint l'âge de 21 ans.
Il est indifférent que ce descendant vive encore ou soit déjà décédé au
décès du disposant (L. P. A., 1925, s. 134).

Lorsque la règle contre les perpetuities est violée par le fait que l'ayant-
droit ne jouira de son droit qu'à un âge de plus de 21 ans (L. P. A., 1925

s. 163 (1)), la disposition est considérée comme valable, mais la dévolution aura lieu dès la majorité de l'ayant droit.

Les inconvénients résultant des interdictions relatives aux « perpétuités » sont généralement évités par la création de " re-settlements ", settlements renouvelés (Cf. p. 217).

III. Accumulations (capitalisation).—Les revenus des capitaux d'un "settlement" (fondation familiale) ne peuvent être capitalisés pendant plus de vingt et un ans après le décès du disposant, ou au delà du moment de son décès, ou encore au delà de la minorité d'une personne conçue au moment de l'entrée en vigueur de la disposition. Toute stipulation contraire à cette règle est nulle pour autant qu'elle est stipulée pour un temps dépassant la durée autorisée (L. P. A., 1925, s. 164 (1)); elle est radicalement nulle lorsqu'elle se heurte aussi aux prescriptions concernant les droits perpétuels. Sont exceptées de ces dispositions les capitalisations faites au profit des créanciers du disposant, au profit des descendants du disposant, en vue de la constitution de parts héréditaires (portions, et avec les produits de ventes de bois (L. P. A., 1925, s. 164 (2)). Lorsque les revenus doivent être employés à l'acquisition d'immeubles, ils ne peuvent être ajoutés au capital que si l'ayant droit doit avoir des droits sur ce capital à sa majorité (L. P. A., 1925, s. 166 (1)).

IV. Aliénations frauduleuses (fraudulent conveyances).—Toute aliénation et toute disposition faites pour préjudicier aux droits des créanciers peuvent être attaquées par tout tiers lésé. Les acquéreurs de bonne foi sont cependant protégés (L. P. A., 1925, s. 172). L'intention dolosive est présumée lorsque l'aliénation porte sur la plus grande partie du patrimoine du disposant, lorsque le disposant reste en possession des biens aliénés, lorsque la cession a été faite en secret ou au moment où le créancier demandeur faisait valoir ses droits en justice. Une donation est frauduleuse lorsqu'elle rend le donateur insolvable, ou qu'il est sur le point de se lancer dans des spéculations dangereuses (L. P. A., 1925, s. 173).

En l'absence de ces deux conditions, le créancier demandeur doit prouver ou l'intention frauduleuse ou des faits qui la laissent présumer. Les créanciers dont la créance est postérieure à la donation ne peuvent attaquer celle-ci.

V. Annulabilité en vertu de la dissolution d'une société ou de l'insolvabilité d'un débiteur.—Toute hypothèque constituée par une société et qui répond aux prescriptions du Companies (consolidation) Act, 1908, peut être annulée par son liquidateur ou par un créancier lorsqu'elle n'a pas été inscrite dans les vingt et un jours qui suivent sa

création par le préposé au registre du commerce (C. C. A., 1908 s. 93).
La société reste personnellement engagée. Doivent être inscrits tous les
droits de gage créés par une société en garantie de ses obligations (debentures), ceux dans lesquels le gage consiste en capital non versé, en
immeubles, en comptes de banque, ainsi que les charges grevant l'actif
en général (floating charge). Est nulle toute aliénation d'actions consentie après l'entrée en liquidation d'une société, sans l'autorisation du
liquidateur (C. C. A., 1908, s. 205). Une société entre en liquidation
lorsque la demande en est faite par un créancier devant le tribunal, ou
lorsque cette liquidation est décidée par les organes compétents (C. C. A.,
1908, ss. 139, 183). Toute mise en gage de l'actif d'une société réalisée
dans les trois mois qui précèdent l'entrée en liquidation n'est effective
que lorsque la société est à ce moment solvable, et seulement dans la
mesure où le créancier gagiste a versé en contre-partie de l'argent comp-
tant (C. C. A., 1908, s. 212).

Est nulle à l'égard du liquidateur de la masse toute disposition du
débiteur ou tout privilège consenti à un créancier pendant les trois mois
précédant la demande de banqueroute (B. A., 1914, ss. 37, 38, 44) pour
autant que l'une ou l'autre mesure n'a pas été prise avant la déclaration
de banqueroute, à titre onéreux (valuable consideration), et en faveur
d'un acquéreur de bonne foi (B. A., 1914, s. 45). Les droits accordés à un
créancier à la suite d'une pression licite exercée par lui (menace de
plainte, par ex.) ne seront pas considérés comme des privilèges alors
même que le créancier serait ainsi avantagé par rapport aux autres créanciers. Le liquidateur des biens du débiteur insolvable peut attaquer une
aliénation à titre gratuit lorsque cette aliénation s'est faite dans les deux
années qui précèdent l'ouverture de la faillite, ou au cours des dix dernières années si le donateur s'était rendu insolvable par cet acte (B. A.,
1914, s. 42 (1)).

Des cessions faites en vue de mariage ou contre contre-prestation
appréciable (valuable consideration) à un acquéreur de bonne foi ne
sont pas assimilées à des donations. Lorsque le débiteur cède à sa femme
ou à ses enfants des biens acquis pour leur compte au cours du mariage,
cette cession n'est naturellement pas assimilée à une donation annulable.

Le tiers de bonne foi qui acquiert un immeuble du donataire est protégé dans son acquisition même si la donation était annulable.

IMMATRICULATION DES IMMEUBLES
ET DES CHARGES FONCIÈRES

CHAPITRE PREMIER

LA QUESTION DE L'IMMATRICULATION OBLIGATOIRE

II. Stephen : p. 465-515. — Land Registration Act, 1925 (L. R. A., 1925).
— Land Charges Act, 1925 (L. C. A., 1925). — Law of Property Act,
1925 (L. P. A., 1925).

I. **Le Registre Foncier.** — Une classification simple, claire, sûre et
panoramique des droits immobiliers, permettant de se rendre compte
rapidement de l'ensemble de la situation juridique d'un immeuble donné
et rendant ainsi les actes de dispositions rapides, aisés, peu coûteux et
sûrs, n'est possible que lorsque tous les droits immobiliers, pour autant
qu'ils soient réels, c'est-à-dire opposables à tous (propriété, gage,
charges foncières, servitudes, etc.), sont immatriculés dans un registre
officiel, le Registre Foncier.

Ces conditions idéales sont encore loin de régner en Angleterre; ce
pays possède bien un registre général des charges foncières avec inscription obligatoire de certaines charges; il existe bien à Londres un registre
foncier général (land register) pour l'ensemble du pays, registre dans
lequel peuvent aussi être immatriculés les droits de propriété immobiliers et non seulement à cause des charges et des changements qui sont
apportés à ces droits pour eux-mêmes. Mais l'immatriculation n'est
actuellement obligatoire que dans la ville de Londres. Les différents
comtés peuvent, il est vrai, requérir du Conseil de la Couronne une décision rendant le registre foncier général obligatoire pour le territoire du
comté. Mais ils n'ont jusqu'ici pas usé de cette prérogative. La loi
prévoit également que dix ans après son entrée en vigueur, soit dès 1936,

le Conseil de la Couronne pourra de sa propre initiative proposer l'extension de l'immatriculation obligatoire à l'ensemble du pays ou à certains
comtés seulement (L. R. A., 1925, s. 120 (1) (2)). La décision du Conseil
de la Couronne est soumise au veto des deux Chambres, ce veto pouvant
intervenir dans les quarante jours qui suivent la décision et l'annuler
(L. R. A., 1925, s. 121).

Lorsque l'immatriculation est obligatoire, toute aliénation d'immeuble
doit être annoncée à l'immatriculation dans les deux mois qui suivent
la remise de l'acte d'aliénation. Le marché est nul lorsque ce délai n'est
pas observé; le délai peut cependant être prolongé en considération de
circonstances spéciales (L. R. A., 1925, s. 123). Doit être immatriculé
tout droit réel, à l'exception des droits réels limités et des droits relatifs à
l'extraction des minéraux.

L'Etat garantit la véracité des inscriptions.

Les avantages que comporte, pour l'Angleterre, l'existence d'un registre
foncier avec inscription obligatoire des immeubles, sautent aux yeux
lorsque l'on considère que dans tous les cas où l'inscription n'est pas obligatoire l'acheteur d'un immeuble est contraint, s'il veut véritablement
garantir ses droits, de vérifier à l'aide des actes, title deeds, toutes les
transactions dont l'immeuble en question a été l'objet pendant les trente
dernières années; l'introduction de l'immatriculation obligatoire rend
cette vérification superflue. Il va de soi que cet examen de documents
techniques et difficiles à vérifier doit être effectué avec le concours onéreux d'un avoué (solicitor) spécialiste. Qu'on se rappelle encore que
cette vérification doit être entreprise à nouveau à l'occasion de chaque
nouvelle aliénation. Le Registre Foncier supprime toutes ces démarches
longues et coûteuses. Tous les droits importants sont, après une unique
vérification des title deeds par le préposé, immatriculés dans le registre
foncier. Le préposé à ce registre inscrit les ayant droits comme propriétaires et leur remet un certificat écrit — land certificate — attestant
l'immatriculation. Ce certificat est la preuve définitive du droit. Tout
acte de disposition postérieur est immatriculé, l'ancien certificat étant à
cette occasion complété ou remplacé par un nouveau certificat.

Une originalité du registre foncier anglais réside dans la distinction
qu'il fait entre les droits immatriculés " in absolute " (absolute title) et
les droits immatriculés relatifs (qualified title); dans le premier cas il est
impossible de faire valoir postérieurement un droit préférable; dans le
second la chose est au contraire possible (voir à ce sujet p. 211). Cette
différenciation était indispensable pendant la période de transition.

L'Angleterre possède encore à côté du Registre Foncier général de

Londres dont il a déjà été fait mention, des registres régionaux dans lesquels sont immatriculés les actes d'aliénation avec reproduction de leur contenu sans que cependant l'Etat soit responsable de l'exactitude des inscriptions. De semblables registres existent dans les comtés de Middlesex (Londres) et de Yorkshire et le Bedford Level. Dans le comté de Middlesex, toutes les aliénations non immatriculées sont nulles à l'égard d'un acquéreur ou d'un créancier hypothécaire postérieur dont le droit est immatriculé. Dans le comté de Yorkshire, les aliénations jouissent de la protection légale dans l'ordre de leur immatriculation. Ces registres régionaux resteront en vigueur après l'introduction de l'immatriculation obligatoire. Ne seront plus alors immatriculés que les contrats qui créent ou transfèrent un " legal estate " (L. P. A., 1925, s. 11).

II. **Le Registre des charges foncières (Land charges register).** — A défaut d'un registre foncier avec immatriculation obligatoire, l'Angleterre possède du moins pour l'ensemble du pays et le Pays de Galles un registre obligatoire des charges foncières (land charges register). Ce registre est devenu indispensable dès le moment où un grand nombre de charges foncières n'étaient plus habituellement mentionnées dans l'"abstract of title". Est dès lors obligatoire l'immatriculation au registre des charges foncières de l'office du registre foncier de Londres de toutes les charges foncières d'Angleterre et du Pays de Galles. Les charges foncières non immatriculées sont nulles (L. C. A., 1925, ss. 13-15).

Celles qui grèvent les actifs de sociétés en garantie de leurs dettes, doivent par contre être immatriculées dans un registre public spécial (Cf. p. 163); l'immatriculation peut également se faire dans le registre foncier du Yorkshire en lieu et place du registre des charges foncières (L. C. A., 1925, s. 10 (5) (6)). Les servitudes de droit public des communes sont immatriculées dans les registres communaux.

CHAPITRE II

DROITS IMMATRICULABLES

I. Immatriculation dans le registre foncier (land register). — Les prescriptions légales qui suivent sont applicables dès l'introduction du registre foncier avec immatriculation obligatoire. Ne peuvent être immatriculés que les " legal estates ". Tous les autres droits ne sont valables qu'en équité et ne sont considérés que comme droits de deuxième ordre (minor interests) (L. R. A., 1925, s. 2). On peut immatriculer un legal estate comme un droit absolu (absolute title), comme droit de possession (possessory title), comme droit de tenure par bail (good leasehold title), ou comme droit conditionnel (qualified title).

1º *Droit absolu* (*absolute title*). — Le propriétaire qui possède un droit absolu immatriculé a la libre propriété de l'immeuble; ce droit comprend tous les droits accessoires sous réserve des charges foncières immatriculées, de celles dont l'immatriculation n'est pas obligatoire, ainsi que des prétentions de l'ayant droit éventuel lorsque le propriétaire n'a pas la jouissance de son immeuble (L. R. A., 1925, s. 5). Le preneur immatriculé a un droit absolu à la possession, sous réserve naturellement des restrictions mentionnées plus haut; il est en outre soumis à toutes les obligations expresses ou présumées en droit qui incombent au bailleur (L. R. A., 1925, s. 9). Un droit absolu n'est immatriculé que lorsqu'il est prouvé que le bailleur avait le droit de louer son immeuble (L. R. A., 1925, s. 8 (1) (I)).

2º *Droit de possession* (*possessory title*). — Il est souvent difficile de prouver l'existence d'un droit absolu. Pour échapper à cette difficulté, on peut immatriculer un droit de possession qui repose sur la possession effective du requérant. Cette immatriculation n'est pas opposable aux droits contraires qui existent au moment de l'immatriculation. Pour le surplus elle donne à l'immatriculé les droits qu'il aurait dans le cas d'un droit absolu (ss. 6, 11). Le droit du possesseur immatriculé se fortifie avec le temps; à l'expiration d'un délai de trente ans, il a la même valeur qu'un droit absolu, tous droits contraires étant à ce moment prescrits. En réalité on peut admettre, bien avant la fin de ce délai, l'inexistence de droits contraires; le titulaire de ceux-ci n'aurait pas manqué en effet d'intervenir immédiatement. Le préposé au registre foncier est en conséquence obligé de remplacer après un délai de dix ans dans le cas d'un immeuble loué, de quinze ans dans les autres cas, le droit de possession immatriculé par un droit absolu; il est naturellement indispensable que l'ayant droit immatriculé ou son successeur juridique soient encore en possession de l'immeuble (L. R. A., 1925, s. 77 (3) (b)).

3º *Droit de tenure par bail (good leasehold title).* — Le preneur ne peut obliger le bailleur, au moment de la conclusion du contrat de bail, à prouver qu'il est légitimé à louer l'immeuble (L. P. A. 1925, s. 44 (2)). Le preneur est exposé à supporter la nullité du contrat de bail lorsque celle-ci résulte de l'absence de légitimation active du bailleur. C'est en considération de ce danger que la loi prévoit une immatriculation qui, sous réserve de tous les droits opposables à ceux du bailleur et qui pourraient préjudicier le droit de retour (leasehold reversion), garantit le droit du preneur à l'égard du bailleur sans égard au droit de disposition de ce dernier (L. R. A., 1925, s. 10).

4º *Droit conditionnel (qualified title).* — Lorsque l'existence du droit que le requérant désire immatriculer ne peut être prouvée pour la période légalement requise ou ne peut être établie que d'une manière insuffisante, l'immatriculation n'a lieu que sous réserve de tous les actes juridiques passés avant un moment déterminé ou sous réserve de tous ceux qui sont établis par un titre expressément mentionné. Le droit conditionnel est, à l'exception de ces réserves, assimilé à un droit absolu (L. R. A., 1925, ss. 7, 12).

II. Immatriculation dans le registre des charges foncières (Land charges register). — Au registre des charges foncières obligatoires pour l'ensemble du pays sont annexés différents registres spéciaux.

1º *Registre des procès en litige (register of pending actions).* Peuvent être inscrits dans ce registre, tous les procès relatifs à des immeubles ou à une charge foncière, ainsi que toute demande de faillite (L. C. A., 1925, s. 2 (1)). A défaut d'inscription, l'instance n'est opposable qu'à l'acquéreur qui en connaissait l'existence, et dans le cas d'une demande de faillite, que lorsque l'acquisition n'a pas été faite contre appréciable contre-prestation (valuable consideration) (L. C. A., 1925, s. 3). L'inscription n'est valable que pour un délai de cinq ans et peut être renouvelée pour des périodes successives de même durée (L. C. A., 1925, s. 2 (8)).

2º *Registre des rentes foncières (annuities).* — Doivent être inscrites dans ce registre, les rentes foncières viagères ou celles qui sont stipulées pour une durée limitée, mais disparaissent au décès d'une personne quelconque et qui ont été créées après le 25 avril 1855. A défaut d'inscription, la rente foncière est inopposable aux créanciers du propriétaire et à l'acquéreur d'un droit quelconque sur l'immeuble (L. C. A., 1925, ss. 4, 5).

3° *Registre des décisions judiciaires immobilières (writs and orders).* — Toute décision judiciaire, toute nomination de liquidateur des biens d'un failli ou de receveur (receiver) de revenus immobiliers, doit être inscrite (L. C. A., 1925, s. 6 (1)). La décision non inscrite est nulle à l'égard d'un acquéreur de l'immeuble (L. C. A., 1925, s. 6 (3)).

4° *Registre des concordats (deeds of arrangement).* — Tout concordat qui englobe des intérêts immobiliers (constitution d'une hypothèque en faveur des créanciers, par ex.) ne peut être opposé à l'acquéreur d'un immeuble s'il n'a pas été inscrit (L. C. A., 1925, s. 9). L'inscription perd son efficacité après cinq ans, mais peut être renouvelée pour une même durée (L. C. A., 1925, s. 8 (4)).

5° *Registre des charges foncières (Land charges register).* — Peuvent être inscrites comme charges foncières toutes les rentes foncières créées au profit d'un tiers et en vertu de la loi pour le couvrir des dépenses faites pour l'amélioration du sol, pour la suppression des dîmes ou des droits du manoir (manorial incidents). Peuvent également faire l'objet d'une inscription toutes les hypothèques, la créance d'un possesseur (tenant for life) résultant du paiement d'impôts successoraux, des prétentions fondées sur l'équité et qui ne résultent pas d'un trust, des droits d'achat ou de vente, des options, des servitudes ou des droits réels limités qui n'existent qu'en équité (L. C. A., 1925, s. 10 (1)). Les charges foncières sont inopposables à l'acquéreur d'un immeuble grevé lorsqu'elles ont été créées après l'entrée en vigueur du Land Charges Act, 1925, et qu'elles ne sont pas inscrites.

Les droits constitués avant cette date ne sont opposables au propriétaire, au preneur, ou au créancier hypothécaire immatriculés, que pendant une année de la première aliénation postérieure à l'entrée en vigueur de la loi, à moins que ces droits n'aient été inscrits antérieurement ou au cours de ce délai (L. C. A., 1925, ss. 13, 14).

6° *Registre des charges foncières de droit public (local land charges).* Le droit de gage d'une commune est inopposable à l'acquéreur de l'immeuble grevé lorsque ce droit de gage n'a pas été inscrit dans le registre local (L. C. A., 1925, s. 15 (1)).

CHAPITRE III

EFFETS DE L'INSCRIPTION
ET RESPONSABILITÉ DE L'ÉTAT

I. Inscription d'immeubles. — Le propriétaire d'un immeuble immatriculé possède un droit de propriété libre ou un droit à la possession pour la durée du bail; sous réserve cependant des droits dont l'immatriculation n'est pas obligatoire, ainsi que des hypothèques antérieures (L. R. A., 1925, s. 69 (1)). Ne sont pas soumis à l'immatriculation obligatoire les droits qui auraient pu être connus par des renseignements demandés au possesseur effectif de l'immeuble, ainsi que ceux qui sont fondés sur un texte légal (impôts immobiliers par ex.) (L. R. A., 1925, s. 70).

L'aliénation d'un droit de propriété complète, immatriculé comme droit absolu, donne à l'acquéreur le droit transféré, sous réserve des droits immatriculés et de ceux qui n'ont pas à l'être. Lorsque le droit aliéné est immatriculé comme droit conditionnel (qualified title) ou comme droit de possession (possessive title), il ne peut être opposé à tous les droits expressément réservés ainsi qu'aux droits en conflit avec celui de l'aliénateur (L. R. A., 1925, s. 20).

La vente d'un immeuble loué entraîne le transfert à l'acquéreur des obligations prises par le preneur aliénant, à l'égard du bailleur. Le transfert d'un droit qui n'est immatriculé que comme droit de tenure par bail (good leasehold title) est sans influence sur tout droit conditionnel ou annulant le droit de disposition du bailleur (L. R. A., 1925, s. 23).

Le propriétaire peut grever par contrat scellé l'immeuble immatriculé d'un droit de gage garantissant une créance (L. R. A., 1925, s. 25 (1)). Le droit de gage naît avec l'inscription (s. 26 (1)). A moins d'une inscription contraire dans le registre foncier ou les autres registres, les droits de gage prennent rang selon la date de leur inscription (s. 29). Toute modification essentielle d'un contrat de gage nécessite à cet effet l'assentiment du propriétaire et de tous les créanciers gagistes de rang identique ou postérieur (s. 31 (1)).

II. Inscription de charges foncières. — L'acquéreur d'un immeuble qui fait l'objet d'un procès ou dont le propriétaire est l'objet d'une demande de faillite ne peut être inquiété que s'il avait connaissance de l'instance ou si le procès ou la demande de faillite étaient inscrits conformément à la loi. L'acquéreur n'est pas protégé lorsque, sans qu'il y ait une demande de faillite déposée, il sait que le débiteur vendeur pourrait faire l'objet d'une semblable demande (L. C. A., 1925, s. 3 (1)).

Une rente foncière immatriculable mais non inscrite avant l'entrée en vigueur du Land Charges Act, 1925, n'est pas opposable aux créanciers de l'aliénateur ou à l'acquéreur de l'immeuble (L. C. A., 1925, s. 5). Un jugement, une déclaration de faillite, la nomination d'un receveur (receiver), ou un concordat comprenant des immeubles, ne sont opposables à l'acquéreur que s'ils ont été préalablement inscrits dans le registre voulu (L. C. A., 1925, ss. 7, 9). Les charges foncières immatriculables constituées après le 1er janvier 1926 ne sont opposables à un acquéreur que si elles ont été inscrites. Cette disposition n'est applicable en cas de contrat préparatoire de vente immobilière ou de constitution d'un droit de vente ou de présemption que lorsque l'acquéreur a acquis contre appréciable contre-prestation (L. C. A., 1925, s. 13 (2)). La charge foncière créée avant le 1er janvier 1926 ne subsiste que si elle est immatriculée au cours de l'année qui suit la première aliénation opérée après cette date. A défaut d'inscription elle ne peut être opposée à l'acquéreur de l'immeuble grevé (L. C. A., 1925, s. 14 (2)). L'acquéreur de bonne foi et ses successeurs juridiques ne sont atteints ni par la nullité de la constitution, ni par l'existence d'un vice quelconque de la charge foncière immatriculée, lorsque le transfert a eu lieu par simple écriture passée au registre (L. R. A., 1925, s. 33 (3)).

III. Modification des inscriptions et responsabilité de l'Etat. — L'incsription au Registre Foncier peut être modifiée en vertu d'un avis judiciaire, à l'unanimité des intéressés, ou lorsqu'une inscription a été obtenue par l'effet de l'erreur ou du dol. Cette rectification sera entreprise même si elle lèse un autre droit également protégé par son inscription. Aucune rectification ne peut être faite contre la volonté du propriétaire qui a la possession effective de l'immeuble, à moins que l'erreur ou le dol n'aient été rendus possibles par sa négligence ou par sa faute, que la disposition prise en sa faveur ou en faveur de ses prédécesseurs juridiques soit nulle, ou encore qu'une rectification s'impose en vertu des règles de l'équité (L. R. A., 1925, s. 82).

Celui qui subit un dommage à la suite d'une inscription inexacte ou à la suite d'un défaut de vérification de la légitimité de l'inscription, a le droit de réclamer à l'État des dommages-intérêts: il existe un fonds spécial d'assurances pour faire face à ces prétentions. Les dommages-intérêts ne sont pas accordés lorsque le demandeur est responsable du dommage, lorsque le dommage provient de mines non immatriculées, ou qu'il représente les dépens d'un procès entrepris sans l'assentiment du préposé au Registre Foncier. Les dommages-intérêts ne sauraient s'élever à un montant supérieur à celui de la valeur du droit au moment de la naissance du dommage. L'action se prescrit par six ans dès l'instant où le demandeur a eu, ou aurait dû avoir, connaissance de l'existence de sa prétention. La prescription à l'égard d'un mineur ne commence qu'à sa majorité (L. R. A., 1925, 83, 85).

FONDATIONS IMMOBILIÈRES (settled land)

II. STEPHEN : p. 426-464. — Settled Land Act, 1925 (S. L. A., 1925).
— Fines and Recoveries Act, 1833 (F. R. A., 1833). — Law of Property Act, 1925 (L. P. A., 1925). — Administration of Estates Act,
1925 (A. E. A., 1925).

CHAPITRE PREMIER

FONDATIONS (SETTLEMENTS)

I. **But et objet de la Fondation.** — La fondation (settlement) a
pour objet la détermination de la vocation successorale à des immeubles
au profit de la famille du fondateur (settlor). Elle a pour but de conserver
à la famille la propriété de biens immobiliers. Les fondations ont pris un
aspect tout particulier en raison de la règle interdisant les droits de
durée illimitée (rule against perpetuities, Cf. p. 204). Cette règle n'autorise les cessions immobilières conditionnant ou limitant le droit d'aliénation ou de succession de plusieurs possesseurs successifs, que lorsque ces
stipulations concernent une ou plusieurs personnes vivant au moment de
la constitution de la fondation, jusqu'à leur décès et tout au plus pendant vingt et un ans après celui-ci; dans le cas d'une fondation entre
vifs, le délai s'étend jusqu'au décès du fondateur et vingt et une années
après le décès (L. P. A., 1925, s. 162). A l'expiration de ce délai, toutes les
restrictions doivent tomber et la propriété doit être à nouveau une propriété illimitée. Pour atteindre malgré cette règle le but que se propose
une fondation de famille, on constitue d'abord une première fondation
qui au cours de la génération suivante est remplacée par une nouvelle
fondation conforme aux intérêts de la famille. Cette procédure indéfini-
ment renouvelée sous la forme d'une longue chaîne de fondations permet
de conserver durablement des biens dans une famille en dépit de la

règle contre les perpetuities. Le renouvellement des fondations se fait en général à chaque génération.

Le fondateur conserve au moment de la première fondation le " legal estate " et devient " tenant for life "; il désigne cependant en la personne de son fils aîné un appelé qui héritera de la propriété des immeubles tandis que les autres membres de la famille recevront des soultes. L'épouse touche une rente foncière qui grève les revenus des immeubles de la fondation; à la mort du fondateur, le montant de cette rente est augmenté et versé à la veuve sous le nom de « jointure ». Les cadets reçoivent en compensation des soultes (portions), prélevées grâce à la constitution d'hypothèques.

Le père est simple usufruitier de l'immeuble aussi longtemps que son fils, successeur institué, n'a pas atteint l'âge de 21 ans; comme usufruitier, il n'a pas le droit d'aliéner l'immeuble. Le fils est dans le même cas en raison de sa minorité. Une fois majeur, il ne peut aliéner qu'avec l'assentiment du père (F. R. A., 1833, s. 34); il ne retire momentanément aucun avantage spécial de la fondation établie à son nom. Il pourrait cependant, en vertu de la règle contre les droits perpétuels, aliéner les biens de la fondation vingt et un ans après la mort de son père; en effet c'est à ce moment que, pour que toute la fondation ne devienne pas nulle, il obtient la propriété illimitée des immeubles de la fondation. La fondation pourrait donc ainsi échapper à la famille. Pour prévenir ce danger, le fondateur et son fils dès qu'il a atteint sa majorité s'entendent pour supprimer la fondation originale du père et la remplacer par une nouvelle fondation. Cette procédure porte le nom de " breaking of the settlement ". Le père qui avait auparavant le legal estate n'est plus qu'usufruitier viager. Le fils reprend le legal estate pour y renoncer de nouveau vingt et un ans après la mort de son père; à ce moment la propriété passe au petit-fils en vertu de la même procédure. L'usufruitier reçoit en compensation une rente viagère prise sur les revenus de la fondation. La rente de l'épouse du fondateur, les hypothèques en faveur des cadets, la nouvelle rente en faveur de l'épouse du fils aîné sont naturellement réservées. L'institution des fondations peut revêtir des formes et s'adapter à des situations très diverses.

C'est ainsi que tous les fils cadets peuvent être appelés à succéder, par rang d'âge, en cas de décès prématuré du fils aîné. Le fondateur qui n'a que des filles leur confiera la fondation en co-propriété. L'une des filles décède-t-elle sans postérité directe, sa part sera partagée entre ses sœurs et ses héritiers. On stipule aussi fréquemment que les soultes seront payées aux enfants à leur mariage, ou qu'elles serviront, à concurrence d'une somme déterminée, à payer leur entretien. La fondation répond donc aux buts les plus variés. Elle vise cependant toujours à prévoir les besoins à venir des descendants et à assurer d'une manière durable à la famille la possession de biens immobiliers.

II. **Forme.**—Toute fondation entre vifs doit être faite sous la forme de deux actes. Dans l'un (vesting deed) l'immeuble est transféré au possesseur (tenant for life). On se contente, lorsque le " tenant for life " est déjà en possession, d'une déclaration constatant que le fondateur est en possession du " legal estate ". Le second acte (trust deed) contient les dispositions prises en faveur des héritiers du fondateur. Les trustees y sont nommés et les pouvoirs et droits du possesseur spécifiés pour autant que les prescriptions légales ne suffisent pas (S. L. A., 1925, s. 4).

Le transfert de l'immeuble au possesseur doit s'effectuer par acte scellé (L. P. A., 1925, s. 52 (1)). Cet acte contient une description de l'immeuble qui fait l'objet de la fondation, les noms des trustees, les pouvoirs et les droits qui sont conférés au possesseur en plus de ceux dont il jouit légalement, ainsi qu'une déclaration rappelant que le possesseur a la possession des immeubles, sous réserve des règles du trust (S. L. A., 1925, s. 5).

Une fondation pour cause de mort est soumise aux mêmes conditions de forme qu'un testament, celui-ci valant en même temps comme acte constitutif du trust. L'exécuteur testamentaire du fondateur est obligé de transférer les immeubles qui font l'objet de la fondation au possesseur institué. L'acte de transfert est alors le " vesting deed ". Lorsque l'héritier institué est déjà en possession des immeubles, l'acte de transfert est remplacé par un acte scellé attestant l'assentiment de l'exécuteur testamentaire (assent) (S. L. A., 1925, ss. 6, 8 (1)).

III. **Inconvénients de la fondation.** — L'habitude répandue de conserver la propriété d'immeubles d'une génération à l'autre au moyen de fondations eut pour conséquence que, fréquemment, la terre était possédée par des personnes qui n'avaient qu'un droit de disposition limité. La liberté d'aliénation était dans ce cas inexistante.

Les possesseurs, dont le droit s'éteignait au décès, n'avaient aucun intérêt à améliorer les immeubles à leurs propres frais. Les immeubles en souffraient dans une large mesure et, dans de nombreux cas, des terres furent peu à peu abandonnées. Il n'était pas non plus possible de vendre ou de mettre en gage une partie des immeubles dans le but de se procurer ainsi l'argent nécessaire aux réparations. C'est pour obvier à ces inconvénients que le Parlement vota différentes lois qui sont codifiées dans le Settled Land Act, 1925. Cet Act permet de lever les restrictions apportées au droit de disposition du possesseur (tenant for life), de rendre des immeubles au marché libre, et de les sauver ainsi de l'abandon; les intérêts des bénéficiaires de la fondation sont naturellement sauvegardés; des trustees spéciaux veillent en effet à ce que la valeur en capital de la fondation demeure intacte.

CHAPITRE II

LES DROITS DU POSSESSEUR

I. Dispositions générales. — Les droits transférés au possesseur ne peuvent pas être modifiés conventionnellement; ils sont en effet légalement déterminés, toute limitation ou toute suppression de ces droits est nulle. Le fondateur peut cependant étendre les droits et pouvoirs légaux du possesseur. Le possesseur exerce ces droits supplémentaires comme s'ils étaient légaux (S. L. A., 1925, ss. 106, 109). C'est un trustee qui exerce ces droits lorsqu'il n'y a pas en l'occurrence de possesseur ou que celui-ci est mineur (S. L. A., 1925, ss. 23, 26). Le tuteur agit en lieu et place du possesseur aliéné (s. 28). Un " restraint of anticipation " par contre (Cf. p. 85) ne suspend pas l'exercice des droits d'une femme mariée, même lorsqu'elle les exerçait seule (s. 25).

Les droits du possesseur sont exclusivement attachés à la personne, incessibles. Ils sont transférés par le tribunal à des trustees lorsque sans raison valable le possesseur ne les exerce pas et nuit ainsi aux intérêts de la fondation et des bénéficiaires (s. 104, 24). En dehors de ces cas, le possesseur exerce librement ses droits sans devoir obtenir l'autorisation des trustees. Il doit par contre lorsqu'il veut vendre, échanger, louer ou grever des biens immobiliers faisant partie de la fondation, faire au moins part de son intention aux trustees. Cet avis peut être conçu d'une manière générale ou se rapporter à une seule transaction. Les trustees peuvent d'ailleurs dispenser le possesseur d'une telle déclaration (s. 101); elle n'est pas nécessaire pour un contrat de bail de vingt et un ans au plus (s. 42 (5)); elle est obligatoire par contre pour la vente d'une partie des immeubles de la fondation lorsqu'il s'agit du manoir (manor), de " heirlooms ", de coupe ou de vente de bois, d'améliorations effectuées grâce au capital de la fondation, ou de la construction d'habitations ouvrières (ss. 65, 67, 84, 107). Le possesseur doit dans l'exercice de ses droits respecter ceux des appelés. Il leur est uni par un lien de confiance et se rend personnellement responsable de toute erreur commise dans l'exercice de ces droits. Le tiers acquéreur de l'immeuble n'est par contre pas obligé de veiller à ce que le possesseur exerce convenablement ses droits, à moins cependant, qu'il n'ait connaissance de manquements imputables au possesseur et n'y participe sciemment (s. 110).

II. **Droits spéciaux.** — 1º *Vente.* — Chaque possesseur a le droit de **ven**dre ou d'échangei en tout ou partie l'immeuble qui fait l'objet de la **fondation** ainsi que tous les droits qui en dérivent (S. L. A., 1925, ss. 36, 90). La **vente** a lieu soit par contrat privé, soit aux enchères publiques; dans le second cas, le possesseur peut se réserver le droit de n'adjuger que lorsqu'un prix minimum est atteint, ainsi que d'enchérir pour son propre compte. Il doit cependant s'efforcer d'obtenir un prix aussi élevé que possible. Il peut accepter en paiement, en lieu et place du prix de vente, une rente foncière. La contre-prestation peut consister en espèces ou en immeubles; en actions lorsque la vente est faite à une société d'utilité publique (public utility company) (usines à gaz, intallations hydrauliques, par ex.) (S. L. A., 1925, s. 39).

Le tiers acquéreur ne peut être rendu responsable à l'égard des appelés du dommage pouvant résulter des abus de droit dont le possesseur s'est rendu responsable. Il lui suffit d'observer les prescriptions légales concernant le paiement du prix d'achat (S. L. A., 1925 ss. 110, 75 (1)).

2º *Bail.* — Le possesseur de l'immeuble qui fait l'objet de la fondation a le droit de le louer; la durée de cette location ne peut dépasser neuf cent quatre-vingt-dix-neuf ans pour un bail qui a pour objet l'édification de constructions (building lease) ou des exploitations forestières (foresty lease), cent ans lorsque le bail doit permettre l'extraction de minéraux (mining lease), cinquante ans dans tous les autres cas (S. L. A., 1925, s. 41). Le bail doit commencer dans l'année qui suit la conclusion du contrat ou immédiatement après un contrat de bail non encore échu et devant prendre fin au plus tard dans les sept années suivantes. Le contrat doit assurer au possesseur le loyer le plus favorable actuellement possible, compte tenu de toute indemnité (fine) usuelle ou des améliorations foncières. Le possesseur doit en outre avoir le droit de résilier le bail au cas où le loyer ne serait pas payé ponctuellement (S. L. A., 1925, s. 42). La liberté de contracter est complète, sous réserve des stipulations mentionnées, dans le cadre des dispositions légales applicables (ss. 44-48).

3º *Hypothèques.* — Le possesseur a le droit d'emprunter en hypothéquant la fondation lorsqu'il lui faut des espèces pour dégrever l'immeuble, pour améliorer les constructions ou le sol, pour permettre un échange, ou pour transformer des copyholds en propriété illimitée en remboursant les droits du manoir (Cf. p. 121) (S. L. A., 1925, s. 71).

Il peut également, avec l'assentiment des créanciers, dégrever une partie des immeubles pour en grever une autre. Il lui est possible enfin de modifier le taux de l'intérêt ou d'augmenter les garanties offertes (S. L. A., 1925, ss. 69, 70).

4º *Coupes de bois.* — Le possesseur a en principe le droit d'exploiter les ressources forestières des immeubles de la fondation. Lorsqu'il lui est interdit d'apporter des changements à l'état des immeubles (impeachment of waste), il ne peut légalement vendre le bois bon à couper qu'avec l'autorisation du tribunal ou des trustees (S. L. A., 1925, s. 66).

5º *Améliorations foncières.* — Le possesseur est libre de prendre l'initiative d'améliorations foncières. Les dépenses faites à cette fin sont couvertes par les biens de la fondation. Ces biens indemnisent le possesseur de toutes les dépenses faites pour le drainage, le clôturage, la construction de murs de soutènement ou de protection, de scieries, de moulins et de canaux d'irrigation. Il en est de même pour les dépenses provoquées par la construction de bâtiments d'habitation et d'administration, l'établissement de fontaines et d'annexes à la maison de maître; le possesseur doit par contre rembourser à la fondation par un maximum de 50 acomptes semestriels, les dépenses faites pour l'aménagement de moyens de chauffage, d'ascenseurs et d'installations électriques (S. L. A., 1925, ss. 83, 84, Sched. III). Les remboursements opérés par le possesseur et dont il doit être personnellement crédité sont considérés comme capital. Le possesseur et ses ayant droits sont responsables de l'entretien indispensable des immeubles ainsi améliorés. Chaque appelé (remainderman) peut l'actionner pour l'inexécution de ses obligations (S. L. A., 1925, s. 88).

CHAPITRE III

PROTECTION DES APPELÉS (REMAINDERMEN)

I. **Conservation de la valeur en capital de la fondation.**— La fondation consiste en capital et en revenus; le capital doit être conservé à la famille tandis que les revenus échoient au possesseur. Le " tenant for life " a la possession et l'administration du capital dans la mesure ou celui-ci est représenté par des propriétés foncières, que celles-ci consistent en immeubles qui appartenaient originairement à la fondation ou en immeubles acquis par la suite avec les biens de la fondation (S. L. A., 1925, s. 10). L'intérêt des bénéficiaires exige que les espèces et les valeurs facilement réalisables soient soumises à des garanties spéciales. C'est à cet effet qu'on nomme pour chaque fondation des trustees spéciaux dont la tâche est de conserver et d'administrer le capital de la fondation représenté par des espèces ou des valeurs. Ces biens peuvent aussi être, à la demande du possesseur, déposés dans la caisse des consignations (S. L. A. 1925, s. 75 (1)). Toute personne qui traite avec le possesseur doit vérifier si la nomination des trustees a été faite valablement et conformément à l'acte de constitution (S. L. A., 1925, s. 110 (2) (III)). Le tiers qui opère des versements de capital revenant à la fondation au possesseur ou à des tiers qui ne sont pas des trustees est responsable de tous les dommages qui pourraient en résulter pour les appelés. Le capital conservé par les trustees ou déposé à la caisse des consignations est géré conformément aux indications du possesseur; des modifications de portefeuille ne peuvent être faites qu'avec son assentiment. Les revenus du capital sont utilisés de la même manière que ceux qui proviennent de la propriété immobilière (S. L. A., 1925, s. 75). Les pouvoirs d'administration du possesseur ne sont limités que par les prescriptions légales à moins que l'acte de fondation n'en ait encore augmenté l'étendue. Il ne saurait être procédé à d'autres investissements (S. L. A., 1925, s. 73). Le possesseur est également responsable envers les bénéficiaires du bon entretien des immeubles (S. L. A., 1925, s. 88).

II. **Répartition en capital et en revenus.** — Les revenus comprennent tous les produits annuels des biens appartenant à la fondation, c'est-à-dire entre autres tous les dividendes, intérêts, loyers, fruits, etc. Dans le cas des "mining leases", c'est-à-dire de location de terrains faite en vue de l'extraction de minéraux, la location entraîne une diminution de la valeur du capital représenté par l'immeuble; la loi prévoit à ce sujet (S. L. A., 1925, s. 47) que le prix de location revient pour les trois quarts au capital et pour le quart restant au " tenant for life "; cela au cas seulement où le tenant est responsable de toutes modifications dommageables; si tel n'est pas le cas, il n'est capitalisé qu'un quart de prix de location. Lorsque le possesseur vend une coupe de bois avec l'assentiment du tribunal ou des trustees, les trois quarts du produit de l'opération sont capitalisés (S. L. A., 1925, s. 66 (2)). Sont assimilées à du capital, les indemnités (fines) payées pour obtenir la conclusion de contrats de bail ou les sommes versées pour obtenir la résiliation, la modification ou la signature d'un contrat (S. L. A., 1925, ss. 42 (4), 90 (5), 51 (5)).

III. **Trustees.**—La loi détermine exactement les personnes qui peuvent être appelées à faire fonction de trustees. Ce sont en premier lieu les trustees nommés dans l'acte de fondation, puis en dernier lieu l'exécuteur testamentaire du fondateur (S. L. A., 1925, s. 30). Les trustees doivent conserver le capital et veiller à ce que le possesseur n'exerce pas son droit d'administration d'une manière préjudiciable aux intérêts des bénéficiaires. Le droit de disposer passe aux trustees lorsqu'il n'y a pas de possesseur ou de personne qui pourrait exercer la possession, ou lorsque le possesseur est incapable à raison de sa minorité (S. L. A., 1925, ss. 23, 26 (1)). Le "legal estate" est transféré aux trustees en lieu et place d'un mineur; les trustees administrent alors et mettent en valeur les immeubles dans l'intérêt du mineur. Ils ont à cet égard le droit de faire des coupes de bois, d'élever ou de détruire des constructions, d'exploiter des mines, d'entreprendre des améliorations foncières et en général tous les actes juridiques qui leur paraissent utiles (S. L. A., 1925, ss. 26 (2), 102). Les trustees entrent en fonction dès le moment où le possesseur conclut pour son compte personnel un acte juridique relatif aux biens de la fondation; vente ou échange de biens entre la fondation et le possesseur, acquisition de terrains pour augmenter l'étendue des immeubles de la fondation, prêts contre garantie hypothécaire. Dans tous ces cas, les pouvoirs et prérogatives du possesseur passent aux trustees qui les exercent pour le marché donné (S. L. A., 1925, s. 68). Certains actes d'administration du possesseur exigent aussi l'assentiment des trustees: (réalisation de bois propre à la coupe, exécution d'améliorations foncières (S. L. A., 1925, ss. 65, 66, 84).

IV. **Collaboration du tribunal.**— Le Tribunal exerce également dans l'intérêt des appelés un droit de surveillance. Il nomme les trustees lorsqu'il n'y en a pas de désignés ou lorsqu'il est nécessaire pour un motif quelconque d'en désigner de nouveaux (s. 34). Le Tribunal peut confirmer tous les actes juridiques relatifs aux immeubles de la fondation qui lui paraissent faits dans l'intérêt des immeubles ou des ayants-cause (s. 64). Il opère le transfert des immeubles à l'ayant droit lorsqu'un propriétaire ou un possesseur s'y refuse à tort, lorsque ces personnes se trouvent à l'étranger, ou sont introuvables (s. 12). Toute question relative à l'usage que le possesseur fait d'une procuration générale ou de son droit de disposer, à la personne du possesseur légitime, ou toutes autres questions relatives aux biens de la fondation peuvent être soumises au Tribunal à la demande du possesseur, des trustees, des appelés ou de tout intéressé. Le Tribunal est légitimé à donner son avis sur toutes les questions qui peuvent lui être posées (s. 93). Il a également le droit de surveiller les ventes de heirlooms (Cf. s. 61), les améliorations foncières, les contrats préparatoires de ventes immobilières, les conflits entre les procurations et attributions légalement établies et les prescriptions de la fondation, etc. (ss. 67, 84, 90 (3), 108 (3)).

SEPTIÈME SECTION

LES IMMEUBLES ET LE DROIT INTERNATIONAL PRIVÉ

FOOTE : p. 223-252. — WESTLAKE : p. 220-239.

Aux termes de la jurisprudence anglaise, les biens immobiliers sont soumis au droit du lieu où ils sont situés. Les tribunaux anglais rejetteront donc toute action relative à la propriété ou à la possession d'immeubles sis à l'étranger.

C'est le droit du lieu de situation qui décidera si un droit réel limité ou si des espèces représentant des immeubles sont assimilables à des immeubles. C'est donc le droit étranger qui tranchera la question de savoir si une dette garantie par une hypothèque doit être considérée comme un bien mobilier ou immobilier.

C'est le droit du lieu de situation qui sera applicable aux limitations du droit de disposition sur les immeubles, aux règles relatives à la forme des transferts de droits immobiliers, à la capacité d'agir des personnes contractantes, et à la prescription.

Le principe selon lequel le droit et la juridiction du lieu de situation sont applicables aux problèmes dépendant d'immeubles situés à l'étranger souffre de nombreuses exceptions. Les tribunaux anglais ont prononcé à maintes reprises que, s'ils étaient incompétents pour connaître du transfert ou de la suppression de droits relatifs à des immeubles sis à l'étranger, ils n'en étaient pas moins compétents pour décider si une partie contractante, habituellement soumise à leur juridiction, était personnellement obligée envers l'autre partie par le transfert ou la suppression de ces droits. Cette nuance à la vérité très subtile est exprimée ainsi : "The only distinction is that this Court cannot act upon the land directly, but acts upon the conscience of the person living here " (Cf. Foote's Private International Law, 1925, P. 224 ss).

C'est ainsi que des tribunaux anglais connaissent des actions du créancier hypothécaire en déclaration de forclusion (foreclosure) même lorsque l'immeuble grevé se trouve à l'étranger.

Il peut aussi se faire que les tribunaux anglais s'opposent expressément à des actions tendant à faire valoir des droits sur des biens situés à l'étranger. Celui qui contrevient à une défense (injunction) pareille peut non seulement être condamné à des dommages-intérêts, mais aussi puni pour avoir passé outre à un ordre judiciaire (contempt of Court).

Les tribunaux anglais n'examinent pas les actions possessoires ou en dommages intérêts pour actes illicites relatifs à des biens immobiliers situés à l'étranger; il est indifférent que cette action vise à une réparation en espèces, à la constatation d'un droit ou à l'interdiction de nouveaux actes illicites.

DEUXIÈME PARTIE

LES DROITS RÉELS MOBILIERS

CHAPITRE PREMIER

LA POSSESSION MOBILIÈRE

II. STEPHEN : p. 516-530. — JENKS : ss. 1551-1570. — Sale of Goods
Act, 1893 (S. G. A., 1893).

I. Concept des droits mobiliers. — Nous avons marqué plus haut
la différence qui existait entre les biens meubles (personal property) et
les biens immeubles (real property) (cf. p. 115).

Les droits mobiliers comprennent tous les biens matériels meubles à
l'exception des " heirlooms " qui sont rattachés aux droits réels immobiliers : marchandises, produits de la terre dès qu'ils en sont séparés, animaux, etc. Les règles du droit immobilier s'appliquent souvent aux droits
mobiliers, dans la mesure naturellement où la nature spéciale de ces derniers autorise cette application. Les deux catégories de biens sont par
exemple soumises à la règle contre les droits perpétuels (Rule against
perpetuities), aux prescriptions relatives aux aliénations nulles ou annulables, et à celles qui sont applicables aux trusts. Des meubles peuvent
être soumis à un " entail " aussi bien que des immeubles (L. P. A., 1925,
s. 130). On distingue la propriété de droit commun et la propriété en
Équité.

II. Concepts de propriété et de possession. — La « propriété » (ownership) est le rapport juridique qui donne à l'ayant droit la libre disposition de ses biens dans les limites du droit public. La " possession " (possession) est le rapport de fait qui laisse présumer l'existence du droit de
disposition ; il n'est pas nécessaire qu'elle s'exerce par contact direct et
corporel. Les biens meubles doivent être sous le contrôle exclusif du
possesseur. Il suffit à cet égard qu'il soit seul à avoir accès à la chose. La

propriété et la possession peuvent être scindées lorsque le propriétaire cède l'exercice de son droit de disposition à un tiers (par ex. en cas de gage, de dépôt, de location, etc) ou lorsqu'il a été privé contre sa volonté de la chose. Le possesseur ne bénéficie que d'une simple présomption de propriété. Cette présomption est détruite par la preuve d'un droit préférable. On appelle " bailment " le transfert de la possession effective opéré dans un but précis à un tiers. La propriété illimitée de la chose n'appartient ni à celui qui remet la chose (bailor) ni à celui qui la reçoit (bailee). Le premier a un droit de propriété limité aussi longtemps qu'il est privé de la possession effective; le second a la possession effective, mais non la propriété. Lorsque son droit de possession est contesté, il doit le défendre dans l'intérêt de son mandant. Il est présumé dans ce cas que le possesseur est aussi propriétaire; sinon il serait incapable de se défendre contre le tiers qui tente de lui enlever la chose. Cette présomption s'étend à celui qui trouve une chose perdue et au voleur, qui tous deux exercent, en vertu de leur possession et à l'égard de tous les tiers qui ne prouvent pas un droit préférable, les droits du propriétaire.

Cette présomption ne s'applique par contre pas au possesseur qui est au service du propriétaire. Le propriétaire exerce son droit de possession par l'entremise de ses domestiques et de ses employés aussi longtemps que ceux-ci exécutent leurs obligations. Le domestique n'a que la garde (custody) de la chose tandis que le propriétaire exerce en tout temps sa maîtrise effective par l'entremise de ses domestiques et de ses employés. La présomption ne s'applique également pas aux hôtes d'un restaurant par exemple.

III. Acquisition et perte de la possession.— La possession de biens meubles s'acquiert par la mainmise sur la chose (taking) ou sa tradition (delivery), même lorsque la chose est enlevée au possesseur légitime ou à toute autre personne. L'occupation de terrains non accessibles au public emporte aussi la possession de tous les meubles qui se trouvent sur ces terrains. L'occupation de la surface et celle du sous-sol peuvent se faire d'une manière indépendante. Le transfert de possession exige la renonciation à la possession du précédent possesseur, jointe à l'intention de laisser une autre personne, le nouveau possesseur, reprendre l'exercice du droit de possession. La remise est accomplie par la prise de possession de la chose par le nouveau possesseur (Cf. S. G. A., 1899, s. 29 (1)).

Lorsque les biens meubles ont été remis à un entrepositaire dans un port (wharfinger) ou à un représentant quelconque du propriétaire pour être conservés, la possession est transférée par l'avis donné par le propriétaire à l'entrepositaire de tenir la chose à la disposition d'un tiers; cet avis produit ses effets dès le moment où il est accepté par l'entrepositaire intéressé. Le simple avis est sans effet tant qu'il n'a pas été accepté par l'entrepositaire. La possession de choses non spécifiées ne passe au destinataire qu'après l'individualisation, qui marque en même temps l'assentiment de l'entrepositaire. Lorsque la chose ne peut être remise directement, le destinataire en prend possession dès qu'on le met en mesure d'exercer sur elle un contrôle exclusif. On y parvient en lui remettant une clef ou tout autre moyen qui lui donne l'accès exclusif à la chose.

La possession se perd par abandon (abandonment) de la chose ou par reprise de la possession par un tiers.

CHAPITRE II

LA PROPRIÉTÉ MOBILIÈRE

II. Stephen : p. 532-554. — Sale of Goods Act, 1893 (S. G. A., 1893). —
Bankruptcy Act, 1914 (B. A., 1914). — Bills of Sale Acts, 1878 and 1882
(B. S. A., 1878 and 1882). — Bills of Lading Act, 1855 (B. L. A., 1855).

I. Propriété immobilière et propriété mobilière. — Les caractères de la propriété mobilière sont passablement différents de ceux de la
propriété immobilière. La co-propriété (joint ownership and undivided
shares) n'a pas disparu pour les meubles alors que la co-propriété immobilière a été supprimée par le Law of Property Act. 1925, s. 34 (1). Le
droit d'accroissement du co-propriétaire survivant (Cf. p. 130) subsiste
mais ne s'applique pas aux commerçants. Un droit d'accroissement sur
une participation à un commerce n'existe pas. Il n'est pas possible de
limiter l'exercice de la propriété mobilière. Celle-ci ne peut donc être soumise à des droits réels limités, servitudes ou charges foncières, qui limiteraient le pouvoir de disposition du propriétaire et l'usage de la chose. Les
objets protégés par le dépôt d'une marque de fabrique ou de commerce
ou ceux qui sont brevetés sont soumis aux restrictions stipulées par le
propriétaire de la marque ou du brevet.

II. Acquisition de la propriété. — 1º *Appropriation.* — Le droit
d'épave et de prise est réglé par le Naval Prize Act, 1864. Plus importante est l'appropriation d'animaux sauvages. Le possesseur du sol a le
droit de tuer ou de s'approprier les bêtes se trouvant sur son immeuble.
De nombreuses prescriptions légales restreignent ce droit : délai de grâce,
permis de chasse, droits de chasse et de pêche qui grèvent le sol comme
servitudes (Cf. p. 151, 152). Tout individu peut s'approprier les choses
sans maître.

2º *Jeunes animaux et fruits.* — Les jeunes animaux appartiennent au
propriétaire de l'animal qui leur a donné le jour, à l'exception des jeunes
cygnes qui sont répartis également entre les propriétaires des parents. Les
fruits naturels de la terre reviennent dès leur séparation au propriétaire
du sol.

3º *Objets travaillés et mélangés.* — Les objets travaillés restent au propriétaire de la chose aussi longtemps que la substance en est restée inchangée. Ils sont par contre acquis à l'ouvrier lorsque la substance n'est plus reconnaissable dans le produit. Le drap coupé en vêtement appartient au propriétaire du drap. Mais la propriété de la bière fabriquée avec du houblon passe au brasseur. La propriété des choses meubles qui ont été frauduleusement mélangées au point de devenir inséparables, passe entièrement au propriétaire victime de la fraude. Dans le cas du mélange de choses de même nature (par ex. d'espèces appartenant à deux propriétaires au même compte de banque), le propriétaire contre le gré duquel le mélange s'est fait a un privilège sur les biens mélangés à concurrence de la valeur qu'il a fournie lui-même (Cf. p. 179). Une propriété commune résulte d'un mélange accidentel ou involontaire.

4º *Transfert.* — La propriété mobilière peut être transférée aussi bien par la remise directe de la chose par l'ancien au nouveau propriétaire que par un simple contrat. Seule la possession de la chose est transmise orsqu'au moment de la tradition le propriétaire n'en avait pas la disposition ou n'avait pas l'intention d'en transférer la propriété. Cette réserve est inapplicable à la vente de marchandise en marché public (market overt) à un acquéreur de bonne foi. Seuls des objets volés peuvent être revendiqués par l'ancien propriétaire au cours de la poursuite dont le voleur est l'objet. On appelle « marché public », tout marché, toute foire ou toute place quelconque qui jouit du privilège de ce nom. Selon l'usage de la City de Londres, tous les magasins à l'intérieur des limites de la City sont assimilés à des marchés publics.

La propriété peut également être transférée sans tradition. Tout contrat de vente obligatoire opère translation du droit de propriété au moment de sa conclusion lorsqu'il s'agit de choses spécifiées, ou dès le moment de cette spécification (S. G. A., 1893, s. 17 (1)). Le transfert est inopposable aux créanciers lorsque le vendeur fait faillite avant le transfert de possession (B. A., 1914, s. 38 (1) (c)). Cette exception ne s'étend cependant qu'aux objets que le débiteur détient encore pour les besoins de son commerce; elle ne s'applique donc pas aux biens qu'il emploie pour son usage personnel. La propriété est transférée à la conclusion du contrat et la vente valable à l'égard des autres créanciers, lorsque le vendeur fait faillite postérieurement.

La tradition n'est pas non plus indispensable lorsque la propriété est transférée par un contrat scellé (deed). Lorsque ce contrat répond aux conditions auxquelles sont soumis les actes de vente (absolute bill of sale) il est opposable aux créanciers du vendeur qui fait faillite, même lorsque les marchandises vendues l'étaient pour les besoins de son commerce. Le contrat scellé doit, pour être assimilé à un acte de vente, contenir l'indication du prix exact et être enregistré dans les sept jours qui suivent sa confection dans un registre spécial. L'acte doit enfin porter la signature d'un avocat (solicitor) qui atteste que la signification de l'acte a été expliquée au souscripteur avant l'apposition de la signature (B. S. A., 1878, ss. 8, 10). Lorsque l'une de ces conditions n'a pas été observée, l'acte de vente peut être attaqué dans la faillite du vendeur par le liquidateur de la masse ou par les créanciers du vendeur, aussi longtemps que les marchandises paraissent se trouver dans la possession du vendeur, à son domicile, dans sa fabrique ou sur ses immeubles (B. S. A., 1878, ss. 8, 4, 20). L'acte conserve, malgré ce recours, ses effets à l'égard de l'acheteur et du vendeur. La tradition des marchandises peut en tout temps valider la vente à l'égard du liquidateur et des créanciers. Les prescriptions légales ne s'appliquent pas aux ventes dont le produit profite également à tous les créanciers, à la vente de navires, aux warrants et autres papiers semblables employés entre commerçants pour le transfert des marchandises (B. S. A., 1878, s. 4). L'inscription reste efficace pendant cinq ans (B. S. A., 1878, s. 11).

Les biens meubles transportés par la voie maritime peuvent être transférés par la remise du connaissement endossé. Le nouveau propriétaire et les endosseurs du connaissement reprennent tous les droits et obligations du propriétaire à l'égard du transporteur (B. L. A., 1855, s. (1)).

5° *Usucapion.* — Les biens mobiliers ne sont pas soumis à l'usucapion. L'action du propriétaire se prescrit bien, mais son droit continue d'exister même sans protection juridique. Il peut revendiquer la propriété de biens qui lui ont été pris et qui lui reviennent postérieurement.

CHAPITRE III

LE GAGE MOBILIER

II. Stephen : p. 556-563. — Jenks : ss. 1571-1603.—Bills of Sales Acts, 1878 and 1882 (B. S. A., 1878 and 1882). — Law of Property Act, 1925 (L. P. A., 1925).

I. **Nantissement (mortgage).**—Alors que le Law of Property Act, 1925, a expressément interdit la remise en gage d'immeubles à un créancier, le nantissement d'objets mobiliers est toujours possible. Le nantissement s'opère par la remise au créancier, sous l'une des formes de transfert décrite au précédent chapitre, de la propriété de l'objet constituant la garantie. Mentionnons ici la constitution d'un gage par acte de vente (bill of sale by way of security). L'acte de vente destiné à garantir une créance est nul s'il ne répond pas aux conditions de forme légales; le créancier qui a payé contre remise d'un gage perd dans ce cas son droit de gage et ne conserve une action qu'en vertu de son prêt (money lent). Les formalités à remplir pour la garantie par acte de vente ne sont pas absolument identiques à celles nécessitées par un acte de vente absolu (absolute bill of sale). Tout acte de vente de garantie doit contenir un inventaire des objets constituant le gage. A défaut d'inventaire, l'acte est inopposable aux créanciers et au liquidateur de la masse. Un inventaire incomplet est valable à l'égard du vendeur même pour les objets qui n'y sont pas mentionnés (B. S. A., 1882, s. 4). L'acte de vente doit être enregistré dans les sept jours de sa confection ou de son introduction en Angleterre; il doit en outre mentionner le montant de la contre-prestation (B. S. A., 1882, s. 8). La légalisation par solicitor est remplacée par la signature d'un tiers de confiance non intéressé à l'affaire. On cherche à prévenir ainsi les contrats antidatés (s. 9). Le nantissement d'objets qui au moment de la conclusion du contrat n'appartiennent pas au débiteur est nul à l'égard des tiers (s. 5). Le créancier a le droit de prendre possession des objets donnés en gage qui sont restés en possession du débiteur, lorsque le débiteur est en retard pour le paiement du capital ou des intérêts, lorsqu'il fait faillite, ou lorsqu'il cèle les dits objets (s. 7). Le créancier a le droit de vendre les objets gagés lorsque le débiteur en demeure ne s'acquitte pas dans les 5 jours (s. 13). L'inscription doit être renouvelée après un délai de cinq ans (1878, s. 11). Tout droit de saisie (distress) qui ne garantit pas le paiement de loyers doit être constitué sous la forme d'un acte de vente (L. A. A., 1925, s. 189).

II. **Droit de gage simple (pledge, pawn).** — Le droit de gage simple consiste dans la remise d'un objet sans que cette tradition implique un changement de propriétaire. Le créancier gagiste a le droit de vendre le gage dès que le débiteur est en demeure pour le paiement du capital ou des intérêts. Dans le cas où une échéance déterminée n'a pas été prévue, le créancier ne peut vendre qu'après un délai approprié, à calculer du moment de la dénonciation du contrat. Le débiteur a droit au surplus du produit de la vente. Le créancier gagiste qui a la possession du gage n'est responsable que du dommage résultant de sa propre faute. Son droit de gage s'étend aussi aux impenses nécessitées par l'entretien du gage. Il lui est cependant interdit d'utiliser le gage. Le gage revient, dans la faillite du débiteur, au créancier gagiste et non à la masse; le créancier ne devra rembourser que le surplus de ce qu'il aura obtenu par la vente du gage.

Le métier de prêteur sur gages est soumis à des prescriptions légales spéciales (Pawnbrokers Act, 1872).

III. **Droit de rétention (lien).** — On distingue le " general lien " et le " particular lien ". On parle d'un droit de rétention général (general lien) lorsque ce droit s'étend à tous les objets qui sont dans la possession du créancier et garantit toutes les créances du créancier contre le débiteur. On appelle droit de rétention particulier (particular lien) celui qui ne s'applique qu'à un bien meuble déterminé et pour une créance relative à ce meuble. Le droit commun connaît des droits de rétention généraux au profit des hôteliers, des entrepositaires, des banques et des avocats; ces droits peuvent reposer sur une convention préalable ou sur l'usage local. Le créancier qui, à la demande du débiteur, a effectué un travail sur l'objet retenu, bénéficie d'un droit de rétention spécial. Le droit de rétention ne permet pas de vendre les biens qui en sont l'objet; à l'exception de ceux de l'hôtelier pour le prix de pension, d'une entreprise de chemins de fer pour le port, ou d'un vendeur non payé pour le prix obtenu en échange de marchandises dont l'acheteur n'a pas pris livraison.

TROISIÈME PARTIE

CHOSES IN ACTION

CHAPITRE PREMIER

CONCEPT DE CHOSES IN ACTION(1)

II. Stephen : p. 564-601. — Jenks : ss. 1617-1627. — Law of Property Act, 1925 (L. P. A., 1925). — Real Property Limitation Act, 1874 (R. P. A., 1874). — Civil Procedure Act, 1833 (C. P. A., 1833).

I. Les droits qui sont des choses in action.—Le droit anglais appelle " choses in action " tous les droits qui ne sont ni mobiliers ni immobiliers : les créances résultant de contrats obligatoires, les droits de participation des associés, les actions, tous les droits de protection et de monopole existant dans le domaine du commerce, de l'artisanat, de l'industrie, de l'art. de la littérature, etc., les droits de brevet, de modèle, d'auteurs, et le nom commercial. Malgré la grande ressemblance existant entre les choses in action et les droits du bénéficiaire d'un trust, celles-là ne sont pas assimilées à ceux-ci. Cette distinction a une origine historique; en effet les droits résultant d'un trust n'étaient pas protégés par les Common Law Courts mais par les tribunaux d'équité. Ceux-ci considéraient le bénéficiaire comme un propriétaire du trust puisqu'en droit d'équité il n'avait pas seulement une créance obligatoire contre le trustee mais un droit réel direct sur les biens du trust; ce droit pouvait même être réalisé dans certaines conditions sur des biens parvenus en mains de tiers (Cf. p. (179). Les choses in action comprennent tous les droits qui ne peuvent pas faire l'objet d'un droit de possession et qui sont indépendants de tous objets corporels; elles comprennent donc tous les droits qui en cas de contestation doivent faire l'objet d'une action et

---

1. Le deuxième volume de cet ouvrage contient une description plus étendue des différentes espèces de choses in action et plus particulièrement des créances et des monopoles commerciaux.

qui ne peuvent pas être revendiqués par simple appropriation. Bien que la possession de choses in action soit exclue, le créancier peut cependant disposer d'elles. Elles peuvent être cédées ou mises en gage par le créancier par la remise de l'acte constitutif de la chose in action (plus particulièrement de la créance). Le créancier gagiste exerce sur ces actes, un droit de rétention (lien) aussi longtemps qu'il n'est pas désintéressé.

II. Créances et dettes (debts). — Les créances et les dettes personnelles constituent la catégorie la plus importante de choses in action. Les autres « choses in action » telles que les droits d'auteurs, les marques déposées ou les brevets sont d'importance moindre. L'objet de la dette (debt) est une somme d'argent qu'une personne, le créancier, peut obtenir en justice d'une autre personne, le débiteur. Une créance peut être cédée. L'acquéreur acquiert un " legal right ", c'est-à-dire le droit du cédant, ainsi que le droit d'agir en justice en son propre nom (L. A. A., 1925, s. 136). Une dette judiciairement établie (debt of record) constitue un titre exécutoire. Elle est prescrite par douze ans du moment de la constatation judiciaire ou de la dernière reconnaissance écrite signée par le débiteur. Les créances appartenant à la Couronne ne se prescrivent pas. Les jugements de tribunaux étrangers ne sauraient faire bénéficier le créancier d'un délai de prescription plus long et ne sont pas immédiatement exécutables (Cf. Vol. II).

Une dette constituée par contrat scellé ou résultant de la loi, est appelée " speciality debt " et se prescrit par vingt ans (C. P. A., 1833, s. 3). Elle se prescrit exceptionnellement par douze ans lorsqu'elle est garantie par un gage immobilier (R. P. L. A., 1874, s. 1). Toutes les autres dettes. " simple contract debts ", se prescrivent par six ans : elles peuvent être contractées oralement aussi bien que par écrit.

CHAPITRE II

CONSTITUTION, TRANSFERT ET PERTE DES CHOSES IN ACTION

II. Stephen : p. 602-616. — Jenks : ss. 1698-1704. — Patents and Designs Act, 1907 (P. D. A., 1907). — Trade Marks Act, 1905 (T. M. A., 1905). — Companies (Consolidation) Act, 1908 (C. C. A., 1908). — Law of Property Act, 1925 (L. P. A., 1925). — Trustee Act, 1888 (T. A., 1888).

I. Constitution. — La constitution de choses in action est soumise à l'observation de conditions de formes qui sont différentes pour chaque catégorie de choses in action. Les droits de brevet et de marque de fabrique dépendent de la délivrance d'un brevet d'état (P. D. A., 1907, ss. 12, 13) ou de l'enregistrement d'une marque dans un registre officiel (P. D. A., 1907, s. 49; T. M. A., 1905, ss. 3, 4). Un contrat scellé passé entre le créancier et le débiteur suffit dans d'autres cas (speciality debts, par ex.). Toutes les créances ordinaires (simple contract debts) peuvent être constituées aussi bien verbalement que par écrit.

L'usucapion d'une créance est impossible.

II. Transfert. — Le transfert des choses in action, de même que leur constitution, peut être soumis à certaines conditions de forme. Les connaissements, les lettres de change et les titres au porteur sont transférés par endossement; le transfert des actions et des obligations nominatives, par contre, n'est réalisé qu'après que l'inscription correspondante a été faite dans les registres de la société (C. C. A., 1908, s. 28). Une cession faite selon l'équité n'est opposable au tiers que lorsque le débiteur a été avisé. Les acquéreurs postérieurs d'une créance l'emportent sur les acquéreurs antérieurs lorsqu'ils ont été les premiers à aviser le débiteur de la cession. L'acquéreur acquiert tous les droits de l'aliénateur; lorsque la créance cédée est soumise à des droits préférables à ceux de l'aliénateur au moment de la cession, ces droits préférables sont maintenus. Les droits exclusivement attachés à la personne ne peuvent être cédés.

Lorsqu'un créancier cède par écrit une créance en propriété et non en gage et en avise par écrit le débiteur, l'acquéreur acquiert en droit anglais la « propriété » de cette créance sous réserve de tous les droits opposables à l'aliénateur au moment de l'avis donné au débiteur. L'acquéreur peut procéder au recouvrement de la créance aussi bien que le cédant et donner valablement quittance (L. P. A., 1925, s. 135).

III. **Perte des choses in action et en particulier des créances.** — Les créances s'éteignent soit par le paiement de la dette, soit par prescription. La prescription, qui n'atteint en général que l'action qui couvre la créance, est de six ans pour les créances ordinaires, vingt ans pour les " special debts ", et douze ans pour les " debts of record ". Les créances prescrites ne disparaissent pas, mais ne peuvent plus faire l'objet d'une demande en justice. Les créances garanties par un gage immobilier se prescrivent par douze ans. Le créancier perd dans ce cas non seulement le droit à l'action, mais aussi la créance elle-même. Des rentes foncières échues ne peuvent être réclamées que dans les six années qui suivent l'échéance; le droit à la rente se prescrit par contre par douze ans. Les créances qui naissent contre un trustee qui a dolosivement soustrait des biens appartenant au trust ou qui les a personnellement utilisés sont imprescriptibles (T. A., 1888, ss. 1, 8).

LIVRE QUATRIÈME

———

LE DROIT DES SUCCESSIONS

I. **Particularités du droit anglais.** — Le droit successoral anglais diffère essentiellement des droits successoraux continentaux. C'est ainsi que l'Angleterre connaît la liberté de tester absolue et sans réserve au profit de l'épouse survivante, des enfants, ou des autres parents.

Les héritiers n'acquièrent pas l'universalité de la succession dès son ouverture; la succession — testamentaire ou *ab intestat* — échoit préalablement à un exécuteur testamentaire (executor) désigné par le défunt ou à un administrateur (administrator) nommé par le Tribunal; ces mandataires assument l'administration de la succession, le paiement des dettes et sa transmission aux héritiers institués ou *ab intestat*. L'executor et l'administrator sont des trustees responsables aussi bien envers l'Etat qu'envers les bénéficiaires.

Le Tribunal contrôle toute la liquidation successorale. Il doit homologuer les testaments (procédure de la Probate) et la nomination de l'exécuteur testamentaire et désigner, en l'absence d'executors, un administrateur successoral.

Les règles de la dévolution successorale du droit anglais sont plus simples que celles du droit continental. Elles ne font aucune distinction entre les parts successorales et les legs, entre les héritiers et les légataires. Aucune dette ne passe à l'héritier.

Cette procédure permet à l'Etat de connaître le montant exact des fortunes qui échoient à des particuliers à titre successoral. Le fisc se fait payer les impôts sur la fortune et les successions directement par les administrateurs successoraux, qui paient également les autres dettes.

II. **Succession testamentaire ou succession ab intestat.** — La dévolution d'une succession peut être réglée soit conformément à la volonté manifestée dans un testament (will) du *de cujus*, soit, à défaut de testament, conformément aux dispositions légales. On parle dans le premier cas de succession testamentaire (testamentary succession), dans le second, de succession *ab intestat* (intestate succession). Lorsque les dispositions d'un testament ne portent que sur une quote part de la succession, le solde du patrimoine est dévolu conformément aux règles applicables aux successions *ab intestat*.

On désigne habituellement par l'expression de " heirs " les héritiers légaux, par opposition aux héritiers testamentaires. L'héritier institué est un " legatee " ou un " devisee " selon qu'il reçoit des meubles ou des immeubles. A ces expressions correspondent les termes de " legacy " et de " devise " pour les biens de l'une ou de l'autre catégorie. L'expression " inheritance " qui signifie d'une manière générale " succession " ne s'applique au sens étroit du mot qu'aux successions immobilières.

PREMIÈRE SECTION

LA SUCCESSION TESTAMENTAIRE

CHAPITRE PREMIER

LA LIBERTÉ ABSOLUE DE TESTER

Law of Property Act, 1925 (L. P. A., 1925).

Le testateur jouit, en droit anglais, d'une liberté de tester absolue s'étendant à tous ses biens. Un époux peut donc laisser de côté dans son testament sa femme et ses parents, descendants ou ascendants. Il n'est même pas nécessaire de les exclure ou de les déshériter formellement; il suffit que le testament dispose de l'ensemble du patrimoine au bénéfice d'autres personnes. Le père de famille qui use de ce droit alors que sa femme et ses enfants n'ont pas de fortune particulière commet une grave injustice et viole l'obligation naturelle incombant au père de pourvoir à l'avenir de ses proches et en particulier de ses propres enfants. C'est pour obvier à cet inconvénient que le droit continental a introduit la réserve héréditaire dont profitent les proches parents " de cujus ". Lorsque le testateur les laisse de côté les proches parents ont droit à une réserve déterminée. La situation est entièrement différente en Angleterre. Pour prévenir une exhérédation imméritée, la femme s'assure, par un contrat conclu au moment du mariage, une part de la fortune du mari en faveur d'elle-même et de ses enfants. Ces stipulations sont insérées dans les contrats de mariage (marriage settlements) qui renferment aussi des dispositions d'ordre successoral (Cf. p. 91). Les " settlements of land " (Cf. p. 216) constituant des fondations en faveur des descendants, visent au même but.

Ne peuvent pas faire l'objet d'une disposition testamentaire, tous les droits exclusivement attachés à la personne du testateur qui s'éteignent à son décès; ces droits comprennent les usufruits viagers.

Le possesseur d'un "entail" peut par contre, depuis le début de 1926, en disposer par testament (L. P. A., 1926, s. 176). En l'absence d'une disposition semblable, l' "entail" est transféré au décès du bénéficiaire conformément aux règles applicables avant l'entrée en vigueur du Law of Property Act, 1925, soit avant 1926. Il ne peut être disposé de l' "entail" lorsque le possesseur (tenant in tail) ne peut plus avoir de descendants, ou lorsque l' "entail" est inaliénable en vertu de la loi.

CHAPITRE II

LA CAPACITÉ DE DISPOSER

II. Stephen : p. 627-629. — Jenks : ss. 1984-1994. — Gibson : p. 1 à
10. — Wills Act, 1837 (W. A., 1837). — Wills (Soldiers and Sailors)
Act, 1918. (W. S. S. A., 1918).

I. **Capacité juridique et capacité de disposer.** — Tout individu
ayant l'exercice des droits civils est capable de disposer de ses biens par
testament (will, last will). Toute personne âgée de 21 ans peut faire un
testament (W. A., 1837, s. 3). La capacité juridique du testateur est
présumée. Celui qui en conteste l'existence doit faire la preuve de ses
dires (par ex. prouver l'existence d'une maladie mentale). La question
de savoir s'il y a une cause de nullité est de fait.

La validité d'un testament exige que le testateur se soit rendu compte
du sens et de la portée des dispositions prises, de l'importance du patrimoine dont il croit pouvoir disposer, et qu'il soit capable d'apprécier les
obligations auxquelles aurait dû satisfaire à raison de liens de parenté,
de services fidèles ou d'une reconnaissance spéciale.

II. **Minorité.** — La capacité de tester n'appartient pas aux mineurs
(infants) (W. A., 1837, s. 7). Les mineurs au service militaire ou matelots
en mer peuvent cependant disposer de leurs biens dès l'âge de 14 ans
révolus (W. A., 1837 s. 11; W. S. S. A., 1918, ss. 1, 3). Il en est de même
pour les infirmières, pendant la durée du service en campagne, mais non
pour les matelots en permission à terre.

III. **Maladie mentale.** — Les aliénés et les idiots sont incapables de
tester. Le testament rédigé par une personne aliénée lors de la rédaction,
et non guérie depuis, est nul aussi longtemps que la preuve de l'inexistence de la maladie à l'époque de la rédaction n'est pas rapportée. La
nullité du testament est présumée aussi longtemps que cette preuve n'est
pas administrée. Cette présomption tombe par contre lorsque les dispositions testamentaires paraissent raisonnables et instituent toutes les personnes qui peuvent légitimement prétendre à une part de la successsion.

Est valable, le testament dressé pendant un moment de lucidité, même lorsque la maladie mentale avait fait l'objet d'une déclaration judiciaire (Cf. p. 31). Des dérangements mentaux anodins, idées fixes par exemple, qui restent sans effet sur la rédaction du testament et son contenu n'amoindrissent pas la faculté de tester, le testateur conservant la capacité de disposer aussi longtemps qu'il peut comprendre le sens de ses dispositions. On présume l'aliénation mentale du testateur qui éprouve une répulsion spéciale à l'égard d'un enfant dépendant de lui pour ses moyens d'existence; le testament fait dans ces conditions peut être attaqué en tant qu'il préjudicie aux intérêts de l'enfant.

Un individu en état d'ivresse est incapable de tester.

CHAPITRE III

LA FORME DU TESTAMENT

II. Stephen : p. 629-636. — Jenks : ss. 1954-1956. — Gibson : p. 11-14
Wills Acts. 1837 and 1852 (W. A., 1837 and 1852). — Wills (Soldiers
and Sailors) Act, 1918 (W. S. S. A., 1918).

I. Testament ordinaire.—Le testament peut être rédigé sur un
papier de forme quelconque (il peut être écrit sur une ou plusieurs feuilles
volantes). Il peut renvoyer à des actes dont il ne reproduit pas intégrale-
ment le contenu. Ces actes doivent cependant exister au moment de la
rédaction du testament et être désignés de manière à ne laisser subsister
aucun doute sur leur identité.

Tout testament doit être signé par le testateur lui-même ou par un
tiers signant en sa présence, sur sa requête et en son nom. Cette signature
doit être apposée au bas du testament ou à sa fin (foot or end). Elle doit
en outre être certifiée conforme par deux témoins présents au même
moment; ceux-ci doivent également signer le testament en présence du
testateur.

1º *L'écriture du testament.* — Tout testament doit être complètement
écrit, à l'encre ou au crayon; le choix de la matière est libre (parchemin,
papier). Lorsque le testament est écrit partie au crayon, partie à l'encre,
les dispositions écrites au crayon ne sont pas valables lorsqu'elles con-
tredisent les dispositions écrites à l'encre. Il n'est pas nécessaire que le
testament soit écrit de la main même du testateur. Une disposition
testamentaire reproduite dans le texte en caractères imprimés ou dacty-
lographiés vaut également comme testament écrit.

2º *La signature.* — Le nom du testateur peut être apposé par le testateur lui-même ou par un tiers écrivant au nom du testateur. Cette tolé-
rance permet aux infirmes et aux illettrés de prendre des dispositions
testamentaires. La signature doit dans ces cas être apposée en présence
du testateur. Celui-ci doit avoir pu contrôler la manière dont son nom
était apposé au bas du testament.

Il n'est pas nécessaire que la signature reproduise le nom en toutes
lettres: des abréviations compréhensibles, des initiales, ou des marques
quelconques, sont admissibles. Le testament n'a pas besoin d'être scellé

mais la signature ne peut être remplacée par l'apposition d'un sceau.

L'exigence d'après laquelle la signature du testament doit être apposée à la fin ou au bas du document (W. A., 1852, s. 4) est libéralement appliquée. Il y est satisfait lorsqu'on peut conclure de la manière dont elle a été apposée que le testateur a bien voulu confirmer les dispositions testamentaires qui la précèdent. Les stipulations qui sont inscrites à la suite de la signature ainsi que celles qui ont été ajoutées postérieurement sont nulles. Cette prescription est également applicable aux testaments qui sont écrits de la main même du testateur. Le texte doit être validé par la signature.

La signature du testateur doit être certifiée ou apposée en présence de deux témoins simultanément présents. Il n'est pas nécessaire que les témoins sachent que l'acte que le testateur est occupé à signer est son testament. Les témoins n'ont pas besoin de reconnaître expressément la signature; cette reconnaissance peut se déduire des circonstances, par exemple du fait que les témoins ont été invités à apposer leur signature sous celle du testateur. Les témoins doivent cependant pouvoir constater cette signature.

3º *La certification par deux témoins.* — Les deux témoins doivent également signer le testament. Ces signatures sont nécessaires pour confirmer celle du testateur. Elles doivent donc être apposées en-dessous de la signature du testateur et postérieurement à elle. La signature des témoins peut être remplacée par l'apposition de leurs initiales ou d'une marque lesquelles doivent être en tous cas apposées de la main même du témoin. Les testament est nul lorsque les témoins signent l'acte en l'absence du testateur. Il n'est par contre pas nécessaire que les deux témoins apposent simultanément leurs signatures.

Toute personne, sans limite d'âge, est capable de certifier un testament. On exige simplement du témoin qu'il ait le discernement voulu pour saisir la portée de son acte (W. A., 1837, s. 1. (3)). Une femme mariée ou célibataire peut également servir de témoin.

II. Testament extraordinaire (militaire). — Tout soldat en service actif et tout marin en mer a le droit de disposer de ses biens sans observer les conditions de forme indiquées précédemment. Ses dispositions écrites n'ont pas besoin d'être certifiées; il peut même tester oralement (W. A., 1837, s. 11; W. S. S. A., 1918, s. 1 (3)). On entend par service actif toute mobilisation pour cause de guerre. Ces dispositions s'étendent aussi aux infirmières rattachées à l'armée, aux médecins, aux officiers de marine, aux marins de la flotte de commerce aussi bien qu'à ceux de la flotte de guerre.

CHAPITRE IV

MODIFICATIONS ET RÉVOCATION DES TESTAMENTS

Gibson : p. 42-59. — II. Stephen : p. 635-638. — Jenks : ss. 1966 à
1983. — Wills Act, 1837 (W. A., 1837).

I. **Modifications.**— Toute modification ultérieure apportée à un testament (par radiation ou adjonction de mots par ex.) est nulle lorsqu'elle
n'a pas été faite en observant les conditions de forme relatives aux testaments. Toute modification doit donc être confirmée par la signature du
testateur et celle de deux témoins. Cette confirmation peut résulter de
l'apposition de ces signatures en marge de la modification ou en sorte
que leur rapport avec celle-ci soit bien visible (W. A., 1837, s. 21). La
modification qui n'a pas été faite sous cette forme est présumée avoir
été introduite postérieurement. Le texte primitif reste valable tant que
les modifications postérieures nulles le laissent encore reconnaître; lorsqu'il n'est plus déchiffrable le testament perd sa validité en ce qui concerne les seules dispositions illisibles.

On présume, lorsque le testateur ayant volontairement laissé un
espace vide (blanco) dans le texte primitif le remplit postérieurement,
que cette adjonction a été faite avant la signature du testament.

II. **Révocation.**— Le testateur peut librement révoquer les dispositions
de son testament. Cette possibilité ne peut être exclue. Elle subsiste
même lorsque le testateur s'est contractuellement engagé à ne pas révoquer son testament. Le contractant lésé peut cependant réclamer des
dommages-intérêts à raison de l'inexécution du contrat. On ne considère
cependant pas dans ce cas le gain qui échappe au co-contractant comme
un dommage. Dans le cas de deux testaments dont les dispositions ont
fait l'objet d'une entente réciproque, chaque partie a le droit de révoquer
la partie du testament qui est son ouvrage. Mais lorsque cette révocation
n'est faite qu'après le décès de l'autre partie, à un moment où la partie
qui révoque a déjà tiré profit des dispositions de l'autre testament, les
héritiers du révoquant sont obligés de respecter les stipulations primitives.

Le testament est automatiquement révoqué dans les cas suivants : lorsque le testateur se marie, lorsqu'il détruit le testament ou qu'il rédige postérieurement un testament contradictoire.

Un testament n'est pas annulé par le seul fait que les conditions se sont modifiées au point qu'il est vraisemblable que le testateur n'eût pas pris les mêmes dispositions s'il avait pu prévoir les modifications postérieures de sa situation (W. A., 1837, s. 19).

1° *Révocation par mariage.* — Toute disposition pour cause de mort faite par testament est révoquée par le mariage subséquent du testateur (W. A., 1837, s. 18). Echappent à cette règle, les biens dont le testateur n'aurait pas disposé et qui malgré cela ne seraient pas échus aux héritiers *ab intestat*; ils comprennent les biens réservés qui sans appartenir au de cujus sont soumis à son administration à la condition qu'il en dispose en faveur d'un membre déterminé d'une classe d'individus clairement délimitée. Un droit de disposition ainsi défini porte le nom de " power of appointment ".

Exemple : le testateur a reçu un patrimoine à charge de l'utiliser en venant en aide à des enfants pauvres; le testateur ne peut que fixer à quelles personnes les revenus de ce patrimoine devront être payés.

Le testament dressé postérieurement à 1925 et en considération d'un mariage imminent n'est pas révoqué par la conclusion de ce mariage (L. P. A., 1925, s. 177).

2° *Révocation par destruction du testament.* — Le testateur qui veut révoquer son testament atteint ce résultat en déchirant, en brûlant, ou en détruisant de quelque autre manière l'acte, ou en faisant procéder à cette destruction par les soins d'un tiers agissant en sa présence (W. A. 1837, s. 20). La révocation est non avenue lorsque la destruction n'a pas été réalisée ou que l'intention de détruire était absente. Le testateur peut se contenter par contre d'annuler le testament en biffant les signatures exigées par la loi. Le testament doit être détruit par le testateur en personne ou par un tiers autorisé à le faire et en sa présence. En l'absence d'une intention de détruire l'acte, lorsque par exemple l'acte est détruit fortuitement au cours d'un incendie, les dispositions testamentaires prises ne disparaissent qu'autant qu'on ne peut prouver l'existence antérieure du testament, son contenu et le fait qu'il a été détruit contrairement à la volonté du de cujus. Il en est de même lorsque le testateur révoquant était aliéné ou incapable d'agir au moment de la destruction ou de la révocation du testament ou lorsque le testament a été annulé à raison de suppositions inexactes.

3° *Révocation par codicille.* — Le testateur qui désire annuler son testament par une simple déclaration doit le révoquer selon les formes qui sont prescrites pour sa rédaction (W. A., 1837, s. 20). Les soldats et les marins peuvent révoquer un testament sans observer de formalités spéciales.

Les testaments postérieurs portent généralement le nom de " codicil "; ils sont soumis aux mêmes conditions de forme que les testaments primitifs. Le codicille qui ne révoque pas expressément le testament antérieur n'en infirme les dispositions qu'en tant qu'elles sont en contradiction avec son texte. L'annulation du testament entraîne celle de tous les documents connexes, conventions et actes accessoires pour autant que la preuve de l'existence d'une intention contraire n'est pas rapportée.

III. **Manière de faire revivre les testaments.** — Quand un testament a été révoqué, il suffit pour lui rendre sa valeur originale de le revêtir à nouveau des signatures du testateur et des témoins ou de rédiger dans ces formes légales un codicille stipulant expressément l'intention de faire revivre le testament révoqué. La révocation d'un testament qui lui-même révoquait des dispositions testamentaires antérieures ne fait pas revivre l'acte primitif. Lorsque le testament postérieur ne contient pas de dispositions applicables aux biens existants, la succession est dévolue conformément aux règles de la succession ab intestat et non pas en observant les dispositions du testament primitif. Un testament ne peut revivre que lorsqu'il existe encore. Les testaments qui ont été détruits sont définitivement révoqués.

CHAPITRE V

LES MODES DE DISPOSER

II. Stephen : p. 658-663. — Jenks : ss. 1995-2046. — Snell : p. 263 à
289. — Sanger : p. 109-117. — Administration of Estates Act, 1925
(A. E., 1925). — Wills Act, 1837 (W. A., 1837). — Law of Property
Act, 1925 (L. P. A., 1925).

I. Le legs. — Le testateur est libre dans la disposition et la répartition
de ses biens. Est appelée legs toute disposition transférant les biens
appartenant au testateur à des parents ou à des personnes quelconques.
Le droit anglais ne connaît pas comme d'autres droits de différence entre
l'institution d'héritier et le legs. Nous entendrons ici par legs aussi bien
l'institution d'héritier (qui ne correspond d'ailleurs pas à ce qu'elle est en
droit continental) que le legs au sens étroit du droit continental. Le legs
qui porte sur un bien exactement déterminé est une « devise » ou un
" specific legacy " selon qu'il s'agit d'immeubles ou de meubles. On parle
de " demonstrative legacy " lorsque le bien légué n'est déterminé que
selon son genre et qu'il doit être pris parmi les objets de ce genre contenus dans la succession. Lorsqu'enfin le legs n'est spécifié que par sa
valeur pécuniaire, on se trouve en présence d'un „ pecuniary " ou " general legacy ". Le solde de la succession (residue), après paiement de tous
les legs et de toutes les dettes, peut encore faire l'objet de dispositions
testamentaires. Cette dernière disposition porte le nom de " residuary
legacy ". Le légataire est tantôt désigné par l'expression de " devisee ",
tantôt par celle de " legatee ".

1º *Specific legacy et devise (legs spécifique).* — On assimile en droit les
legs spécifiques (specific legacies) aux legs immobiliers (devises). L'existence d'un legs spécifique est admise lorsque les biens dont il est ainsi disposé sont désignés sans aucune ambiguïté : par exemple « toute l'argenterie en ma possession » ou « mon avoir à la Banque X ». Un legs semblable
disparaît lorsqu'au moment du décès l'objet du legs ne se trouve plus
dans les biens dépendant de la succession. Peu importe que cet objet ait

disparu, ait été vendu, qu'il n'ait même pas appartenu au testateur, ou qu'il ait été modifié au point de ne plus être reconnaissable. Une disposition testamentaire postérieure relative au même objet annule aussi le legs primitif. Le legs dont l'objet a été désigné comme étant situé dans un endroit déterminé, « le piano qui se trouve dans ma maison », par exemple tombe dès le moment où son objet est transporté d'une manière durable dans un autre endroit. Le légataire n'a aucun droit à réclamer la contre-valeur de la chose qui lui était destinée. Il a par contre sur l'objet du legs un privilège qu'il peut opposer à tous les autres co-héritiers. Ce n'est que lorsque le reste de la succession ne suffit pas à acquitter les dettes du de cujus que l'objet du legs est employé au paiement des dettes. Tous les legs spécifiques sont atteints dans ce cas dans la même proportion. Le légataire ne peut demander à être dégrevé des hypothèques ou autres droits qui grèvent son legs (A. E. A., 1925, s. 35 (1)).

2º *Legs démonstratif*. — En même temps qu'il prévoit l'attribution d'un legs, le testateur peut désigner la part de ses biens qui devra être utilisée pour en effectuer le paiement, par exemple « 300 £ à prendre sur mes consolidés ». On se trouve en présence d'un legs spécifique (specific legacy) pour autant que la dite part de biens se retrouve à l'ouverture de la succession. Lorsque cette part se révèle insuffisante ou même qu'elle n'est pas représentée, le légataire peut se faire payer sur les autres biens de la succession en concurrence avec les légataires ordinaires. Dans le cas où les biens de la succession ne suffisent pas à acquitter les dettes du testateur, les legs démonstratifs qui ne peuvent plus être payés sur les fonds spéciaux sont réduits dans la même proportion que les legs ordinaires. Lorsque les legs spécifiques sont également appelés à couvrir les dettes de la succession, ils sont réduits, — pour autant que les fonds qui doivent les acquitter existent encore — dans la même proportion que les legs démonstratifs. Les legs démonstratifs occupent une position intermédiaire entre les legs spécifiques et les legs ordinaires. Ils ne sont appelés qu'en dernier lieu à acquitter les dettes de la succession, à moins que les fonds qui doivent les acquitter ne soient épuisés. Si tel est le cas ils n'en restent pas moins valables et doivent être pris sur les biens restants.

3º *Pecuniary and general legacy (legs général)*. — Le legs général est un legs payable en espèces sans indication de l'article sur lequel ces espèces doivent être prélevées. Les legs généraux ne peuvent être acquittés que lorsque les legs spécifiques et les legs démonstratifs (pour autant que les fonds qui doivent les acquitter existent encore) ont été acquittés. Ces paiements grèvent les immeubles de la succession aussi bien que les autres biens qui en dépendent (A. E. A., 1925, ss. 33 (1) (2), 34 (3)). Un legs général peut être constitué en charge foncière sur un immeuble. Le propriétaire est alors responsable en premier lieu du paiement du legs. Lorsque, défalcation faite des legs spécifiques et démonstratifs, la succession ne suffit plus à acquitter ses dettes, les legs généraux sont réduits en proportion.

4° *Residuary legacy* (*legs universel*). — Le legs universel ou legs du résidu comprend la solde de la succession (défalcation faite des dettes et des legs spécifiques et généraux), tous les biens qui n'ont fait l'objet d'aucune disposition ainsi que ceux qui étaient destinés au paiement de legs qui ont été annulés par la suite ou qui sont devenus inexécutables à raison du prédécès du légataire (W. A., 1837, s. 25). Alors que les légataires particuliers ou généraux correspondent juridiquement aux légataires du droit continental, le " residuary legatee " peut être comparé à l'héritier institué auquel est dévolu après paiement des dettes le solde de la succession dont il n'a pas été disposé. Le légataire universel n'est responsable des dettes de la succession que dans la mesure des biens qui lui ont été dévolus. Les legs universels doivent servir au paiement des dettes avant que soient réduits les legs généraux ou particuliers.

Le solde résiduaire de la succession peut être réparti entre plusieurs héritiers. L'un de ceux-ci peut par exemple recueillir tous les biens immobiliers restant, l'autre le solde de la succession. Les deux legs sont également responsables du paiement des dettes (A. E. A., 1925, s. 34 (3)). Lorsque le solde résiduaire de la succession doit revenir en co-propriété à plusieurs héritiers, la part de l'héritier prédécédé ne profite pas à ses cohéritiers, mais est au contraire considérée comme un bien dont il n'a pas été disposé et qui est soumis en conséquence aux règles de la succession ab intestat. Dans le cas où le testateur a manifesté une intention contraire ou lorsque les cohéritiers ont été appelés comme propriétaires conjoints (joint owners), la part de l'héritier prédécédé échoit aux propriétaires conjoints survivants, qui bénéficient ainsi d'un droit d'accroissement (jus accrescendi, cf. p. 130).

II. **Donation pour cause de mort (donatio mortis causa).** — Il y a donation pour cause de mort lorsque le donateur, en considération de son prochain décès, donne des biens à un tiers à la condition que cette donation ne devienne effective qu'au moment du décès du donateur. Une donation semblable présuppose que le donateur s'attend à mourir dans un avenir proche, de mort naturelle. Elle n'est pas valable en cas de suicide. La donation ne doit également entrer en vigueur qu'au moment du décès du donateur. Elle est toujours révocable du vivant du donateur sans que cette possibilité ait besoin d'être expressément réservée; elle s'infère des circonstances et se présume lorsque la donation est faite au cours d'une maladie grave. L'objet de la donation doit enfin passer dans la possession du donataire. Il n'est pas nécessaire que cette tradition soit accompagnée d'une déclaration écrite de donation ni confirmée par un acte testamentaire. La déclaration de donation sans tradition ne suffit que lorsque le transfert a eu lieu antérieurement. La donation tombe lorsque le donateur guérit ou rentre en possession de l'objet remis.

La propriété immobilière ne peut faire l'objet d'une donation *mortis causa*. Il en est de même des prétentions résultant d'un décès et qui ne sont pas consignées dans un acte pouvant faire l'objet d'une cession. La remise de quittances, de prêts, ou de chèques à l'ordre de soi-même, remises qui ne comportent que procuration à l'égard de la banque, n'emporte pas donation. Par contre la remise d'une traite ou d'un effet négociable quelconque même non endossé en constitue une. Le donataire peut en réclamer l'endossement à l'exécuteur testamentaire.

Les biens qui font l'objet d'une donation garantissent les dettes du testateur dans la mesure où le reste du patrimoine, défalcation faite des legs spécifiques, n'y suffit pas, mais ne sont pas sous l'administration de l'exécuteur testamentaire.

III. **Substitution.** — Il y a substitution lorsque les biens du testateur doivent échoir au décès de son héritier à un tiers déterminé désigné par le testateur. Le testateur crée habituellement à cette fin un trust par voie testamentaire (Cf. p. 173). Pour obéir à la règle contre les droits perpétuels (Cf. p. 204), il peut disposer que le capital ne sera dévolu en propriété simple à l'héritier substitué que vingt et un ans après le décès d'une personne vivant au moment de sa disparition. Il peut librement limiter dans l'intervalle le droit de disposition de l'héritier en gratifiant par exemple une personne déterminée des revenus du capital. Pour éviter que la disposition soit nulle, il faut donc que les biens échoient à l'héritier substitué vingt et un ans après le décès de l'usufruitier.

Le testateur obtient le même résultat en constituant par testament un " entail ". La succession n'est ainsi dévolue qu'aux descendants directs des héritiers (Cf. p. 123). Seuls les successeurs des héritiers désignés par le testateur pour succéder sont dans ce cas appelés. L'héritier (tenant in tail) peut tourner l'intention du testateur en révoquant les droits de ses successeurs ou en léguant à son tour par testament l'" entail ". L'héritier substitué est de toute manière moins protégé que le bénéficiaire d'un trust, car le capital garantit les dettes de l'héritier grevé banqueroutier. Il n'est donc jamais certain que le capital parviendra aux héritiers substitués.

IV. **Disposition subsidiaire.**— Le testateur peut prendre des dispositions subsidiaires pour le cas où un legs deviendrait caduc, à la suite du prédécès du légataire par exemple; ces dispositions n'entrent en vigueur qu'au moment où la stipulation primitive devient pour un motif quelconque irréalisable.

CHAPITRE VI

NULLITÉ DES DISPOSITIONS TESTAMENTAIRES

Gibson : p. 14-17. — Sanger : p. 12-29. — Jenks : ss. 1992-1993.

I. **Nullité de l'ensemble du testament.** — Le testament est entièrement nul lorsque le testateur était incapable au moment de sa rédaction ou lorsque le testament ne répond pas à l'une des conditions de
forme exigées par la loi. Le testament signé par erreur par le testateur est
également nul. Mais toute demande d'annulation pour ce motif tombe
lorsqu'il peut être prouvé que le testateur a eu connaissance du contenu
du testament. Le fait que le testament est signé crée une présomption
contre l'erreur.

Tout testament rédigé sous l'empire du dol, de la violence, ou d'un
abus d'influence (undue influence) est nul dans la mesure où la volonté
du testateur, et par voie de conséquence les dispositions du testament, en
ont été influencées. On parle d' " undue influence " lorsque la volonté du
testateur a été l'objet de l'influence prépondérante d'une autre personne.
Le testament doit être l'image des intentions du testateur et non pas de
celles d'un tiers. Le rapport personnel existant entre le testateur et le
tiers qui l'aurait influencé ou le fait que celui-ci est gratifié par le testament ne font pas encore présumer cependant l'existence d'une influence
illicite.

II. **Nullité partielle du testament.** — Sont nulles les dispositions
particulières qui n'obéissent pas à la règle contre les droits perpétuels
ou aux lois sur la mainmorte. Les dispositions qui ne répondent pas aux
prescriptions relatives à la capitalisation des revenus ne deviennent
nulles que dans la mesure où elles dépassent les limites posées par ces
prescriptions (Cf. p. 203 ss.).

DEUXIÈME SECTION

LA SUCCESSION AB INTESTAT

II. Stephen : p. 677-692. — Jenks : ss. 2047-2091. — Administration of
Estates Act, 1925 (A. E. A., 1925). — Trustee Act, 1925 (T. A., 1925). —
Legitimacy Act, 1926 (Le. A., 1926).

Les patrimoines qui ne sont pas dévolus conformément aux dispositions d'un testament sont soumis aux prescriptions légales régissant la
succession ab intestat.

Ces prescriptions sont applicables dans trois cas :

1º Lorsque le de cujus ne laisse pas de testament qui régisse l'ensem
ble de sa succession.

2º Lorsque le testament existant ne dispose pas de tout le patrimoine,
et seulement pour les biens qui ne sont l'objet d'aucune disposititon testamentaire. (A. E. A., 1925, s. 49).

3º Lorsque un legs est caduc par suite de la nullité du testament, du
défaut de légataire, ou pour tout autre raison, et seulement pour les
biens objets du legs.

Dans ces trois cas, les biens dont il n'est pas disposé par testament
échoient aux héritiers légaux, héritiers ab intestat, conformément aux
dispositions légales particulières. Le conjoint survivant est le premier
appelé. A défaut, et dans le cas où le défunt était veuf ou divorcé, la
succession est dévolue à ses descendants; en l'absence de tout descendant, aux parents dans l'ordre prévu par la loi. A défaut de parents, le
le patrimoine échoit à la Couronne au titre de biens sans maître.

I. **Le droit successoral du conjoint survivant.** — Le conjoint survivant reçoit tous les biens meubles qui sont destinés à l'usage personnel
(les " personal chattels ") (A. E. A., 1925, s. 46 (1) (1)). Les personal chattels comprennent les voitures, les chevaux, les automobiles, les installations des écuries, les meubles et les outils de jardin, les animaux domestiques, l'argenterie, la vaisselle, la verrerie, les livres, les tableaux, les
décorations intérieures, les bijoux, les provisions en vivres et en vins, en

résumé tout ce qui est nécessaire à un ménage riche. En sont exceptés tous les objets qui n'étaient en la possession du défunt qu'en raison de ses affaires, ainsi que les espèces et les valeurs (A. E. A., 1925, s. 55 (1) (X)). Le conjoint survivant reçoit encore 1.000 £ net de tous frais et impôts successoraux. La succession dont la valeur ne dépasse pas 1.000 £ échoit donc entièrement au conjoint survivant.

En l'absence d'enfants communs au décès du défunt, le conjoint survivant reçoit l'usufruit viager de la totalité du patrimoine. L'usufruit est réduit à la moitié, s'il existe des enfants. Dans le cas où le conjoint survivant est le seul héritier légal existant, il obtient l'ensemble du patrimoine en pleine propriété.

II. **Le droit successoral des descendants.**— Les descendants légitimes et légitimés héritent, sous réserve des droits du conjoint survivant, de l'ensemble du patrimoine du défunt; pour avoir droit à cette succession, les descendants doivent être en vie à l'ouverture de la succession, et atteindre l'âge de 21 ans ou contracter mariage. La succession est administrée dans l'intervalle par l'administrateur, qui peut prélever sur les revenus, ou, dans certaines conditions, sur le capital de la succession, les sommes nécessaires à l'entretien des enfants (T. A., 1925, ss. 31, 32). Les enfants partagent par tête. Les petits-enfants succèdent en lieu et place de leurs parents. La succession se répartit alors par souche (per stirpes) et non plus par tête (A. E. A., 1925, ss. 46 (1) (II); 47 (1) (I)).

L'enfant naturel ou ses descendants héritent de la mère naturelle en qualité d'héritiers *ab intestat* comme s'il était légitime pour autant qu'il n'est pas en concours avec des descendants légitimes (Le. A., 1926, s. 9). Si les parents de l'enfant naturel se marient postérieurement à son décès et le légitiment ainsi, les descendants de l'enfant naturel ou son conjoint survivant héritent pour autant qu'ils survivent au mariage, comme si l'enfant naturel avait été légitimé par le mariage de ses parents (Le. A., 1926, s. 5).

Dans le cas où l'âge des personnes appelées à hériter entre en ligne de compte, on présume que les enfants naturels sont nés le jour de leur légitimation. L'âge réel départage les différents enfants légitimés. Les enfants légitimés sont exclus de la succession à une fonction, un titre ou patrimoine qui en dépend. Ce sont les seules restrictions apportées aux effets légaux de la légitimation après l'entrée en vigueur de la loi qui la règle (Le. A., 1926, s. 3).

III. **Le droit successoral des parents.**—Les héritiers du défunt qui n'a pas laissé de postérité sont ses père et mère qui se partagent la succession réserve faite du droit du conjoint survivant. En cas de prédécès d'un des parents, toute la succession échoit au parent survivant (A. E. A. 1925, s. 46 (1) (III) (IV)).

Les parents, les grands-parents, et leurs descendants, d'un enfant légitimé, ont au décès de l'enfant le même droit successoral qu'à la mort d'un enfant légitime (Le. A.. 1926, s. 4).

La mère naturelle est appelée à succéder à son enfant naturel en qualité de parent survivant comme si l'enfant était légitime (Le. A., 1926, s. 9).

IV. **Le droit successoral des frères et sœurs, des grands-parents, des oncles et des tantes.** —Lorsque le défunt décède sans laisser ni descendants, ni ascendants, la succession échoit, sous réserve du droit successoral du conjoint survivant, aux personnes suivantes, la présence de parents d'un groupe excluant le droit de succession des parents du groupe suivant (A. E. A., 1925, s. 46 (1) (V)) :

1º Aux frères et sœurs germains;

2º Aux frères et sœurs consanguins ou utérins;

3º Aux grands-parents et par tête;

4º Aux oncles et tantes qui sont frères ou sœurs germains des père et mère du de cujus;

5º Aux oncles et tantes qui sont frères ou sœurs utérins ou consanguins des père et mère du de cujus;

6º Au conjoint survivant.

V. **Les enfants naturels.** — Le Legitimacy Act, 1926, a complètement transformé la situation successorale de l'enfant naturel; antérieurement le conjoint survivant et les descendants étaient ses seuls héritiers *ab intestat*; en l'absence d'héritiers relevant de ces deux catégories, la succession revenait à la Couronne à titre de choses sans maître.

La mère qui survit à l'enfant naturel lui succède aujourd'hui, à défaut de dispositions testamentaires contraires (les droits du conjoint survivant et de ses enfants étants réservés); son droit successoral est égal à celui du parent survivant à l'enfant légitime.

L'enfant naturel succède à sa mère comme s'il était légitime à moins d'être en concours avec des enfants légitimes.

VI. **Les droits de la Couronne.** — En l'absence des héritiers légaux précités, la succession échoit en qualité de biens sans maître (bona vacantia) à la Couronne, ou au Duché de Lancastre (c'est-à-dire au Roi), ou au Duc de Cornouailles (c'est-à-dire au Prince de Galles). Il est néanmoins prévu que la Couronne doit faire parvenir ces biens aux personnes qui dépendaient du défunt (A. E. A., 1925, s. 46 (1) (VI)).

LA DÉVOLUTION DE LA SUCCESSION

CHAPITRE PREMIER

CONDITIONS RELATIVES A L'HÉRITIER

I. Capacité de recevoir. — L'héritier doit, pour pouvoir hériter, être capable de recevoir. A défaut de cette capacité sa part échoit soit aux héritiers subsidiaires désignés dans le testament, soit aux héritiers *ab intestat*.

1° *Minorité*. — Le mineur est capable de succéder. Exceptionnellement et dans le cas d'une succession *ab intestat*, le descendant mineur du défunt n'est apte à succéder que s'il atteint l'âge de 21 ans (c'est-à-dire, s'il devient majeur) ou s'il se marie auparavant (A. E. A., 1925, s. 47 (1) (I). S'il décède avant 21 ans ou sans avoir contracté mariage, sa part n'est pas dévolue à ses propres héritiers mais aux autres héritiers du de cujus.

On applique à tous les mineurs la règle selon laquelle les legs qui leur sont dévolus sans condition et en pleine propriété ne peuvent être acceptés parce qu'ils sont incapables d'en donner quittance. L'administrateur de la succession doit confier l'administration de ces legs à une société fiduciaire ou à deux trustees au minimum. Ce n'est qu'à ce moment que l'administrateur successoral est déchargé (A. E. A., 1925. s. 42). Il peut se libérer de cette responsabilité en déposant le montant des legs dans la caisse des consignations (T. A., 1925. s. 63).

2° *Témoins testamentaires*. — Les personnes qui ont servi de témoins testamentaires sont incapables de succéder dans la succession dans laquelle ils ont été appelés à témoigner. Toute donation pour cause de mort et tout legs à un témoin ou à son conjoint sont nuls (W. A., 1837, s. 15. Une intention contraire du défunt est incapable de couvrir cette incapacité successorale. Cette prescription est de droit strict. Elle ne s'étend cependant qu'aux documents qui ont été signés par le témoin. Il peut par exemple recevoir un legs qui lui est délivré en vertu d'un codicille ou testament qu'il a contresigné. Le testament militaire n'exigeant l'observation d'aucune formalité spéciale, il peut prévoir une attribution de legs à un des témoins.

II. **Indignité.** — Le meurtrier du défunt est indigne de lui succéder dans la succession testamentaire comme dans la succession *ab intestat*.

III. **Caducité des legs (lapse and failure).** — 1º *Prédécès du légataire.* — Le prédécès d'un légataire entraîne la caducité du legs qui lui était destiné. La caducité résultant de l'absence de l'héritier institué porte le nom de " lapse ". La part successorale passe aux héritiers subsidiaires s'il en a été désigné, ou va accroître — à défaut de dispositions contraires — le solde résiduaire de la succession. Lorsque ce " residue " a lui-même fait l'objet d'une disposition et que l'héritier institué fait défaut, la part échoit aux héritiers *ab intestat*. Sont exceptés de cette mesure les legs attribués aux descendants du de cujus, legs qui en cas de prédécès de ceux-ci sont dévolus à leurs descendants vivants au moment du décès du de cujus. Dès le moment où un legs est attribué à un descendant du défunt, le legs est maintenu, même en cas de prédécès du légataire, dans la mesure où celui-ci laisse des descendants vivants (W. A., 1837, s. 33). Cette prescription légale n'est pas applicable aux legs attribués à un groupe ou à une classe de légataires sans désignations individuelles. Lorsque, par exemple, tous les enfants sans énumération ont été institués, les descendants d'un enfant prédécédé sont exclus de la succession et leur part va accroître celle des enfants survivants.

Le legs institué en exécution d'une obligation morale incombant au défunt, par exemple envers une personne qui lui a sauvé la vie, ou en vue du paiement d'une dette même prescrite ne devient pas caduc par le prédécès du légataire, mais est dévolu à ses héritiers.

2º *Impossibilité d'atteindre le but proposé (failure).* — Un legs philanthropique devient caduc si le but recherché ne peut être atteint ou lorsque l'institution de bienfaisance qui doit en bénéficier n'existe pas. Ce cas de caducité porte le nom de " failure ".

CHAPITRE II

L'ADMINISTRATEUR DE LA SUCCESSION
(PERSONAL REPRESENTATIVE)

II. Stephen : p. 638-645, 677-684. — Jenks : ss. 2092-2125. — Gibson :
p. 60-68, 99-129. — Sanger : p. 80-93. — Administration of Estates
Act, 1925 (A. E. A., 1925). — Judicature (Consolidation) Act, 1925
(J. A., 1925). — Treasury Solicitors Act, 1876 (R. S. A., 1876). —
Public Trustee Act, 1906 (P. T. A., 1906).

I. **Situation de l'administrateur de la succession (personal
representative).** — Le patrimoine du de cujus n'échoit pas directement à
ses héritiers ou à ses légataires, mais à un administrateur de succession,
qu'il y ait testament ou non (A. E. A., 1925, s. 1). Echappent à cette
mesure les seuls immeubles constitués en fondation (settled land) dont
l'administration est confiée aux trustees de la fondation (Cf. p. 224)
(A. E. A., 1925, s. 22 (1)). L'exécuteur testamentaire (executor) institué
devient de plein droit, dès le jour du décès, administrateur. A défaut
d'exécuteur testamentaire (executor), le Tribunal doit désigner un administrateur — qui porte le nom d' " administrator " pour le distinguer de
l' " executor " — bien que la tâche, les droits et les devoirs de l'un et de
l'autre soient les mêmes et consistent dans l'administration de la succession. La masse successorale est dévolue au juge en attendant la nomination judiciaire d'un administrator (A. E. A., 1925, s. 9). L'administrateur
de succession (executor ou administrator) porte le nom de " personal
representative ". Il succède en qualité de représentant du de cujus à
tous ses droits et obligations, à l'exclusion naturellement de ceux qui se
sont éteints au décès.

Le patrimoine laissé par le défunt ne forme pas une masse successorale
qui puisse ester en justice. C'est l'administrateur qui devient le représentant du de cujus et, à ce titre, le propriétaire des biens laissés et le débiteur des dettes qui les grèvent. Il peut en cette même qualité personnellement poursuivre les débiteurs; les créanciers l'actionneront selon le

même principe (A. E. A., 1925, s. 26). Il n'est tenu cependant que sur les biens qu'il a reçus et peut se libérer de sa responsabilité en prouvant qu'il a rempli les obligations de la masse dans la mesure où celle-ci y suffisait. Dans les cas douteux, il demandera au tribunal de se prononcer sur ce point (T. A., 1925, s. 57). Il peut consigner le montant des legs contestés ou des legs attribués à des mineurs (T. A., 1925, s. 63). Il est responsable du dommage résultant de ses dilapidations (devastavit) ou de l'inexécution de ses obligations (A. E. A., 1925, s. 29). La masse successorale constitue un trust (trust, Cf. p. 173), dans lequel le trustee est représenté par l'administrateur, les bénéficiaires du trust par les héritiers, et le patrimoine qui fait l'objet du trust par la succession.

Le testateur et le Tribunal ont le droit de désigner plusieurs administrateurs. Il ne peut cependant en être institué plus de quatre (J. A., 1925, s. 160 (1)). Chacun d'eux a le droit de disposer personnellement et sans le concours de ses co-administrateurs des biens mobiliers relevant de la masse. Tous actes relatifs aux biens immobiliers doivent par contre être faits collectivement. Le Tribunal peut donner son assentiment en lieu et place de celui d'un des administrateurs. Le consentement des seuls administrateurs qui ont déjà été confirmés par le Tribunal suffit lorsque la nomination de tous les administrateurs n'a pas encore été homologuée au moment de la conclusion de l'acte (A. E. A., 1925, s. 2 (2)). Les co-administrateurs sont relativement aux biens immobiliers dans la situation de co-trustees (Cf. p. 176). N'agissant pas solidairement en matière de biens mobiliers, ils ne sont pas responsables des actes des autres administrateurs.

L'administrateur de succession doit avoir la capacité juridique. Les aliénés et les mineurs sont par conséquent incapables d'exercer ces fonctions. Le failli, qui par l'effet de sa faillite perd la capacité d'agir relativement à ses biens, conserve cependant le droit d'administrer la masse successorale qui lui a été confiée. On désigne cependant habituellement pour remplacer l'exécuteur testamentaire qui a fait faillite après la rédaction du testament un receveur (receiver). Des mineurs peuvent être désignés comme exécuteurs testamentaires, mais ils sont incapables de liquider la succession pendant leur minorité. Ils sont remplacés par leur tuteur jusqu'à leur majorité. Lorsqu'il existe à côté des mineurs désignés d'autres exécuteurs testamentaires, les mineurs ont le droit de faire homologuer leur nomination dès leur majorité.

Une société fiduciaire peut être désignée comme administrateur de succession (J. A., 1925, s. 161).

II. L'exécuteur testamentaire (executor). — 1º *Nomination de* *l'exécuteur testamentaire.* — L'exécuteur testamentaire peut être désigné expressément dans le testament ; sa nomination peut aussi s'en déduire. On parle dans ce cas d'un "executor according to the tenor (of the will) ". Lorsque, sans désignation nominative, il résulte des dispositions du testament qu'une certaine personne doit conformément aux intentions du testateur agir comme « executor », cette désignation équivaut à une nomination expresse. Il en est de même d'une disposition testamentaire demandant à une personne déterminée de liquider la succession ou transférant la masse successorale à un tiers déterminé à l'exception de toutes autres personnes.

Il peut être désigné plusieurs exécuteurs testamentaires pour la même succession. Leurs compétences réciproques peuvent être délimitées dans l'espace ou selon les différents éléments de la succession (l'un étant par exemple appelé à administrer les immeubles, l'autre les biens meubles, un troisième les valeurs).

2º *Transmission de fonctions.* — Les fonctions d'exécuteur testamentaire ne peuvent pas faire l'objet d'une cession entre vifs. Elles passent au décès du seul ou du dernier exécuteur testamentaire à celui qu'il a lui-même désigné pour ses propres biens. L'exécuteur testamentaire investi dans ces conditions a la charge d'administrer les deux patrimoines (A. E. A., 1925 s. 7). Dans le cas ou le patrimoine de l'exécuteur testamentaire est liquidé par un administrateur judiciaire (administrator) (à défaut par ex. d'exécuteur testamentaire désigné), le Tribunal devra également désigner un administrateur du patrimoine primitif. Alors que les fonctions d'un " executor " se transmettent à son propre executor de plein droit, le Tribunal doit désigner un nouvel administrateur au décès de celui qui l'a précédé. Lorsqu'un exécuteur testamentaire désigné décède sans avoir fait homologuer le testament par le Tribunal (probate) ses fonctions ne passent pas à son exécuteur testamentaire personnel.

3º *Refus de fonctions.* — L'exécuteur testamentaire nommé dans le testament peut décliner cette nomination. Ce refus est acquis lorsque l'exécuteur testamentaire se refuse à demander l'homologation du testament (probate) ou à prêter le serment exigé des exécuteurs testamentaires. Il perd alors tout droit à ces fonctions. Le refus exprès est signifié sous forme d'un avis envoyé au Tribunal; il peut être retiré avec l'assentiment du Tribunal, lorsque ce retrait est conforme à l'intérêt de la masse (A. E. A., 1925, ss. 5, 6).

L'exécuteur testamentaire ne peut décliner des fonctions précédemment acceptées. A l'acceptation est assimilé tout acte relatif à la liquidation : sommations de payer, recouvrements de dettes, paiements de legs, etc. Le Tribunal n'admet d'exceptions à cette règle que lorsque l'exécuteur testamentaire peut justifier de la raison pour laquelle il s'est immiscé dans la liquidation sans vouloir être executor.

III. Administrators judiciaires.—Le Tribunal nomme un " administrator " dans tous les cas où il n'y a pas d'exécuteur testamentaire, soit qu'il n'en ait pas été nommé, soit que l'exécuteur testamentaire désigné soit décédé ou décline ses fonctions. L'ordonnance transférant à l'administrateur la disposition d'une succession, revêtant une forme écrite spéciale, porte le nom de " grant of letters of administration ".

1º *Personnes entrant en ligne de compte.* — Les héritiers légaux pour le solde résiduaire de la succession ont le droit d'être appelés à l'administration de la masse (J. A., 1925, s. 162; A. E. A., 1925, s. 46 (1)). C'est le conjoint survivant, qui est appelé en premier, puis les parents par le sang dans l'ordre de leur proximité. En l'absence de parents disposés à l'entreprendre, l'administration peut être confiée à un créancier. La Couronne peut en outre demander par l'intermédiaire de l'avocat permanent du Trésor (Treasury Solicitor) ou celui du Public Trustee (P. T. A., 1906, s. 6) que la gestion de la masse soit confiée à ces fonctionnaires. La Couronne a un intérêt à participer à cette gestion en l'absence de tout héritier ou lorsque le patrimoine lui échoit à titre de biens sans maîtres (A. E. A., 1925, s. 46 (1) (VI)).

Le Tribunal est dans tous les cas absolument libre de son choix (J. A., 1925, s. 162).

2º *Cas dans lesquels il y a lieu de procéder à la nomination d'administrators.* — Le Tribunal doit désigner un administrator lorsqu'il n'y a pas de testament ainsi que dans les cas prévus par la loi. Il délivre des " special or limited grants " dans le seul cas où il n'existe personne qui puisse prétendre à recevoir la charge entière de l'administration de la succession.

Lorsqu'il existe un testament mais que celui-ci ne désigne pas d'exécuteur testamentaire, il est nommé un administrator " cum testamento annexo " qui répartira la succession conformément au testament (J. A., 1925, s. 166). La personne qui a le plus grand intérêt au patrimoine du défunt est en droit de demander sa nomination. C'est habituellement le légataire résiduaire (residuary legatee; J. A., 1925, s. 162). Le Tribunal nomme également un administrateur pour la liquidation des biens restants (administrator de bonis non administratis), lorsque l'exécuteur testamentaire, par le fait de son départ pour l'étranger ou de son décès, n'a pas terminé cette liquidation. L'exécuteur testamentaire mineur ou aliéné est remplacé par son tuteur (guardian, committee, cf. p. 108 ss.) durant le temps que dure la minorité ou la maladie mentale (J. A. 1925, s. 165); le tuteur prend alors le nom d' " administrator durante minoritate aut dementia ".

Si l'executor ou la personne qui est en droit d'être nommée administrator sont à l'étranger, l'administration peut être provisoirement confiée au fondé de pouvoirs de l'absent. L'absent qui n'a pas nommé de fondé de pouvoirs est censé avoir refusé les fonctions ou renoncé à demander sa nomination (Cf. J. A., 1925, s. 164). L'administration de la masse peut être réduite à une part déterminée de la succession, un immeuble ou des biens relevant d'un trust (J. A., 1925, s. 155). Il peut être nommé un administrateur jusqu'à la découverte d'un testament égaré.

Le Tribunal nomme également un administrateur (administrator pendente lite) lorsque la validité du testament, ou le droit d'une personne d'être nommée administrator, sont contestés; cet administrateur reste en fonctions jusqu'à la liquidation du litige (J. A., 1925 s. 163); il n'a pas le droit d'effectuer des paiements; la personne qui justifie des prétentions les plus légitimes à l'administration de la succession lui succède. Un " administrator ad litem " est également nommé lorsque l'administrateur en fonctions se refuse à représenter le de cujus dans un procès.

IV. **"Executor de son tort"**.—Le tiers qui s'immisce dans l'administration de la succession avant qu'un administrateur ait été nommé est un " executor de son tort "; sa responsabilité est assimilée à celle d'un " administrator ". Cette immixtion est présumée dans tous les cas dans lesquels le tiers reçoit des biens revenant à la masse successorale sans offrir une "valuable consideration" ou s'il le fait dans l'intention de préjudicier aux droits des créanciers. Le tiers est responsable des biens qu'il a reçus et doit les rembourser sous déduction des créances qu'il peut faire valoir contre le défunt et des dettes de la succession qu'il a acquittées (A. E. A., 1925, s. 28). L'administrateur sans mandat peut cependant se soustraire à sa responsabilité en invoquant la prescription ou le fait qu'il a géré dans l'intérêt bien entendu de la succession. C'est à ce titre que les actes qu'il a pu faire sont considérés comme valables. Dans le cas contraire, l'administrateur légitime est en droit de réclamer tout ce dont un tiers s'est enrichi grâce à des actes de l'executor de son tort excédant les limites d'une administration convenable.

Tout individu qui s'immisce dans l'administration d'une succession après la confirmation ou la nomination d'un administrateur est assimilé à un " trespasser " (personne qui se rend coupable d'un trouble de possession.)

CHAPITRE III

HOMOLOGATION DU TESTAMENT ET NOMINATION DE L'ADMINISTRATEUR DE LA SUCCESSION (PROBATE AND GRANT OF ADMINISTRATION).

II. Stephen : p. 641-644. — Gibson : p. 71-148. — Jenks : ss. 2118 à 2125.

La succession ne revenant jamais directement aux héritiers et aux légataires, un exécuteur testamentaire doit être nommé; ce peut être la personne désignée dans le testament ou toute autre personne.

C'est la Probate, Divorce and Admiralty Division de la High Court de Londres qui est compétente pour procéder à cette nomination dans la mesure où il s'agit de l'Angleterre et du Pays de Galles. C'est ce même Tribunal qui se prononce sur la validité du testament, délivre la " probate " à l'exécuteur testamentaire et désigne au besoin une autre personne comme administrateur en lui remettant à cet effet des " letters of administration ".

La procédure est différente selon qu'il s'agit d'une succession testamentaire ou d'une succession *ab intestat*.

I. **Forme habituelle de la " Probate "(probate in common form).** —1º *Homologation du testament.*—a) *Généralités.*— L'exécuteur testamentaire désigné dans le testament doit soumettre " for proof " l'original du testament au Tribunal pour permettre à celui-ci d'en apprécier la validité et de délivrer ensuite sous le sceau du Tribunal la " probate copy ", ou approbation, dite par abréviation " probate ". On dit aussi : " to take out probate ". Cette copie du testament constitue le titre en vertu duquel l'exécuteur testamentaire est légitimé à administrer la succession et à en disposer. L'original du testament est conservé par le Tribunal pour être déposé au Somerset-House (J. A., 1925, s. 170).

Tout intéressé peut demander au Tribunal une citation (citation) contre l'exécuteur testamentaire qui omet de demander la " probate ". Le Tribunal l'invite alors formellement à demander l'homologation du testament (J. A., 1925, s. 159). Si l'exécuteur testamentaire n'obtempère pas à cette invitation, le Tribunal nomme pour le remplacer, un " administrator ".

L'exécuteur testamentaire doit joindre à l'original du testament un inventaire fiscal ainsi qu'un affidavit certifiant le décès du de cujus et le fait que le testament présenté est bien l'expression de ses dernières volontés. L'exécuteur testamentaire doit encore s'engager par serment à administrer la succession avec tous les soins commandés par les circonstances. Le Tribunal délivre une " probate in common form " si le testament paraît répondre aux conditions de fond et de forme. Le testament reçoit ainsi valeur exécutoire et l'exécuteur testamentaire est confirmé dans ses fonctions.

En général cette procédure ne donne lieu à aucune contestation, de sorte que le Registrar, c'est-à-dire le Secrétaire (dont les fonctions correspondent à celles du " master " des autres sections du Tribunal) du Principal Probate Registry de Somerset-House à Londres ou de tout autre District Registry peut, après examen des circonstances, délivrer sans plus la " probate in common form " ou les " letters of administration " aux " personal representatives ".

b) Cas particuliers. — Lorsqu'un testament ne contient pas "l'attestation clause" (clause portant qu'il a été dressé régulièrement), le Tribunal réclamera une preuve correspondante qui pourra être administrée principalement par les deux témoins. Les modifications, les adjonctions et les corrections ne sont confirmées que si elles ont été apportées avant la signature du testament.

Les mots biffés encore reconnaissables et dont on ne saurait dire s'ils ont été biffés avant ou après la signature du testament en font partie intégrante et doivent être tenus pour valables. Sont par contre exclues de la Probate les dispositions qui ont été introduites dolosivement ou contre le gré du testateur. Le Tribunal ne saurait cependant prendre sur lui de compléter ou de modifier de sa propre initiative le texte qui lui est soumis. Un testament perdu est confirmé dès que la régularité de sa rédaction est rendue vraisemblable et son contenu reconstitué. On doit également prouver que le testament n'a pas été révoqué. Cette preuve est tenue pour faite lorsque le testament a existé après le décès du de cujus. Si tel n'est pas le cas, on doit prouver que le testament a disparu accidentellement ou qu'il a été détruit par un tiers contre le gré du testateur. Dans ce cas, le contenu du testament ainsi disparu doit être reconstitué à l'aide de copies ou de projets. Le témoignage du notaire qui a dressé l'acte peut être requis.

On accorde une « double probate » lorsque l'un de plusieurs exécuteurs testamentaires ne demande que postérieurement la confirmation de sa nomination. La " limited probate " est accordée à un executor qui n'a été désigné qu'en vue d'une activité strictement délimitée (administrer par ex. une succession dont l'administration avait été précédemment confiée au testateur).

2° *Nomination de l'administrator.* — Le tribunal désigne un " administrator " pour les successions dans lesquelles il n'existe point d' " executor " ou point de testament ou encore lorsque l'executor désigné décline son mandat. Cette désignation peut être réclamée par la personne qui a le plus de titres à cette nomination; à son défaut par tout autre intéressé. Le requérant doit joindre à sa demande un inventaire fiscal et un affidavit certifiant qu'il n'existe pas à sa connaissance de dispositions testamentaires. Le requérant doit encore prêter serment d'administrer la succession avec le plus grand soin et prouver qu'aucune autre personne n'a plus de droits que lui à revendiquer cette administration. Contrairement aux executors, les administrateurs désignés par le Tribunal sont obligés de fournir des sûretés en garantie de l'exécution de la liquidation et de dresser un inventaire exact de la succession (A. E. A., 1925, s. 25), de rendre régulièrement compte de leur administration, et de remettreleurs " letters of administration " (certificat) au Tribunal au cas où l'on découvrirait postérieurement encore un testament. Les " administrators " doivent également déposer auprès du Tribunal une reconnaissance (bond) de dette éventuelle portant engagement de payer aux mains du Tribunal une peine conventionnelle d'un montant double à celui de la succession. Le Tribunal peut céder cette reconnaissance à un tiers quelconque dès le moment où la peine conventionnelle devient exigible par le fait que l'administrateur a violé ses devoirs (J. A., 1925, s. 167, (4) (1)). Sont seuls dispensés de cette obligation, l'avocat permanent du Trésor (Treasury Solicitor) et le Public Trustee (J. A., 1925, s. 167, (6)); P. T. A., 1906, s. 11 (4)). La reconnaissance de dette doit être contresignée par au moins deux cautions solvables (J. A., 1925, s. 167 (7)). Lorsque toutes ces formalités ont été remplies, le requérant est autorisé, ce qu'on nomme " to grant administration ", à administrer la succession.

II. **Forme solennelle (probate in solemn form).** — Les circonstances peuvent ne pas être aussi simples; un testament ne peut pas être retrouvé, un tiers s'oppose à ce que l'administration de la succession soit confiée à une personne déterminée ou conteste la validité du testament. Le Tribunal doit alors se prononcer dans une procédure spéciale avant de délivrer la " probate ". Le Registrar donne l'ordre de constater le testament par une " probate in solemn form " c'est-à-dire par une demande en justice introduite devant la Probate Division de la High Court.

L'intéressé qui veut attaquer la validité du testament ou s'opposer à la délivrance de la " probate " doit en aviser le Registrar du Tribunal qui en prend note. Cet avis porte le nom de " caveat " (J. A., 1925, s. 154). Il impose au Tribunal l'obligation d'aviser l'intervenant du dépôt d'une requête demandant l'homologation d'un testament ou la nomination d'un administrateur. C'est par cet avis (warning) que l'intervenant saura qu'une décision concernant la succession va être prise. L'intervention tombera si l'intervenant ne la légitime pas devant le Tribunal dans les six jours de la réception du " warning ". Dans le cas contraire, la contestation fera l'objet d'un débat devant le Tribunal, action dans laquelle l'intervenant est défendeur et le requérant demandeur.

Une constatation judiciaire peut intervenir lorsqu'un testament a été déclaré nul ou au contraire valable, ou lorsque les prétentions contraires de deux personnes à l'administration de la succession doivent être départagées. La constatation se fait par un jugement semblable à celui qui termine tout autre débat judiciaire. Ce jugement tranche définitivement la question de la validité du testament ou la contestation existant entre les parties.

La forme solennelle est nécessaire lorsqu'on peut craindre que la validité du testament puisse être postérieurement contestée à raison de l'incapacité du de cujus ou de l'existence d'un testament plus récent. L'exécuteur testamentaire, de même que tous les héritiers et légataires, a dans tous les cas le droit de réclamer une homologation judiciaire rendue en forme solennelle.

III. Effet de l'homologation du testament et de la nomination de l'" administrator ". — 1° *Droits de l'administrateur avant l'homologation ou avant sa nomination.* —L'homologation du testament, qui comporte confirmation du choix de la personne de l'exécuteur testamentaire et nomination d'un administrator judiciaire, donne aux personnes nommées des pleins pouvoirs qui leur permettent de représenter valablement le défunt à tous points de vue. L'exécuteur testamentaire et l'administrateur judiciaire jouissent dès cet instant de prérogatives et d'obligations absolument identiques (A. E. A., 1925, s. 21). Ce qui les distinguait jusque-là était le fait que l'exécuteur testamentaire ne tenait pas ses pouvoirs du Tribunal mais des dernières dispositions du défunt.

a) Droits de l'exécuteur testamentaire. — Les pouvoirs de l'" executor " découlent du testament lui-même et non de son homologation par le Tribunal. Cette dernière procédure n'est qu'une formalité propre à fournir à l'executor une preuve authentique de ses pouvoirs. Il peut prendre de plein droit, dès le décès du testateur, toutes les dispositions nécessitées par l'administration de la masse; il a le droit en particulier de recouvrer des dettes, de prendre en mains le patrimoine, de vendre des objets relevant de la masse successorale, et de payer des legs. Tous ces actes sont valablement effectués avant l'homologation judiciaire du testament.

L' "executor" qui veut disposer des immeubles doit par contre avoir préalablement fait homologuer le testament. Il est incapable dans l'intervalle de transférer à l'acquéreur un titre immobilier valable comme d'intenter une action immobilière quelconque relative à la masse. Cette restriction ne s'étend cependant pas aux actions qu'il intente en tant que possesseur des biens de la succession (actions possessoires par ex.). L'executor peut également agir en justice à raison des contrats qu'il a signés en son nom mais pour le compte de la masse successorale.

b) *Droits de l' " administrator "*.—Le droit de disposition de l'"administrator " repose sur sa nomination judiciaire (grant of letters of administration). Il n'est pas légitimé à s'immiscer auparavant dans l'administration de la succession; il devient un " executor de son tort " s'il passe outre à cette défense. Toute personne qui a des prétentions au titre d'administrator ne peut ni donner quittance ni opérer des paiements avant sa nomination judiciaire. Mais, comme celle-ci rétroagit au jour du décès du de cujus, les actes de disposition de l'administrator accomplis avant sa nomination sont validés à ce moment dans la mesure seulement où ils ont été faits dans l'intérêt de la succession. Autrement ils sont nuls.

2º *Effets de l'homologation ou de la nomination.* — Le " personal representative " qu'il soit " executor " ou " administrator " est, dès l'homologation par le Tribunal du testament ou dès la nomination, dans la même situation juridique que le défunt; il dispose absolument librement des biens de la succession sans l'assentiment des héritiers ou des autres intéressés. L'administrator acquiert du fait de sa nomination judiciaire un droit exclusif et une preuve définitive de ses pouvoirs (A. E. A., 1925, s. 15). La nomination de l' " administrator " faite sous la forme ordinaire (probate in common form) peut être attaquée en tout temps de même que la validité du testament. La nomination faite sous la forme solennelle (probate in solemn form) ne peut l'être que lorsqu'un nouveau testament est découvert.

IV. Révocation de l'homologation ou de la nomination. — 1º *Motifs de révocation.* — L'homologation du testament est révoquée en cas de découverte d'un nouveau testament, lorsque l'exécuteur testamentaire est incapable ou a été nommé par erreur, lorsque le Tribunal n'a pas tenu compte de l'intervention d'un tiers (caveat), ou lorsque le testateur est encore vivant. La nomination de l'administrator est en outre annulée lorsqu'elle a été faite avant l'expiration d'un délai de quatorze jours après le décès ou lorsque tous les intéressés n'ont pas été cités lors de la nomination.

2º *Effets de la révocation.* — La révocation éteint le pouvoir de disposition de l'administrateur. Il perd tout droit sur la masse et cesse de représenter le défunt. Les actes qu'il a passés avant la révocation n'en gardent pas moins leur validité; de même les paiements déjà effectués entre ses mains par le débiteur libèrent celui-ci. Les transferts d'immeubles conservent également leurs effets juridiques. L'administrateur a le droit de se faire rembourser tous les paiements opérés au cours de l'administration normale de la succession (A. E. A., 1925, ss. 27, 37).

CHAPITRE IV

LA LIQUIDATION DE LA MASSE SUCCESSORALE

II. Stephen : p. 645-655, 673-676. — Jenks : ss. 2152-2223. — Snell :
p. 221-262, 198-206, 211-220. — Sanger : p. 63-79, 94-102, 109-117.
Administration of Estates Act, 1925 (A. E. A., 1925). — Law of Property
Act, 1925 (L. P. A., 1925). — Bankruptcy Act, 1914 (B. A., 1914). —
Partnership Act, 1890 (P. A., 1890). — Trustee Act, 1925 (T. A., 1925).

I. **La masse successorale** (*assets*). — La masse successorale est
constituée par l'ensemble des biens meubles et immeubles appartenant
au défunt tant en vertu de la Common Law que de l'Equity. Cet ensemble
comprend encore tous les biens sur lesquels le défunt exerçait un droit
général de disposition (general power of appointment), en particulier
les « entails » dont il a disposé dans son testament (L. P. A., 1925, s. 176).
La masse successorale tout entière garantit le paiement des dettes.
Toute stipulation contraire peut être attaquée par les créanciers (A. E. A.
1925, s. 32). Dans le cas d'une succession *ab intestat*, la masse successorale est remise à un trust pour la vente (trust for sale). L'administrateur
doit vendre tous les immeubles et transformer en espèces tous les biens
meubles à l'exception des biens meubles personnels (Cf. A. E. A., 1925,
s. 55 (1) (X)). Cette vente peut être retardée. Le produit de ces réalisa-
tions est consacré d'abord au paiement des frais d'ensevelissement et des
dettes du défunt. On prélève ensuite les sommes nécessitées par l'acquittement des legs. Les héritiers *ab intestat* touchent le solde des espèces
ainsi que les biens qui n'ont pas encore été réalisés (residuary estate)
(A. E. A., 1925, s. 33).

II. **Paiement des dettes.** — Le patrimoine du défunt doit garantir le
paiement des dettes qui le grèvent. Si ce paiement n'est pas assuré, la
succession est insolvable. Certaines dettes sont privilégiées dans ce cas.
Lorsque la succession est solvable, mais qu'il existe des dispositions
testamentaires ne pouvant plus être prélevées sur l'actif net, ces dispo-

sitions sont réduites proportionnellement ou supprimées. (Cf. ci-dessous, 2).

L'administrateur successoral jouit au cours de la liquidation de tous les droits dont bénéficie un propriétaire. Il peut mettre en gage des biens, emprunter, vendre, entreprendre en un mot tous les actes nécessités par la liquidation (A. E. A., 1925, ss. 39, 40). Il dispose d'une année pour procéder à celle-ci (A. E. A., 1925, s. 44). Le Tribunal peut au besoin lui allouer des délais supplémentaires.

A moins de dispositions contraires, on présume qu'un legs dont le montant est égal à, ou dépasse, celui d'une dette est destiné à éteindre celle-ci. Le défunt peut cependant avoir donné des instructions contraires. Cette présomption de compensation (satisfaction) tombe aussi lorsque la dette est née postérieurement à la confection du testament. Le legs disparaît lorsqu'il a été prévu pour éteindre une dette et que celle-ci est acquittée du vivant du testateur. Il y a révocation (ademption) du legs.

1º *Succession insolvable.* — Les frais d'ensevelissement et d'administration jouissent d'un privilège dans la succession insolvable. Celle-ci est liquidée selon les règles du droit de la faillite (A. E. A., 1925, s. 34 (1); I. Sched., Part. I.). Toutes les dettes de même rang reçoivent le même dividende. Les créances des employés et des ouvriers pour leurs salaires sont privilégiées tant qu'elles ne dépassent pas un montant de 50 £ et de 25 £ respectivement; il en est de même des créances privilégiées par l'effet d'une disposition légale. Viennent ensuite toutes les autres dettes à l'exception des prêts consentis par un époux à l'autre pour les besoins de son industrie, des participations commerciales, et des créances résultant de contrats matrimoniaux (B. A., 1914, ss. 36, 42; P. A., 1890, s. 3). Les créanciers gagistes peuvent à leur gré conserver leurs gages jusqu'au moment où ils sont remboursés ou les vendre, ou les faire estimer et produire pour la différence entre leur créance et la valeur du gage dans la faillite, ou enfin renoncer à leur gage et faire valoir le total de leurs créances (B. A., 1914, s. 32). Il n'est pas possible de produire pour les créances représentant des demandes de dommages-intérêts qui ne sont pas basées sur une violation de contrat ou de trust, ainsi que pour les créances acquises par le créancier postérieurement au moment où il a su que la faillite du débiteur était demandée (B. A., 1914, s. 30 (2)). Lorsque la succession permet de distribuer des intérêts, ceux-ci sont calculés à partir du jour où l'administrateur a été nommé et jusqu'au jour du paiement. L'intérêt est toujours calculé à 4 % (B. A., 1914, s. 33 (8)).

2º *Succession solvable.* — Lorsque la succession, bien que solvable, est grevée de legs qui dépassent le montant de la succession, ceux-ci sont appelés à participer au paiement des dettes de la succession. Cette réduction des legs porte le nom d' " abatement ". Lorsque le solde résiduaire de la succession ne permet pas de rembourser les dettes, ce sont les legs résiduaires qui sont réduits proportionnellement, une **somme suffisant** au paiement des autres legs ayant été mise de côté. En cas d'insuffisance de ces éléments d'actif, les dettes sont éteintes grâce aux sommes qui ont été réservées à cette fin ou grevées d'une obligation dans ce sens, par les legs universels, puis enfin dans la même mesure par les legs particuliers. En dernier lieu, il est fait appel aux biens qui ont fait l'objet d'un acte de disposition universel de la part du testateur (A. E. A., 1925, s. 34 (3); I. Sched., Part. II). Cet ordre peut être modifié à volonté par le testateur.

3° *Privilèges accordés par l'administrateur aux créanciers* (right of preference). — L'exécuteur testamentaire (executor) a le droit d'acquitter une dette préférablement à une autre. Il peut rembourser le total d'une créance alors même que ce paiement supprimerait la possibilité d'acquitter d'autres dettes. Les dettes contractuelles ordinaires (simple contract debts) sont assimilées dans ce sens aux dettes résultant de contrats scellés (speciality debts). Une dette contractuelle ordinaire peut même être remboursée avant une dette constatée par un contrat scellé. L'administrator possède le même privilège pour autant qu'il n'a pas été nommé en qualité de créancier de la masse successorale. Dans ce dernier cas, il devrait renoncer expressément à ce droit dans son engagement de cautionnement (bond, Cf. p. 272). Ce privilège n'existe pas non plus lorsque la liquidation est opérée par le Tribunal.

4° *Paiement de dettes prescrites.* — Un administrateur successoral a le droit de payer des dettes prescrites aussi longtemps que la prescription n'a pas été déclarée par le juge. Les créances garanties par des gages immobiliers s'éteignent par contre avec leur prescription et l'administrateur n'a plus le droit d'en tenir compte. Dans d'autres cas, l'action s'éteint tandis que la créance elle-même subsiste. Le droit de payer des dettes prescrites n'est pas exclu par l'insuffisance de l'actif; il disparaît par contre lorsque la succession est liquidée par la voie judiciaire.

5° *Droit de rétention de l'administrateur successoral (right of retainer).* — De même que l'administrateur successoral a le droit de payer les dettes dans un ordre quelconque, il lui est loisible aussi d'exercer un droit de rétention (retainer) sur les biens de la succession pour garantir en première ligne les créances qu'il peut posséder contre la succession. Il ne peut exercer ce droit qu'à l'égard des créanciers de son rang et sans qu'il puisse en résulter un inconvénient quelconque pour un autre administrateur successoral. L'administrateur qui, ignorant l'existence de droits privilégiés, a exercé son droit de rétention, n'est pas obligé de rembourser les sommes qu'il a ainsi perçues, à moins qu'il ne l'ait fait avec une hâte exagérée. L'administrateur qui n'est pas couvert par les biens qui ont été retenus a le droit de les conserver *in specie* sans être obligé de les transformer en espèces. Le droit de rétention n'appartient pas à l'administrateur pour les créances dont il est titulaire comme trustee (A. B. A., 1925, s. 34 (2)), pour les créances conditionnelles et pour les demandes de dommages-intérêts non évaluables en espèces. Le créancier qui a été nommé administrateur n'a pas non plus ce droit. Sa nomination n'est définitive que lorsqu'il y a renoncé.

6º *Responsabilité à l'égard des créanciers.—a) Responsabilité de l'administrateur.* — L'administrateur est responsable de la liquidation correcte de la succession. Il est tenu de tous les dommages résultant de la violation par lui de ses devoirs ou des cas dans lesquels il a dilapidé les biens dépendant de la succession (devastavit). Il doit réparer les dommages qui en résultent pour les créanciers. Il est personnellement responsable lorsqu'il a payé des créances de second rang alors qu'il connaissait l'existence de créanciers privilégiés; il l'est de même à l'égard d'un créancier qui n'a pas été désintéressé. La responsabilité personnelle de l'administrateur est par contre exclue lorsque celui-ci a fait un appel aux créanciers (T. A., 1925, s . 27) en les sommant de produire leurs créances dans un délai donné sous peine de voir la succession partagée sans que soient remboursées les créances non déclarées. L'administrateur doit, pour échapper à la responsabilité qui résulterait pour lui de l'existence de créances conditionnelles ou futures, consigner les sommes nécessaires avant d'effectuer le partage ou liquider la succession conformément aux instructions données par le Tribunal.

L'administrateur peut se retourner contre les héritiers lorsqu'après le partage on découvre des dettes dont il est personnellement responsable. Si l'administrateur ignorait l'existence de la dette au moment du partage, les héritiers doivent le rembourser dans la mesure dans laquelle ils ont eux-mêmes touché. L'administrateur peut se retourner contre les héritiers pour se faire rembourser les dettes conditionnelles, et même lorsque l'existence lui en était connue. Il ne le peut plus lorsqu'il a volontairement exclu des créanciers.

b) *Responsabilité des héritiers ou des légataires* (following assets). — Toute personne qui se prétend créancière de la succession a le droit, lorsque l'administrateur de la succession a effectué le partage entre les héritiers sans avoir acquitté toutes les dettes, d'actionner les héritiers pour le montant que ceux-ci ont touché eux-mêmes. L'héritier qui a aliéné de bonne foi sa part est responsable de sa valeur (A. E. A., 1925, s. 32 (2)). La répétition des biens dépendant de la succession (following assets) a lieu par action; le Tribunal décide librement s'il y a lieu de réaliser l'objet répété, de rendre une décision qui en opère le transfert, ou de déclarer l'héritier trustee constructif du créancier (A. E. A., 1925, s. 38). Le légataire d'un objet déterminé (specific legatee) supporte en outre toutes les charges qui grèvent l'objet légué et qui sont nées postérieurement au décès du de cujus. Il est responsable de tous les dommages provenant d'un manque d'entretien de la chose. Il est obligé d'opérer les versements partiels réclamés sur le montant d'actions non entièrement libérées. Il est le débiteur de toutes les créances grevant l'objet du legs et peut-être poursuivi comme tel dans la mesure où il n'a pas refusé ce legs.

III. **Paiement et remise des legs.** — Les legs sont remis aux bénéficiaires après paiement de toutes les dettes. Le légataire est tenu, lorsqu'il s'agit de legs déterminés (specific legacies), jusqu'à concurrence de la valeur du legs de toutes les dettes dont l'objet légué est le gage. L'obligation de payer des intérêts commence soit au jour du décès, soit un année plus tard.

1° *Paiement par la remise d'objets dépendant de la succession (appropriation).* — L'administrateur successoral a le droit de remettre au légataire avec l'assentiment de ce dernier, des biens *in specie* quelconque en exécution totale ou partielle du legs. Cette remise *in specie* ne doit cependant pas porter préjudice aux légataires d'objets déterminés (specific legatees). Ne pourront donc être remis que des objets dont le testateur n'a pas disposé expressément. La remise lie tous les ayants droits à la succession et a les mêmes effets qu'un paiement. L'objet doit être estimé et le légataire doit être débité de sa valeur. Il endosse toute la responsabilité provenant des pertes ou gains successifs réalisés sur la chose. (A. E. A., 1925, s. 41).

2° *Obligation des enfants au rapport (ademption and satisfaction).* — Les Tribunaux ont habituellement une tendance à égaliser les parts successorales des enfants du défunt. Ils cherchent ainsi à éviter qu'un enfant touche deux fois sa part (double portion). On présume à cette fin que toute dot, dotation ou avance (advance) est la révocation (ademption) d'un legs et que parallèlement l'institution d'un legs est l'accomplissement (satisfaction) d'une promesse de constitution de dot à l'égard du fils ou de la fille. A moins d'intention contraire exprimée par lui, on présume qu'en faisant une avance à un enfant le testateur a révoqué le legs qu'il lui destinait en totalité ou jusqu'à concurrence de l'avance (A. E. A.,

1925, s. 47 (1) (III)). Cette présomption est basée sur le fait que les parents traitent en général leurs enfants sans partialité; elle tombe lorsque les dispositions sont prises par des collatéraux qui n'ont pas la puissance paternelle sur les enfants; elle peut être détruite aussi par une preuve orale contraire. Le legs attribué à un enfant à une fin spéciale est censé être révoqué par une disposition entre vifs à cette même fin.

Les parents qui s'obligent envers en enfant, fils ou fille, à lui faire une donation ou à lui accorder une dot se libèrent totalement ou partiellement par un legs. Cette présomption existe pour tous les legs d'un testateur qui tient lieu de père au légataire et pour toutes les catégories de legs. Elle s'applique lorsque le de cujus est décédé *intestat* en ce sens que l'enfant touche alors en qualité d'héritier ab intestat la donation promise. Elle tombe lorsque la chose léguée ne correspond ni par son essence ni par son usage à la nature de l'objet promis.

Quand un legs est destiné à l'accomplissement d'une promesse de dot l'enfant institué a le choix (election) entre deux solutions : ou bien renoncer à la promesse de donation et réclamer le paiement du legs, ou bien renoncer au legs et réclamer l'accomplissement de la promesse de donation.

3º *Choix du légataire (election)*. — Le légataire a le droit, lorsque le legs a pour but l'exécution d'une obligation contractée par le de cujus à l'égard du légataire, ou lorsque le défunt lègue à tort les biens revenant à un autre légataire lui-même bénéficiaire d'un autre legs, soit de renoncer au legs et de faire valoir sa prétention, soit de se décider pour le legs en renonçant à sa prétention. Cette alternative porte le nom d'"election". Toute personne gratifiée par un testament a l'obligation de prêter la main à son exécution. Lorsqu'il est établi que le de cujus a fait une stipulation n'entrant en vigueur qu'avec l'assentiment du bénéficiaire, ce dernier doit se décider soit à reconnaître le testament et l'institution qui y est faite, soit à renoncer au bénéfice des stipulations du testament et poursuivre le recouvrement de sa créance. Cette alternative n'intervient que lorsqu'il résulte du testament que le testateur a disposé d'un objet qui ne lui appartenait pas ou qu'il voulait en instituant son legs acquitter une dette. Elle ne s'applique pas aux différentes stipulations d'un même testament.

4º *Legs d'objets mis en gage*. — Lorsque l'objet légué constitue le gage d'une dette, il garantit en premier lieu le paiement de cette dette pour autant que le testateur n'a pas exprimé par écrit une intention contraire. Chaque partie de la chose assure le paiement d'une partie correspondante de la dette. Si le testateur a voulu d'une manière générale que ses dettes soient remboursées sur la succession ou s'il affecte à leur paiement des biens déterminés, il faut encore pour que la dette qui fait l'objet du gage soit acquittée sur le reste de la succession que cette intention soit expressément mentionnée ailleurs (A. E. A., 1925, s. 35). Le gage ne garantit cependant pas le paiement des dettes de tiers. Lorsque le *de cujus* a mis en gage ses biens personnels en faveur de son entreprise, le légataire reçoit l'objet libéré de ses charges pour autant que l'entreprise est capable d'acquitter sa dette même après la remise de l'objet du gage. Lorsque le défunt avait été caution et avait remis un gage en garantie de cette caution, le paiement opéré par la suite par le débiteur principal profite au seul légataire de l'objet gagé et non à l'ensemble de la masse successorale.

L'objet du legs doit être dégrevé à l'aide des autres biens de la succession dès que l'intention du testateur de procéder ainsi peut être prouvée. Lorsque le testateur a disposé que toutes les dettes de la succession devaient être acquittées sur l'ensemble de l'actif à l'exception des hypothèques grevant un immeuble déterminé, on en déduit qu'à l'exception de cet immeuble tous les legs doivent parvenir aux légataires sans charge quelconque. Cette intention doit pourtant ressortir, soit du testament lui-même, soit d'un autre acte. Une simple indication orale ne permet pas au légataire de demander sa libération et le dégrèvement de l'objet de son legs.

5° *Obligation de payer des intérêts.* a). *Legs spécifiques* (specific legacies).— Les legs spécifiques ne deviennent la propriété du légataire que lorsque l'administrateur a donné son approbation (Cf. plus bas IV). Celle-ci rétroagit au jour du décès. C'est pour cette raison que le legs porte intérêt dès le jour du décès pour autant que ces intérêts peuvent résulter de l'objet même du legs. Le légataire est par contre obligé d'entretenir dès ce même moment l'objet du legs.

b) *Legs généraux (general legacies).* — D'une manière générale, et pour les legs généraux, l'obligation de payer des intérêts date du jour de leur échéance. Lorsque celui-ci n'est pas déterminé, l'intérêt n'est dû qu'un an après le décès, l'exécuteur testamentaire ayant une année pour terminer sa liquidation (A. E. A., 1925, s. 44). L'obligation de payer des intérêts s'éteint avec le paiement du legs. Le taux de cet intérêt est de 4 %.

c) *Exceptions.*— Le legs sous condition suspensive d'un objet déterminé ne porte intérêt que lorsqu'il n'a pas été disposé autrement des revenus de ce legs jusqu'à la réalisation de la condition (L. P. A., 1925, s. 175 (1)). C'est à ce moment seulement que naît l'obligation de payer des intérêts pour les legs généraux et conditionnels. Le legs institué en faveur d'un mineur et dont les revenus doivent servir à son entretien porte des intérêts malgré le fait que le paiement du legs est remis à la majorité du légataire. L'obligation de payer des intérêts commence au jour du décès lorsque le de cujus exerçait à la place des parents la puissance paternelle et qu'il n'y a pas d'autres dispositions prises pour l'entretien de l'enfant. Le taux est de 5 % lorsque les revenus du legs y suffisent.

Les legs à des créanciers (Cf. p. 277, 281) comportant paiement de sommes qui leur étaient dues par le de cujus portent intérêt dès le jour du décès.

6° *Responsabilité des légataires entre eux.* — Lorsqu'une succession ne suffit pas à payer tous les legs, un légataire peut demander le rapport de tous les legs déjà versés dans la mesure où il a été préjudicié par ces versements. Tel est le cas par exemple lorsqu'un legs qui devait être réduit pour le paiement des dettes a néanmoins été complètement acquitté, rendant impossible l'acquittement intégral ou partiel des autres legs de même rang. Il en est de même lorsque les héritiers *ab intestat* ou les légataires résiduaires (residuary legatees) ont reçu plus que leur part (A. E. A. 1925, s. 38 (1)). L'obligation du rapport disparaît lorsque la succession était, au moment du paiement des legs, capable d'acquitter tous les legs et que l'impossibilité de le faire n'est née que postérieurement par la dépréciation des biens de la succession ou par l'effet des actes de l'administrateur. Une dation de biens dépendant de la succession en paiement d'un legs est assimilée à cet effet à un versement réel du legs.

IV. **Dévolution de la succession aux héritiers.** — La masse successorale appartient juridiquement d'abord à l'administrateur successoral. Son assentiment (assent) est nécessaire pour opérer le transfert aux héritiers ou aux légataires d'un droit direct sur la chose léguée ou sur les biens dépendant de la succession. Cet assentiment réside dans le cas de legs généraux ou de legs d'objets mobiliers déterminés dans le paiement ou dans la remise de la chose. Pour les transferts de droits immobiliers, cette autorisation doit être donnée par écrit et mentionner les héritiers; elle doit en outre porter la signature de tous les administrateurs. L'héritier qui a reçu cette autorisation a un droit réel et est investi des droits du de cujus au lieu et place de l'administrateur. L'autorisation ainsi donnée a les mêmes effets qu'une aliénation par contrat scellé. L'héritier a le droit de demander, pour éviter que l'administrateur successoral ne dispose après coup d'un bien qui est déjà dévolu aux héritiers, que le transfert soit mentionné sur l'acte de légitimation judiciaire de l'administrateur successoral (A. E. A., 1925, s. 36).

L'administrateur successoral peut, avant de donner son assentiment à une dévolution de biens successoraux, autoriser tout ayant droit à prendre provisoirement possession des immeubles. Cette prise de possession ne modifie cependant en rien le droit de l'administrateur successoral à aliéner postérieurement ces immeubles comme à les transférer à un autre héritier (A. E. A., 1925, s. 43 (1)).

QUATRIÈME SECTION

DROIT SUCCESSORAL INTERNATIONAL

Foote : p. 253-265, 298-329. — Westlake : p. 220-239, 111-162. — Wills Act, 1861 (W. A., 1861).

Le droit anglais fait dépendre le choix du droit applicable à une question de droit successoral de la question de savoir si les biens dépendant de la succession sont immobiliers ou mobiliers.

I. Succession immobilière. — Le droit du lieu de situation (lex rei sitæ) est dans tous les cas applicable à la succession des biens immobiliers. C'est le même droit qui règle la capacité de tester et d'hériter, la forme du testament, l'ouverture de la succession, la dévolution des biens successoraux et toutes les autres questions qui peuvent naître d'une succession immobilière

Pour pouvoir disposer testamentairement en Angleterre de biens immobiliers, le testateur doit avoir atteint l'âge de 21 ans. Il doit donc être majeur. Lorsque le testateur, qui alors qu'il habitait l'étranger a rédigé un testament valable selon le droit de ce pays et a disposé par cet acte de biens immobiliers sis en Angleterre, meurt avant d'atteindre l'âge de 21 ans, sa succession est considérée par les juges anglais comme une succession ab intestat malgré la présence d'un testament valable selon le droit du pays du dernier domicile.

Il en est de même de la capacité d'hériter. Un enfant naturel est exclu en Angleterre, en tant que *filius nullius*, de la succession *ab intestat* immobilière de son père. Il a par contre depuis 1927 les mêmes droits qu'un enfant légitime lorsqu'il a été légitimé par un mariage subséquent (Le. A., 1926, ss. 9, 8), conformément à la loi de son domicile ou conformément encore à la loi d'origine du de cujus.

C'est aussi le droit du lieu de situation qui règle les questions de forme. Un testament valable aux termes du droit du dernier domicile du défunt, mais nul en droit anglais, n'emporte pas dévolution des immeubles sis en Angleterre. La disposition est simplement nulle. La succession des biens immobiliers est alors réglée comme dans le cas d'une succession *ab intes-tat*. Une disposition pour cause de mort par contre, qui n'est pas valable selon le droit du dernier domicile du défunt, mais qui l'est en droit anglais, est pleinement efficace pour la dévolution des biens immobiliers sis en Angleterre aux héritiers et aux légataires institués.

Le droit du lieu de situation règle enfin la question de la vocation héréditaire. Les biens immobiliers échoient aux héritiers *ab intestat* du droit anglais lorsque ceux-ci ne sont pas les mêmes que les héritiers *ab intestat* prévus par le droit du dernier domicile.

Il peut arriver que des actes de dispositions concernant des immeubles anglais soient nuls parce que le testament n'est pas valable en droit anglais tout en étant reconnu par le droit du dernier domicile du défunt étranger et produisant ses effets selon ce droit ; il n'est pas permis cependant dans ce cas à la personne appelée à succéder à la propriété d'un immeuble anglais en qualité d'héritier *ab intestat* de contester la validité du testament à cet égard tout en réclamant l'exécution d'un legs institué à son profit dans ce même testament. Cet héritier *ab intestat* anglais doit se décider soit à reconnaître le testament et à recevoir le legs, soit à renoncer à celui-ci en se faisant attribuer les immeubles anglais et en faisant déclarer la nullité du testament en Angleterre. Il est obligé de se prononcer (election), car il n'est pas recevable à invoquer un testament tout en le prétendant nul par ailleurs pour en tirer de nouveaux avantages.

II. Succession mobilière. — La succession des biens mobiliers est régie par le droit du dernier domicile du défunt. Les tribunaux anglais revendiquent pourtant une juridiction absolue sur tous les biens mobiliers sis en Angleterre.

Le droit du dernier domicile s'applique d'une manière absolue à la légitimation successorale active et passive, à la forme du testament et à l'ordre des héritiers appelés. Les tribunaux anglais reconnaissent la validité d'un testament valable selon le droit du dernier domicile du défunt. Ces mêmes tribunaux n'ont pas le droit, comme dans le cas d'une succession de biens immobiliers, d'examiner l'existence d'une maladie mentale du défunt lorsque cette question a déjà été tranchée négativement par les tribunaux étrangers. Le testament reste valable même lorsque le testateur a changé de domicile après la rédaction de son testament et que le nouveau droit ne reconnaît plus la validité de l'acte (W. A., 1861, s. 3). Le testament qui n'a pas été dressé au domicile du testateur, mais à l'étranger et conformément aux règles du droit du lieu où cette rédaction est passée, conserve sa validité en Angleterre lorsque le droit du domicile admet un testament rédigé conformément aux conditions de forme posées par la législation du lieu de rédaction. Des enfants naturels légitimés par le mariage subséquent à l'étranger de leurs parents leur succèdent lorsque le droit du dernier domicile ne les exclut pas. Les témoins testamentaires gratifiés par le testament peuvent succéder en Angleterre aux mêmes conditions. C'est encore le droit du dernier domicile qui désigne les héritiers *ab intestat*.

Les exécuteurs testamentaires et les héritiers étrangers qui désirent administrer ou recevoir des biens mobiliers sis en Angleterre doivent obtenir des tribunaux anglais la confirmation du testament ou de leur acte de nomination; ils sont également obligés de requérir une " probate " ou des " grant letters of administration ".

Tel est le cas lorsque l'exécuteur testamentaire d'une personne décédée à l'étranger et qui y avait son dernier domicile veut faire valoir des droits devant les tribunaux anglais (actionner par ex. un débiteur anglais). La „ grant of probate " est accordée de plein droit lorsqu'il est prouvé que le testament présenté est conforme aux dispositions du droit de l'état étranger dans lequel il a été rédigé ou à celles des lois de l'État dans lequel le défunt avait son dernier domicile. Une " probate " n'est pas nécessaire lorsqu'une société d'assurance anglaise auprès de laquelle le défunt était assuré verse le montant de l'assurance à l'exécuteur testamentaire étranger; elle l'est par contre d'ordinaire pour opérer le transfert d'actions nominatives.

Le testament d'un sujet britannique est valable à l'égard des biens mobiliers lorsqu'il est conforme au droit du lieu où le testament a été rédigé, ou du domicile du testateur au moment de la rédaction, ou enfin lorsque le testament est conforme au droit anglais (W. A., 1861, s. 1). Les sujets anglais naturalisés sont assimilés aux sujets anglais de naissance.

TABLE ALPHABÉTIQUE DES MATIÈRES

TABLE DES MATIÈRES

LIVRE PREMIER

LE DROIT DES PERSONNES

CHAPITRE PREMIER

Les personnes, la personnalité.

CHAPITRE II

La capacité juridique.

CHAPITRE III

La parenté.

CHAPITRE IV

La nationalité (nationality)

CHAPITRE V

Le domicile (domicil).

CHAPITRE VI

Commencement et fin de la personnalité.

CHAPITRE VII

Le droit au nom.

CHAPITRE VIII

Les registres de l'état-civil.

LIVRE DEUXIÈME

LE DROIT DE LA FAMILLE

PREMIÈRE SECTION

Le Mariage.

CHAPITRE PREMIER

Les Fiançailles.

CHAPITRE II

Capacité requise pour pouvoir contracter mariage.

CHAPITRE III

Empêchements au mariage.

CHAPITRE IV

Les formes de célébration du mariage.

DEUXIÈME SECTION

Les actions résultant du mariage (matrimonial proceedings).

CHAPITRE PREMIER

Dispositions Générales

CHAPITRE II

L'enfant adoptif (adoption).

CHAPITRE III

Droits et devoirs des parents.

SIXIÈME SECTION

La tutelle (guardian and ward).

CHAPITRE PREMIER

Les autorités tutélaires

CHAPITRE II

La tutelle et l'administration du tuteur.

CHAPITRE III

Les cas de tutelle, la procédure de mise en tutelle.

LIVRE TROISIÈME

DROIT DES CHOSES

PREMIÈRE PARTIE

LES DROITS IMMOBILIERS

PREMIÈRE SECTION

Objet et formes de la propriété.

CHAPITRE PREMIER

Tenures (Titre de possession)

CHAPITRE II

Estates (diverses sortes de possession)

CHAPITRE III

Reversion and remainder (droit de retour et vocation éventuelle).

CHAPITRE IV

Co-propriété ; co-ownership.

DEUXIÈME SECTION

Droits réels de premier rang; legal estates and interests.

CHAPITRE PREMIER
Legal interests and equitable interests.

CHAPITRE II
Estate in fee simple (propriété simple).

CHAPITRE III
Term of years absolute ou leasehold estate (droit à temps, droit de tenure par bail).

CHAPITRE IV
Droits réels limités (incorporeal hereditaments).

CHAPITRE V
Rente foncière (rentcharge).

CHAPITRE VI

Hypothèques (mortgages).

CHAPITRE VII

Autres droits réels de premier rang.

TROISIÈME SECTION

Equitable interests (droits réels de deuxième rang ou droits d'équité).

CHAPITRE PREMIER

Création des droits d'équité.

CHAPITRE II

Trust — Fidéicommis.

QUATRIÈME SECTION

Acquisition et perte de droits sur les immeubles.

CHAPITRE PREMIER

Occupation, usucapion et prescription (occupancy, adverse possession and limitation)

CHAPITRE II

Aliénation de droits immobiliers (title by alienation).

CHAPITRE III

Effets de l'inscription et responsabilité de l'Etat.

SIXIÈME SECTION

Fondations immobilières (settled land).

CHAPITRE PREMIER

Fondations (settlements).

CHAPITRE II

Les droits du possesseur

CHAPITRE III

Protection des bénéficiaires (remaindermen)

LIVRE QUATRIÈME

LE DROIT DES SUCCESSIONS

PREMIÈRE SECTION

La succession testamentaire.

CHAPITRE PREMIER
La liberté absolue de tester.

CHAPITRE II
La capacité de disposer.

CHAPITRE III
La forme du testament.

CHAPITRE IV
Modifications et révocation des testaments.

CHAPITRE V
Les modes de disposer.

CHAPITRE VI

Nullité des dispositions testamentaires.

DEUXIÈME SECTION

La succession ab intestat. Les héritiers ab intestat.

TROISIÈME SECTION

La dévolution de la succession.

CHAPITRE PREMIER

Conditions concernant l'héritier.

CHAPITRE II

L'administrateur de la succession (personal representative).

CHAPITRE III

Homologation du testament et nomination de l'administrateur de la succession (probate and grant of administration).

CHAPITRE IV

La liquidation de la masse successorale.

QUATRIÈME SECTION

Droit successoral international.

MAYENNE, IMPRIMERIE FLOCH — 2-11-1928